天津市艺术科学规划项目
C12072

报里乾坤——

《北洋画报》中的天津城市文化

王兴昀 ◎ 著

天津出版传媒集团

天津人民出版社

图书在版编目(CIP)数据

报里乾坤:《北洋画报》中的天津城市文化 / 王兴
昀著. -- 天津：天津人民出版社, 2017.9
ISBN 978-7-201-12010-2

Ⅰ.①报… Ⅱ.①王… Ⅲ.①期刊-研究-天津-民
国 Ⅳ.①G239.296

中国版本图书馆 CIP 数据核字(2017)第 147016 号

报里乾坤——《北洋画报》中的天津城市文化
BAO LI QIANKUN:BEIYANGHUABAO ZHONG DE TIANJIN CHENGSHI WENHUA

王兴昀 著

出　　版　天津人民出版社
出 版 人　黄　沛
地　　址　天津市和平区西康路 35 号康岳大厦
邮政编码　300051
邮购电话　(022)23332469
网　　址　http://www.tjrmcbs.com
电子信箱　tjrmcbs@126.com

责任编辑　杨　轶
装帧设计　汤　磊

印　　刷　高教社(天津)印务有限公司
经　　销　新华书店
开　　本　787×1092　1/16
印　　张　17.75
插　　页　3
字　　数　260 千字
版次印次　2017 年 9 月第 1 版　2017 年 9 月第 1 次印刷
定　　价　66.00 元

目　录

1

绪　论

近代天津是中国北方重要的通商口岸，"东临渤海，北为京师之锁匙，地当华北一带水陆交通之要冲。各河汇集于此，舟船极为便利。它又是从海上通航吃水十二三日尺船舶的华北唯一港口。关内外铁路加上水运之便，使百货集散于此，通商状况逐年趋于繁盛"①。于是"各国侨商，列省行贾，都荟萃于斯，真个是攘往熙来，旅至为归，一天天繁盛起来。渐渐的改了从前顽固不化、鄙陋偏邑的面目"，所以"地面兴隆，人烟稠密"。②

进入民国时期，政治风云变幻无常，"在野的政客，眨眨眼便作傀儡登场。台上的达官，一刹那也许就偃旗息鼓。五日京兆，房杜代兴。北京是政治中心，天津与北京相隔一间，有哪个怀抱雄心思图大举的，又不想在津沽一水之滨建设菟裘，上台既可作公余别墅，下野又成为退隐桃源呢？所以天津地面兴隆，居然有一日千里之势了"③。这一时期工商业的快速发展使得天津城市人口快速增加，市民阶层渐渐扩大。20 世纪 20 年代中期至 30 年代末期，天津成为当时中国时尚、繁华的国际化城市之一，在欧风美雨的浸润中，天津市民的生活方式逐步发生转变，形成了独特的城市文化——文化艺术的商业化倾向日益突出，反映市民阶层需求的大众文化逐步形成。戏曲、电影、文学等领域都发生了变革，以求适应市民生活、审美情趣和社会心理的需要。

民国时期，中国城市中的报刊作为传播知识、交流信息、引导社会舆论的主要媒介，呈现出繁荣的发展局面，城市生活的各种场景跃然于报刊之

---

① 日本中国驻屯军司令部编：《二十世纪初的天津概括》（原名《天津志》），天津市地方史志编修委员会总编辑室，1986 年内部印刷，第 1 页。

②③ 喜晴雨轩主：《津桥蝶影录》（一），《北洋画报》第 1 期，1926 年 7 月 7 日。

中。近年来大量对中国近代报刊的整理与出版,更为研究当时的城市文化打开了方便之门。近代报刊成为建构和再现都市文化的重要载体,而画报因其图文并茂的特色,更成为探究城市生活的重要资料。

画报走入中国人的生活始自晚清,至民国时期办画报已成一时之风气,各城市中的画报如雨后春笋。1926 年 7 月 7 日《北洋画报》创刊于天津,创刊之后积极进取,成为北方画报中的旗帜性刊物,曾自诩为"选材最精美完备,出版期数最多,销路最广远,华北第一独立之画报"。至全面抗战爆发后的1937 年 7 月 29 日终刊,《北洋画报》共出刊 1587 期,出版时间长达 11 年之久,号为华北画报巨擘。《北洋画报》是天津城市化、现代化进程中的产物,它适应城市的环境,与城市的变迁相伴,为读者服务,努力满足他们的精神文化需求。

《北洋画报》"也正像一个人,一个很可宝贵的生命。自然同样没有例外,在它的生命过程中,也留给周围的人们若干值得歌哭的故事,这正是它的生活。而且它不特把它自己的生活给予别人以若干留恋,而且把旁人的,它所生长的这个社会的生活现象,留在人们的心坎里,给予悲哀、欢笑或兴奋"①。《北洋画报》较为详实地记录了当时天津文化的面貌,为我们提供了珍贵的图文史料,可以被视为报刊传媒与城市文化互动的典型代表,使我们可以触摸到天津近代史重要的 10 年。正所谓"艺术风行渤海滨,时逾十载日增新。照来万变人间态,留得千秋纸上真"②。

本书以《北洋画报》为中心,从媒体的视角切入,探讨报刊所展示出的近代天津城市文化。什么是"文化"?不同的学者有不同的解释。有的学者认为,在中国语境和汉语系统中,"文化"包含人化、教化、美化三个层次,其精神实质分别在于对天人合一、身心合一、美善合一这三种境界的文化追求,顺天应人并使人达到天人合一的境界谓之"人化",教以人伦并使人达到身心合一的境界谓之"教化",陶冶人心并使人达到美善合一的境界谓之"美化"。③

---

① 无文:《北画生日》,《北洋画报》第 1578 期,1937 年 7 月 8 日。
② 王赓纶:《北画十一周年纪念》,《北洋画报》第 1578 期,1937 年 7 月 8 日。
③ 参见姚文放:《中国语境与汉语系统中的"文化"概念分析》,《社会科学战线》,2008 年第 8 期。

在目前的与"文化"相关的研究中,"文化"一般对应英文的 culture 一词。"该词的一般现代用法,是从我们通常所说的工业革命时期开始进入英语思维的。"①本书中的"文化"并不单单指文学艺术,而是包括了文学艺术以及生活方式。18 世纪德国启蒙思想家赫尔德尔在其名著《人类历史哲学概要》中认为,文化具有三个基本特征:其一,文化是一种社会生活模式,它的概念是个统一的、同质的概念,无论作为整体还是社会生活的方方面面,人的每一言每一行都成为"这一"文化无可置疑的组成部分;其二,文化总是一个"民族"的文化,它代表着一个民族的精华;其三,文化有明确的边界,文化作为一个区域的文化,它总是明显区别于其他区域的文化。②英国学者雷蒙·威廉斯认为文化是"包括物质、智性、精神等各个层面的整体生活方式"③,即为"某个群体思考、理解、感受、信仰和表现该群体(是这个而不是那个群体)'特征'的全部方式"④。1982 年联合国教科文组织在墨西哥城举办的第二届世界文化政策大会上指出:"文化在今天应被视为一个社会和社会集团的精神和物质、知识和情感的所有与众不同显著特色的集合总体,除了艺术和文学,它还包括生活方式、人权、价值体系、传统以及信仰。"⑤本书所涉及的城市文化,其"本身就是生产和消费过程的产物"。⑥

以《北洋画报》为中心对天津城市文化进行研究,不可避免地涉及报刊资料"真实性"⑦的问题。报刊媒体天生具有两面性,客观、公正是报人必备的职业操守;但报人的报道也不可避免地带有一定的主观性,而这种主观性或多或少会影响报人的立场和观点,左右报刊媒体的价值评判和刊载内容。

①《前言》,[英]雷蒙·威廉斯著:《文化与社会:1780—1950》,高晓玲译:吉林出版集团有限责任公司,2011 年,《前言》第 1 页。Culture 一词的含义演变参见[英]雷蒙·威廉斯著:《关键词:文化与社会的词汇》,刘建基译:生活·读书·新知三联书店,2005 年,第 101—109 页。
② 参见陆扬、王毅著:《文化研究导论》,复旦大学出版社,2006 年,第 8 页。
③ [英]雷蒙·威廉斯著:《文化与社会:1780—1950》,高晓玲译:吉林出版集团有限责任公司,2011 年,第 4 页。
④ [英]英格利斯著:《文化与日常生活》,周书亚译:中央编译出版社,2009 年,第 9 页。
⑤ 参见陆扬、王毅著:《文化研究导论》,复旦大学出版社,2006 年,第 12 页。
⑥ [美]李欧梵:《上海摩登:一种新都市文化在中国 1930—1945》,北京大学出版社,2001 年,第 7 页。
⑦ 关于报刊史料运用的问题,参见李良玉:《报刊史研究与报刊资料的史学利用》,《江苏大学学报》(社会科学版),2008 年第 3 期。

《北洋画报》主要通过文字和照片来展示民国时期的天津城市文化,这同真正存在于历史中的天津社会是否存在着某种差距?这种差距究竟有多大?如何把握这种差距?如何看待这种差距?这些是摆在每个研究者面前的重要问题。社会学家赫伯特·甘斯认为:"新闻本身不局限于对真实的判断,它也包含了价值观,或者说,关于倾向性的声明。"①因此,本书所探讨的并不是报刊中的城市形象与社会现实对比是否"真实",而是以报刊为媒介,探求城市形象背后的意义,并解析其中的内涵。正如李欧梵所说:"文化史家的任务就是要探索一种'文化想象',探讨文化产品的社会和体制语境以及构建和交流这种想象的形式。"②

本书的研究时限主要集中于《北洋画报》出版的 1926—1937 年之间,虽然其间《北洋画报》几经变化,但一直保持着对天津城市文化的关注,记载了天津城市文化转型与变迁的大量历史信息。因此,《北洋画报》成为研究和探讨报刊媒体同城市文化转型与变迁之间关系的极好的切入点。通过对这些资料的梳理和研究,我们将会获得对当时天津城市文化发展状况的认知,进而可在此基础上探讨天津城市文化的特色和功能,勾勒其发展轨迹,探寻其中的历史逻辑和规律。同时,报刊媒体同城市文化互动的视角也可以为我们带来一种新的研究思路和途径,弥补以往研究中的一些缺憾,乃至纠正以往认识中的某些偏差,进而发现并提出一些新的问题,从而加深对民国天津城市文化的认识与理解。

第一节　学术史回顾

多年来,针对《北洋画报》的研究相对缺乏,主要原因在于,《北洋画报》长期以来被认为是宣扬资产阶级情调的格调低下的"小报",这就给后来的研究者造成了一种"刻板印象"和"固定成见"。所幸近年来这种状况正逐步

---

① 沃纳·赛佛林、小詹姆斯·坦卡德著:《传播理论:起源、方法与应用》,郭镇之等译,华夏出版社,2000 年,第 356 页。
② 李欧梵、季进:《李欧梵季进对话录》,苏州大学出版社,2003 年,第 6 页。

得到改善。随着学术界的研究视野向社会生活转移,《北洋画报》逐渐受到越来越多研究者的关注。就目前的研究来看,以《北洋画报》为研究对象的论文数量持续增多,研究领域不断拓展,其研究方向已切入传播学、社会学、文学等领域,虽然缺乏系统性、整体性的研究,但为进一步研究提供了借鉴。

　　《北洋画报》包含大量的艺术史资料,因此以《北洋画报》为中心探讨民国时期艺术、艺人的学术成果屡见不鲜。黄育聪的《〈北洋画报〉与京剧女演员形象的传播》①一文,认为《北洋画报》着力塑造“典雅”的“坤伶”形象,对于推动京剧女演员形象的传播,使其在平津地区被更为广泛的接受做出了相当的贡献。张一玮的《作为文本的女影星:〈北洋画报〉和〈大公报〉中的黄柳霜》②一文,梳理了《北洋画报》和《大公报》刊载的有关黄柳霜及其电影作品的消息、广告和评论,探究了印刷媒介提供的图像、文字与文化阐释中生产出独特的历史意义。李丹的硕士毕业论文《从〈申报〉〈北洋画报〉管窥黎锦晖的歌舞演艺活动》③,对《北洋画报》中有关黎锦晖及明月歌舞团的资料进行了梳理。张显惠的硕士毕业论文《〈北洋画报〉建构的明星形象研究》④,对《北洋画报》所构建的多种明星形象进行分类、分析和要素阐述,认为《北洋画报》所建构的明星形象具有鲜明的时代特征,反映出当时社会民众对于明星的感情和态度。郭常英的《慈善文化与社会文明——20世纪20年代〈北洋画报〉的慈善音乐艺术传播》⑤指出,《北洋画报》试图通过慈善演艺新闻的报道,唤起读者对慈善事业的关注,以期促进良好社会风气的形成。

　　对《北洋画报》相关报人和出版发行情况的专题研究。张元卿的《读图时代的绅商、大众读物与文学——解读〈北洋画报〉》一文认为,创办者冯武越的绅商角色和“雄心”决定了《北洋画报》的格调、品位,并使《北洋画报》成为了

---

① 黄育聪:《〈北洋画报〉与京剧女演员形象的传播》,《新闻界》,2013年第15期。
② 张一玮:《作为文本的女影星:〈北洋画报〉和〈大公报〉中的黄柳霜》,《当代电影》,2010年第6期。
③ 李丹:《从〈申报〉〈北洋画报〉管窥黎锦晖的歌舞演艺活动》,2012年湖南师范大学硕士研究生毕业论文。
④ 张显惠:《〈北洋画报〉建构的明星形象研究》,黑龙江大学,2012年硕士研究生毕业论文。
⑤ 郭常英:《慈善文化与社会文明——20世纪20年代〈北洋画报〉的慈善音乐艺术传播》,《音乐传播》,2013年第4期。

读图时代的宠儿。①李永生的硕士毕业论文《记录时代的侧影——〈北洋画报〉研究》②，概述了《北洋画报》的发展历程和"一报多刊"的办报特色，对《北洋画报》的编辑视野和经营策略进行了深入的剖析。阴艳、王楠的《城市现代画报的生存语境——以〈北洋画报〉为例》③，将《北洋画报》作为现代大众媒介的代表，从城市现代性和媒介本体发展两方面来探讨现代画报的产生语境。

许多学者从社会史视角阐述《北洋画报》中的报道。孙爱霞的《民国时期〈北洋画报〉中知识分子的国家想象》④一文认为，《北洋画报》作为城市书写的一种类别、载体，构建了媒体人与投稿人两类知识分子的国家想象，折射出民国社会知识分子的国家想象与梦想。中国现代文学馆陈艳的专著《〈北洋画报〉研究》，对《北洋画报》的封面人物、文字报道以及文学资料进行了梳理和解读。该专著相关研究成果《"新女性"的代表：从爱国女学生到女运动员——20世纪30年代〈北洋画报〉封面研究》⑤《〈北洋画报〉时期的刘云若研究》⑥《〈北洋画报〉北伐后的"天津"想象》⑦《普通女性的公众化——1930年代〈北洋画报〉封面女郎研究》⑧《〈北洋画报〉与现代通俗小说的产生》⑨《〈北洋画报〉与"津派"通俗小说新类型》⑩，已公开发表。

从新闻学的角度研究《北洋画报》也成为学界的一个重点，相关成果日渐增多。朱灿飞的硕士毕业论文《〈北洋画报〉的新闻传播研究》⑪及论文《北洋

① 张元卿：《读图时代的绅商、大众读物与文学——解读〈北洋画报〉》，《天津社会科学》，2002年第7期。

② 李永生：《记录时代的侧影——〈北洋画报〉研究》，暨南大学，2011年硕士研究生毕业论文。

③ 阴艳、王楠：《城市现代画报的生存语境——以〈北洋画报〉为例》，《东北师范大学学报》（哲学社会科学版），2013年第6期。

④ 孙爱霞：《民国时期〈北洋画报〉中知识分子的国家想象》，《理论与现代化》，2014年第3期。

⑤ 陈艳：《"新女性"的代表：从爱国女学生到女运动员——20世纪30年代〈北洋画报〉封面研究》，《广西社会科学》，2009年第12期。

⑥ 陈艳：《〈北洋画报〉时期的刘云若研究》，《中国现代文学研究丛刊》，2011年第4期。

⑦ 陈艳：《〈北洋画报〉北伐后的"天津"想象》，《东岳论丛》，2012年第10期。

⑧ 陈艳：《普通女性的公众化——1930年代〈北洋画报〉封面女郎研究》，《徐州师范大学学报》（哲学社会科学版），2012年第4期。

⑨ 陈艳：《〈北洋画报〉与现代通俗小说的产生》，《现代中文学刊》，2012年第1期。

⑩ 陈艳：《〈北洋画报〉与"津派"通俗小说新类型》，《中国现代文学研究丛刊》，2012年第2期。

⑪ 朱灿飞：《〈北洋画报〉的新闻传播研究》，湖南师范大学，2009年硕士研究生毕业论文。

画报〉的新闻传播学解读》①，从新闻传播学的角度对《北洋画报》做了综合分析，认为《北洋画报》的新闻传播内容有着丰富的内涵，在传播艺术的同时，关注国家、民族命运，既渴望新生事物，又眷恋旧式习俗。华南理工大学韩红星将研究重点放在《北洋画报》的广告上，在其博士毕业论文基础上形成的专著《一报一天堂——〈北洋画报〉广告研究》中，通过对《北洋画报》广告的解读，分析了当时天津的社会风貌、民众娱乐和消费文化。该专著相关研究成果也已公开发表：《看民国时期的报业"选秀"活动——以〈北洋画报〉的"四大女伶皇后"选秀为例》②《看〈北洋画报〉读天津历史》③《近代报业的"选秀"策划与启示——以〈北洋画报〉的"四大坤旦皇后"选举为例》④《近代城市化进程中的报业生存——以民国〈北洋画报〉为研究对象》⑤《中国近代女性角色的重塑——来自〈北洋画报〉的记录》⑥《民国天津市民消费文化空间的建构——基于〈北洋画报〉的研究》⑦《民国时期画报的广告经营——基于天津〈北洋画报〉史料》⑧。

在当前《北洋画报》相关研究中，采用社会性别视角是一个创新。周雨婷的《摩登·多元·自由：〈北洋画报〉女性研究》⑨，探讨了天津女性在城市转型时期穿着打扮的摩登、职业角色的多元、恋爱婚姻的自由。解丹儒的《〈北洋画报〉女性身体审美研究》⑩认为，女性身体审美的表达、争议及如何达到女

① 朱灿飞：《〈北洋画报〉的新闻传播学解读》，《青年记者》，2008 年第 15 期。
② 韩红星：《看民国时期的报业"选秀"活动——以〈北洋画报〉的"四大女伶皇后"选秀为例》，《兰台世界》，2010 年第 1 期。
③ 韩红星：《看〈北洋画报〉读天津历史》，《兰台世界》，2010 年第 9 期。
④ 韩红星：《近代报业的"选秀"策划与启示——以〈北洋画报〉的"四大坤旦皇后"选举为例》，《当代传播》，2010 年第 6 期。
⑤ 韩红星：《近代城市化进程中的报业生存——以民国〈北洋画报〉为研究对象》，《当代传播》，2011 年第 3 期。
⑥ 韩红星：《中国近代女性角色的重塑——来自〈北洋画报〉的记录》，《妇女研究论丛》，2011 年第 4 期。
⑦ 韩红星：《民国天津市民消费文化空间的建构——基于〈北洋画报〉的研究》，《历史教学》，2011 年第 7 期。
⑧ 韩红星：《民国时期画报的广告经营——基于天津〈北洋画报〉史料》，《中国出版》，2012 年第 9 期。
⑨ 周雨婷：《摩登·多元·自由：〈北洋画报〉女性研究》，《苏州教育学院学报》，2014 年第 2 期。
⑩ 解丹儒：《〈北洋画报〉女性身体审美研究》，暨南大学，2013 年硕士研究生毕业论文。

性身体理想是《北洋画报》始终关注的焦点,也是其在 11 年间受到读者欢迎的原因。南开大学李从娜的博士毕业论文《媒体·消费·性别:民国时期都市女性身体研究——以天津〈北洋画报〉为中心》①,运用社会性别理论与方法,对《北洋画报》中刊载的图片进行视觉文化分析,重点探讨了《北洋画报》对女性身体的时尚塑造和健康塑造以及舞女的生活情景,解读了画报如何引导女性消费以及所反映出的消费女性问题。该论文相关部分已公开发表:《从〈北洋画报〉看民国都市交际舞业》②《〈北洋画报〉的身体史意蕴及解读》③《〈北洋画报〉中民国女性身体美的绽放——一个女性身体史研究的媒体视角》④。李从娜另有《〈北洋画报〉上溥仪的公形象》⑤一文。

综上所述,目前学界对《北洋画报》的研究多以其刊载内容为核心资料,从各种视角对《北洋画报》进行各类专题研究,而且往往因视角所限,研究常带有局限性。特别是针对《北洋画报》与天津城市文化的系统性研究尚不多见,少数学者的此类研究限于篇幅而不够深入,这也正是笔者研究该画报的初衷。

第二节　研究思路及方法

一、研究思路

本书分绪论、正文、结语三大部分,正文共六章。第一章为"《北洋画报》本体研究",论述《北洋画报》的创办背景和出版发行情况,同时介绍《北洋画报》创办人冯武越及相关报人情况。第二章论述了《北洋画报》的概况,介绍

---

① 李从娜:《媒体·消费·性别:民国时期都市女性身体研究——以天津〈北洋画报〉为中心》,南开大学,2010 年博士研究生毕业论文。

② 李从娜:《从〈北洋画报〉看民国都市交际舞业》,《中州学刊》,2010 年第 1 期。

③ 李从娜:《〈北洋画报〉的身体史意蕴及解读》,《兰台世界》,2011 年第 16 期。

④ 李从娜:《〈北洋画报〉中民国女性身体美的绽放——一个女性身体史研究的媒体视角》,《中华女子学院学报》,2013 年第 1 期。

⑤ 李从娜:《〈〈北洋画报〉上溥仪的公形象》,载李立夫、路红主编:《末代皇帝溥仪在天津——第二届溥仪研究国际学术讨论会论文集》,天津人民出版社,2010 年,第 141—153 页。

了其内容侧重、版面设置以及其中所体现出的家国情怀。第三章论述了《北洋画报》反映出的天津城市生活文化和休闲娱乐文化状况。第四章论述了《北洋画报》反映出的天津美术和摄影艺术情况。第五章和第六章分别探讨了《北洋画报》与天津戏曲及电影的关系。

本书关注天津城市文化的常态发展和悄然变迁，试图揭示天津市民的生活风貌和生存状态；将《北洋画报》作为一种社会文化现象，关注于报刊媒体如何观察、评介以及引导社会生活和文化艺术的发展变化。

二、研究方法

本书立足于历史学范畴，以唯物史观为指导，采用文献分析方法，尽可能多地掌握《北洋画报》历史和内容资料，使研究建立在丰富的史料基础上，进而适当借鉴相关学科的研究理论与方法，考察天津城市文化。本书坚持"一分史料说一分话"的原则，力求避免在研究之先预设或套用理论框架和研究范式，再去寻找史料来"对号入座"。通过细读发行了 11 年的《北洋画报》，从文字报道及各种图片资料入手，再现 20 世纪 20 年代中期至 30 年代末天津城市文化的风貌，探寻这期间天津城市文化在精神层面、物质层面的演变轨迹。

本书还试图使用大众传播理论来解读报刊与天津城市文化的关系。近代意义上的中国报刊是由西方人在中国创办的，随后为国人所效仿。在近代，报刊被视为宣传和推进中国现代化的重要工具，成为社会精英、政治领袖发表言论的阵地，被视为政治宣传话筒，而其具有的商业性、娱乐性功能恰恰被忽视了，这也长时间影响了报刊研究。本书试图凸显民国时期报刊的商业性、娱乐性，以及为了招徕读者所采取的种种方式。

当然，囿于篇幅和研究条件，本书不可能对《北洋画报》与天津城市文化中的所有问题展开论述，因此仍有很多具有启发性的论题尚未涉及。

第一章 《北洋画报》本体研究

《北洋画报》的产生是多种条件和各种因素综合作用的结果,民国时期天津较为发达的社会经济是其物质前基础,租界较为宽松的政治、舆论环境是必要条件,新兴知识分子群体的聚集是关键因素。

第一节 《北洋画报》的创办背景

天津本"海滨一村落耳,明永乐时置卫,始有城"①,因相传为明成祖朱棣靖难渡河之处,故名天津,取"天子渡口"之意。清代,天津即已成为繁华之地,所谓"天津城在海西头,沽水滔滔入海流。沽上人家千万户,繁华风景小扬州"②。

民国时期的天津是中国最具国际化的城市之一,"市区由中国街区、日本、意大利、英国、法国各专管租界以及特别区构成,犹如世界各国的缩微展览馆,呈现出一种异样的风景"③。这是由多方面原因造成的:临近首都的政治地缘使其分担了首都的部分功能,成为对外联络的窗口;多国租界的存在使得中外文化交流频繁;经济地理区位又使得天津成为华北地区的经济出口龙头,承担着对外贸易的桥梁作用,等等。

近代,天津因临近长期作为首都的北京,而具有重要的政治、军事和经济地位。"天津在北京东南二百四十里地,当九河津要,路通各省舟车,南运

---

① 王小隐:《析津诗忆》,《北洋画报》第 32 期,1926 年 10 月 27 日。
② 〔清〕崔旭:《念堂朱子慈》,载雷梦水等编:《中华竹枝词》,北京古籍出版社,1996 年,第 438 页。
③ 〔日〕东文雄:《天津的风景》,载万鲁建编译:《津沽漫记:日本人笔下的天津》,天津古籍出版社,2015 年,第 246 页。

数百万之漕，悉道经于此，舟楫之所式临，商贾之所萃集，五方人民之所杂处，皇华使者之所衔命以出，贤士大夫之所报命而还者，亦必由于是。实水陆之通衢，为畿辅之门户，冠盖相望，轮蹄若织，虽大都会，莫能过焉。"①因此在第二次鸦片战争后，天津被开辟为通商口岸，随后列强在天津划定租界。天津总计有英、美(1902年并入英租界)、法、德、日、俄、意、奥、比九国租界，在旧城东南沿海河两岸连成一片，总面积达23005.5亩，相当于天津城厢区面积的9.82倍。②各租界治河填洼、筑路排污、供水供电、大兴土木，使得天津城市面貌发生改观，由是天津"华洋错处，轮艘鳞迁，别开生面为北洋通商要地"，不但"益臻繁盛，焕然改观"，而且"各省宦商、晋京者、四方人士来游者接踵而至，咸喜留连，以瞻风景"③。租界的设立，加速了天津城市形态的变迁，彻底改变了天津城市的发展轨迹。

图1-1 当年英租界海河码头和停靠岸边的邮轮

开埠后的二三十年中，天津租界建设有了长足的发展，所谓"街道宽平店铺齐，洋场新辟竹林西"④。租界中"街道宽平，洋房齐整，路旁树木葱郁成林，行人蚁集蜂屯，货物如山堆磊，车驴轿马辄夜不休，电线连成蛛网，路灯列若繁星，制甚得法，清雅可观，亦俨如一小沪滨焉"⑤。在租界的开发建设过程中，西方先进的科技成果、规划设计、生产模式、经营管理乃至生活方式逐

---

① ③〔清〕张焘著：《津门杂记》(卷上)，光绪十年(1884)刻本，第1页。
② 尚克强著：《九国租界与近代天津》，天津教育出版社，2008年，第9页。
④〔清〕唐尊恒：《津门竹枝词》，载雷梦水等编：《中华竹枝词》，北京古籍出版社，1996年，第456页。
⑤〔清〕张焘著：《津门杂记》(卷下)，光绪十年(1884)刻本，第23页。

渐传入,道路系统、给排水系统的建成,电灯、电车的运营,所有这些现代文明产物都给天津城市传统文化以极大的刺激和启迪,更为天津现代化建设提供了模板。"租界的建立,使通商口岸内部出现了相对安全和较有秩序的岛状地带。"①这个由租界而形成的新市区成为天津工商业发展新的增长点。规模不断扩大的对外贸易,使得天津逐渐成为华北地区的商业经济中心。

开埠通商也使得天津政治地位得到迅速提高。清政府因天津地处畿辅,紧邻京城,于是先在天津设立三口通商大臣,后改为北洋通商大臣,由直隶总督兼领,并加授钦差大臣的关防。1870年李鸿章被任命为直隶总督兼北洋通商大臣,常年移驻天津办公。天津"自辟为商埠,总督自保定移驻于此,遂一跃而为北洋之中心,人文荟萃,贸易繁兴,遂于政治上、商务上均占重要之位置"。②因此天津长期被视为中国的第二政府所在地。李鸿章以天津为基地,积极发展洋务,天津随即成为北方洋务运动的中心,天津机器局、大沽船坞等军工企业和轮船招商局、开平矿务局、天津邮政总局、天津电报总局、天津机器铸钱局等"官督商办"的现代工商企业先后建立。

庚子之变,天津城市遭到破坏,20世纪初,袁世凯主政天津,天津又成为清政府实行"北洋新政"的重镇。在袁世凯的主持下,北洋银元局、直隶工艺总局、北洋铁工厂、教育品制造所、劝工陈列所、天津织染缝纫公司、万益织呢厂等一批工商企业纷纷在天津设立,在倡兴工艺、发展经济、扶助国货方面取得了积极的成效。特别是"河北新区"的建设使天津华界的城市建设水平得到了提升,对天津的城市发展起到了促进作用。新区规划效仿租界,打破了传统城市模式,一条中央大道与数条道路交叉构成道路网,新区南端建铁桥跨海河与老城区相通,中部建公园,北端建火车站、公园等。袁世凯在天津兴办的新政在维持天津社会秩序、改革旧有制度、发展社会经济等方面发挥了积极作用,带动了天津城市的发展。于是天津"风气更一变为繁华靡丽之邦,岂天将使烽烟荡靖以大启其文明"③。正是"花天锦地罨重楼,翠暖珠香

---

① [法]白吉尔著:《中国资产阶级的黄金时代》,张富强等译,上海人民出版社,1994年,第31页。
② 石小川著:《天津指南·序》,文明书局,1911年,第2页。
③ 同上,第1页。

夜不收。一掷腰缠轻十万,何须骑鹤上扬州"①。

　　总之,开埠后天津的经济获得了长足的发展。"打破了传统天津作为首都经济辅助城市的地位,一变而为联结国内自然经济与资本主义世界市场的跳板,成为以对外贸易为主要经济支柱的城市。从此,天津逐渐脱离封建的经济秩序,城市经济的发展,不再单纯受国内自然经济条件下商品化水平低下的限制,而是通过输入外国商品和制造技术,改变了城市的经济结构,进而发挥出中心城市的作用。"②到了民国初年,天津的近代工业体系已具雏形。

　　民国建立后天津城市进入快速发展时期。至20世纪20年代中后期,天津工商业达到极盛,成为中国北方最大的工商业城市。其中纱布、五金、西药、棉花、皮革等与对外贸易关系密切的行业获得较大发展。天祥市场、泰康商场等综合性百货商场开始出现。"目今津中新企业之多,至于不可胜计。法租界一带,商肆林立,尤为近数年来罕见之盛况。"③据1928年天津市社会局的调查,天津华界共有中国人开办的工厂2186家,资本总额约为3300余万元,其中制盐、碱、棉纱、面粉、火柴等17家大型工厂的资本额为2900余万元,占资本总额的93.3%。另外各国租界内中外工厂3000多家。④1928年6月,北京政府统治结束,首都从北京迁往南京,天津的政治、军事地位逐渐衰落。天津工商业发展速度虽然受此影响而放缓,但是依然持续发展。商业方面,劝业场和中原公司的落成开幕使得天津大型百货商场更上一层楼。工业方面,毛纺织、印染、化工等新兴工业获得较快发展,仁立纺毛公司、东亚毛呢纺织公司、久大等企业先后诞生,并保持了进一步发展。"据1931年统计,天津有工商行业128个,商店17124家,而业兼手工业4011家。"⑤这都巩固了天津北方经济中心的地位,"天津已日进于现代都市之林矣"⑥。天津不仅向内陆腹地推销商品,而且进行资本(大量的矿山投资)、人才和技术输出,

---

① 张之汉:《津门杂咏》,载雷梦水等编:《中华竹枝词》,北京古籍出版社,1996年,第459页。
② 罗澍伟:《近代天津城市史散论》,《近代史研究》,1991年第4期。
③ 板:《不知计学之司帐人》,《北洋画报》第83期,1927年4月30日。
④ 参见罗澍伟主编:《近代天津城市史》,中国社会科学出版社,1993年,第418页。
⑤ 曹洪涛、刘金声著:《中国近现代城市的发展》,中国城市出版社,1998年,第140页。
⑥ 王韬:《天津城市概要·序》,天津市市志编纂处,1934年,第1页。

成为真正的华北经济中心。

图1-2 民国初年天津市井的繁华

民国时期,天津商业中心逐步转移到法租界。近代天津的商业中心最初位于老城区,主要在北门外的竹竿巷、估衣街以及天后宫附近的宫南街、宫北街和环城马路(以北、东马路为主)。所谓"繁华要算估衣街,宫北宫南市亦佳"①。从20世纪初开始,靠近日租界的南市地区逐渐发展成为新的商业中心。民国时期,天津"商务中心,渐趋于各国租界"②,因为"租界市政设备比较完善,和保护的优良,没有苛捐杂税之额外征抽,没有战事发生之惊惶骚扰"③。不但许多商家为求安定纷纷迁入租界,而且众多达官显贵、富有阶层,乃至一般民众也把租界视为比较安全的栖身之地。而"法租界扼各租界交通之要道,实为本市最繁盛之区域"④。以人口为例,"从1921年到1930年,法租界人口由4745人猛增至52724人,激增了十倍"⑤。

1928年后法租界梨栈(今四面钟地区)和绿牌电车道一带(今劝业场、滨江道一带,系指以和平路与滨江道为中心,东起大沽路,西迄山东路,北自锦州道,南至赤峰道)成为天津最为繁华之地。这里高楼林立,各类商场、旅馆、饭庄、剧场、影院等商业设施高度密集,先后有天祥、泰康、劝业三大商场,国

① 〔清〕唐尊恒:《津门竹枝词》,载雷梦水等编:《中华竹枝词》,北京古籍出版社,1996年,第456页。
② 《租界商务发达》,《大公报》,1927年2月20日。
③ 葛天:《一位新客严重的天津》,《大公报》,1928年5月7日。
④ 天津市市志编纂处编:《天津城市概要·概要篇》,1934年,第44页。
⑤ 陈卫民编著:《天津的人口变迁》,天津古籍出版社,2004年,第102页。

民、交通、惠中三大饭店,春和、北洋、中国大戏院三大剧场,以及浙江兴业银行等高大建筑落成。而且这一带交通便利,是多条电车线路的汇集之处。来自北大关的蓝牌电车沿梨栈大街、海大道经过万国桥可达东车站,绿牌电车自劝业场沿滨江道而至教堂前,黄牌电车由北大关、花牌电车由东北角经梨栈进入法租界直达巴黎道(今吉林路)附近。①以后又有公共汽车在此穿行。1926 年万国桥(今解放桥)建成,将中街(今解放北路)与火车站相连接。至是,此地区遂成为法租界的繁华中心。1931 年九一八事变和"便衣队暴乱"后,日本觊觎平津,社会不稳定因素增加,天津商业中心由老城区、日租界向法租界转移的速度加快。一些商户纷纷在劝业场、梨栈一带开设支店或分号,使得这一地区更加繁荣。

北京政府时期,天津租界因距北京政治舞台较近,一些军政要人往往预先在租界购买居所,一旦失势,朝发夕至,可以托庇外国人保护。且北洋军阀处于混战之中,政权更迭频繁,今日被逐出京退入天津租界,明日可能便是拥戴进京的元首。天津的租界里居住过民国的五位总统、六位总理、十九位总长、七位省长、十七位督军、两位议长、两位巡阅使。这些人为天津带来了一定的社会财富,促进了工商业和休闲娱乐的发展。同时,工商业的发展为20 世纪二三十年代天津城市的现代化发展提供了动力。伴随着城市化进程的不断加剧、工业化的快速推进,天津也成为北方的经济中心、金融中心和工业中心。天津发达的经济带来了更多的商业发展和其他谋生机会,彰显现代活力的城市风貌对于各地经商、求职、求学以及向往城市生活的人们具有较强的吸引力,于是大量移民进入天津。周边地区的富户、商人、文人乃至清朝的遗老遗少和军阀官僚纷纷迁居天津。随着城市面貌的日新月异,天津社会结构也从传统向现代转变。与传统城市市民截然不同的新型市民群体在天津形成。

大量新增市民为城市报刊传媒造就了成千上万的受众和广阔的市场空

---

① 天津电车发展情况详见陈铁卿:《津门旧事辑》,载天津文史研究馆编:《天津文史丛刊》第 3 期,1984 年,第 52—74 页。

间，也催生了天津这个国际化城市中独特的文化艺术。来自五湖四海的异乡人，远离故土生活于陌生的城市，心中不免落寞，需要一种便捷的报刊媒体以获取信息，了解所生活的城市；同时，忙碌而紧张的城市生活，也使得他们急切地需要寻找一种休闲刊物，以松弛身心、缓解压力、调节生活。由此，以新兴市民为消费主体的天津城市报刊业和城市文化艺术应运而生。

图 1-3 民国时期在中国兴盛一时的各种画报

在天津近代城市文化兴起和发展的过程中，城市报刊媒体无疑扮演了重要角色。20 世纪二三十年代天津拥有发达的报刊媒体，"新闻界有显著之进展，出版之报纸则风起云涌，无所不包；成立之通讯社亦雨后春笋，开空前末有之局。他如广告社之兴起，派报社之成立，亦在此时为最多。其所以发展之原因，则不外(一)求营业方面之胜利，(二)知识阶级之鼓吹"①。《大公报》《益世报》等知名报刊风行一时，各种画报也如雨后春笋。虽然"华北画报界

---

① 宋蕴璞：《天津志略》，载来新夏、郭凤岐主编：《天津通志·旧志点校卷》(下)，南开大学出版社，1999 年，第 328 页。

曾极一时之盛",但"能久持不替者,殊寥寥无几"。①尽管如此,作为重要的城市报刊媒体,层出不穷的画报在满足市民文化消费需求的同时,也影响并促进了城市文化艺术的发展。

第二节 《北洋画报》的基本情况

画报是中国近代一种新兴的报刊媒体。相比于书籍,它具有更快的传播速度;相较于报纸,它的图文容量更大,传播时间更为宽裕,因此受到不少人的喜爱。画报使眼睛所具有的"看"的功能得到极大的发挥,满足视觉欲望,追求视觉享受,看画报成为人们的生活方式。

画报在近代中国风行一时,"京沪及各大埠多有之,有独立发行者,有属于日报之星期增刊者,有重新闻者,有重美术者,有纯用照片者,有兼载小说杂记者,五光十色,竞爽争妍,允为大观矣",同时,"画报乃报之一种,似宜多采时事影片,以偿社会先睹为快之大欲,方不负原则。否则画而不报,或闲文过多,喧宾夺主,皆非所宜。又尝见登载电影,充满篇幅,斯又近于电影专刊,亦应略加限制也。海上外国报纸如《大陆报》(China Press)之《星期画报》(Sunday Pictorial),宏丰鲜明,规模极大。惟偏于国外,又皆西文。其中国报纸则上海《时报》之《图画周刊》张幅最大,纸张色彩,均甚精致,且富于新闻照片,捷而备。盖此报资格最老,故为新闻聚荟之中心。其京中画报多家,总觉美术小说之色彩过重",而"《北洋画报》为津埠独步之作品"。②

一、出版发行情况

《北洋画报》创刊于 1926 年 7 月 7 日,早期为三日刊,每逢星期三、星期六各出版一次。1928 年 10 月 2 日第 225 期起改为隔日刊,每周二、四、六出版。全面抗战爆发后于 1937 年 7 月 29 日终刊,共出刊 1587 期。该刊由冯武

---

① 记者:《卷首例言》,《北洋画报》第 301 期,1929 年 4 月 4 日。
② 本段引文出自徐凌霄:《画报》,《北洋画报》第 48 期,1926 年 12 月 22 日。

越创办,1933年转手给同生照相馆老板谭林北。早期社址在天津法租界廿七号路华卫里六号,先后迁到法租界廿六号路一百廿四甲、法租界五号路廿一至廿三号、法租界蓝牌电车道北廿三号路等处。

《北洋画报》基本上由冯武越、谭林北独力经营,缺少外部资金支持,[1]因此高度重视画报的发行、广告及经营,遵循市场规律,精心策划,灵活运作,恰当处理画报品位与商业利益的关系,从而在竞争激烈的报刊市场上站稳了脚跟。

图1-4 《北洋画报》社社址

《北洋画报》创办伊始即在各大报纸刊登广告,进行宣传,以求打开市场、扩大知名度。1926年6月,《益世报》刊登《北洋画报》发行广告,预告读者《北洋画报》将于7月出版,画报内容包括"时事、科学、美术、名胜、艺术、游戏等照片、文艺作品",并且"征求各种照片、小说、文字,酬金从优;招请外埠经理"。[2]7月,北京《顺天时报》和天津《益世报》刊登《北洋画报》出版广告,除说明《北洋画报》的内容和出版时间外,还特别指出"凡将此告白剪下附邮

---

① 当时社会上"一般认为《北洋画报》后台实为张学良"(见《吴云心文集》,天津古籍出版社,1990年,第588页)。也有人明确指出《北洋画报》由"东北军张学良每月补助一部分经费"(见俞志厚:《一九二七年至抗战前天津新闻界概况》,载天津市政协文史委编:《天津文史资料选辑》第18辑,天津人民出版社,1982年,第63页)。但并无实据。

② 《北洋画报》广告,《益世报》1926年6月17日。

票二分,开明住址、姓名寄至本报者,即将本报一份寄奉作为样张"①。《北洋画报》出版后仅一个月,便"备受社会人士之欢迎,销路甚畅"②。同年10月,《益世报》广告称《北洋画报》是"众口同声、推为第一、内容精美、绝无仅有"③的优秀画报。

为了扩大销路,《北洋画报》对于订阅者还给予优惠。1926年8月25日第15期登出"大赠送"广告:"凡订阅本报一元以上者,按期赠阅《电影杂志》一份,至订阅期满为止。该杂志系由陈伯仁君主编,每半个月出版一次,为华北唯一之电影专门刊品,内容美备,无待赘言。此项赠送,至下月十五日截止,以后决不补送。凡以前订阅未满期者,一律得享赠送利益,至期满为止。"为了打消欲购者的顾虑特别指出:《北洋画报》在天津"中外官厅注册立案,准予发行,特受保护,资本充足,信用昭著"④。在征订广告中还热情地宣传"使君家庭幸福增进,应订阅本报;使君亲友永远感激你,应赠送本报"⑤。

《北洋画报》创办之初为扩大社会认知度,向一些人赠阅报纸,后因销路日广,"印得之报,往往不敷分配,致使纳费购报者常常无可补购,实属有碍销路",因而取消赠阅。对于"曾享长期赠阅权利诸君,如仍表同情于本报,应请早日照章纳费,以示始终爱护本报之意,本报即当继续将报寄奉不误"。⑥

创刊最初的两年,《北洋画报》组织结构较为简单,全靠冯武越亲力亲为,内部事务均系其一手主持,"未组织成社"⑦。据老报人吴云心回忆,报馆后面即为印刷厂,"有一副五号字字架,半副三号字,一台八页平版机。有几位工人,没有制铜版的车间,铜版由外面制版厂代制。编辑部有一位编辑兼校对员,加上冯武越本人,还有一个交通员兼勤杂。全部报社人员就是这么多"⑧。

两年后,随着画报销路打开、报社规模扩大,组织结构也逐渐完善起来。

---

① 《北洋画报》广告,《顺天时报》1926年7月20日,《益世报》1926年7月23日。
② 《编辑者言》,《北洋画报》第9期,1926年8月4日。
③ 《益世报》,1926年10月23日。
④ "大赠送广告",《北洋画报》第15期,1926年8月25日。
⑤ "订阅广告",《北洋画报》第419期,1930年1月4日。
⑥ 本段引文出自《本报特别启事》,《北洋画报》第64期,1927年2月23日。
⑦ 《本报重要启事》,《北洋画报》第197期,1928年6月16日。
⑧ 杨大辛主编:《吴云心文集》,天津古籍出版社,1990年,第586页。

此时恰逢冯武越母亲病逝,须南下回粤营葬。"又际时局开展,言论自由得以充分发扬",《北洋画报》"极有努力扩充之必要"。故自1928年6月11日起组织《北洋画报》社"以利进行所有,社内事务统归《北洋画报》社出名负责"①。

冯武越还为《北洋画报》制定了三年计划,"第一年为投资牺牲时期;第二年为不再亏蚀时期;第三年为自立印刷与制版部分,完成整个报馆之时期;节节进行,不遗余力"。至1929年"第一二两年预订步骤,均已做到;惟第三年度,因受时局影响,未能完全实现。但印刷制版,均已能独立指挥,预料一年之后,即可完全收归自办,而成立一完备之报业组织矣"。②

《北洋画报》还曾计划发行月刊单行本,"取上月发行十数期报中所有之图画文字,分类汇印,饰以美丽封面,俾读者便于收藏检阅;盖零星之报,人争取阅,易于散失,及后拟装订成册,则往往无法添补,不复成书,甚为可惜。且对国外销路,尤以整本较为简便"③。《北洋画报》第267期登出了月刊预订广告。正欲付印时,"外洋代销处及订阅户纷纷来函,不赞成月刊发行,金谓一月一出,兴味顿失,要求仍发寄周三刊",而且《北洋画报》也自感"印刷所机工均忙,不堪应付,深恐将来出版延误,故决将月刊暂行停办,一面自行筹设印刷所,俟成立后,再行出版"。④但是直到《北洋画报》终刊,月刊也未能问世。

《北洋画报》二周年纪念刊中刊登《〈北画〉产生之程序》一文,介绍了画报制作过程:

> 凡一纸《北画》之得贡献于读者之前,其间所需要之手续,至为繁夥,"来处不易"一语,未尝不可用之于此。《北画》原料以摄影绘画为大宗,有若干外勤记者努力收罗绘制,寄致本报,经过审选,然后规定尺寸,制为铜锌等版。至于文字,亦由若干转述担任之。每期报之底样,于

---

① 本段引文出自《本报重要启事》,《北洋画报》第197期,1928年6月16日。
② 本段引文出自《北画发展之步骤》,《北洋画报》第341期,1929年7月7日。
③ 《北画之新计划》,《北洋画报》第251期,1928年12月1日。
④ 《〈北洋画报〉月刊暂缓出版启事》,《北洋画报》第270期,1929年1月17日。

一星期前即约略拟定,将图画文字地位,先期排妥,然仍不免变更。因印刷份数太多,底样制成后,须于出版之前四五日即交印刷所排样。且至少须经两次校对。然再经垫板、磨字、上板等手续,舛误即所难免。发行一事,分囤批与零寄二种。直接订阅,均由本报营业部迳行封寄,所有订户姓名、住址、期数均有详细记录。印戳、折叠、装封等手续完竣后,即运至邮政厅局,照立券报纸例收寄,所以不须粘贴邮票,此邮局为销路广大之报而设之特例也。邮局按住址将本报投递,于是本报乃得与读者相见。凡每纸之出,必经三四十人之力,不可等闲视也。故读者慎为保存,迨每至半年,本报出过五十期,作一结束时,即装订成册,置之案头,以供暇时浏览,每与青灯嘉茗,相为伴侣,实生活享用中止一段清福,足与衣食住行四端,共存于不敝;俨如名葩芬馥,历久而弥馨。①

可见《北洋画报》从编辑、印刷、出版整个过程的正规化。

作为"华北历史最久的独资定期画报"②,广告是《北洋画报》赖以生存和发展壮大的经济支柱。随着报刊业的整体发展,"商业广告在报业财务组织中起着越来越重要的作用。报纸成为便于其他商品与服务销售的一个紧要机制"③。《北洋画报》第一版和第四版及中缝基本由广告占据,第二、第三版的报头位置及中缝也充斥着大量广告。广告收益对于《北洋画报》来说不仅是其经济独立的重要条件,更是言论独立及事业发展的重要经济基础。《北洋画报》能坚持11年之久,且内容充实、印刷精美,可以说都是依靠广告的支持。曾有读者致信《北洋画报》,希望能减少广告,《北洋画报》对此也进行了解释:"常人多不明报纸为一种营业组织,有要求本报减少广告,增加读料者。不知本报不附属于日报,为完全独立之营业,一切开销,均恃广告以为调剂,故广告减少,颇不可能,惟力求其不侵越报材地位而已。"④在周年纪念专

---

① 《北画产生之程序》,《北洋画报》第201期,1928年7月7日。
② 姜公伟:《〈北洋画报〉九周年纪念日》,《北洋画报》第1266期,1935年7月7日。
③ [英]汤普森著:《意识形态与现代文化》,高铦等译,译林出版社,2005年,第195页。
④ 笔公:《三周例语》,《北洋画报》第341期,1929年7月7日。

刊、新年庆祝专刊出版之前,《北洋画报》会预先发布广告,提前将要刊登的内容向读者广而告之,以吸引读者的兴趣和关注,激起他们的购买欲。

报刊"取得广告收入的能力直接联系到它们的读者的数量与形象"①。《北洋画报》除在天津本埠销售外,还积极拓展外地市场。《北洋画报》早期提到的外埠代售处有"北京各派报社及东安市场书摊,济南第一中学图书馆,营口益环派报社、亚洲派报社,奉天鼓楼东北角李湛章号、督军公署街顺和新号,上海各派报社,青岛芝罘街《申报》分馆,云南文明街启新书局、北门街广益派报社"②。有时《北洋画报》会让驻外埠特约记者兼任代售工作。上海《申报》登载的广告中说明:"爱阅《北画》者,可即向该报上海分社南市大南门大佛厂七五号朱家麟君处预定。"③1929年朱家麟因难以兼顾,辞去代售工作。1930年,《北洋画报》"为推广西南销路起见,特委托成都昌福馆中间华阳书报社赖筱耦君,担任独家推销,西南各地爱读本报诸君,即请直接向赖君接洽为盼"④。

1931年九一八事变之前,因冯武越等人与东北方面关系密切,《北洋画报》在东北的销路较为顺畅,其外埠销售渠道也达到极盛,计有"成都昌福馆华阳书报社、辽宁军署街震泰派报社、辽宁小西关东北书报社、辽宁向阳街三合派报社、辽宁五斗居胡同刘松波君经理、哈尔滨道外东方派报社、哈尔滨道外总派报社、哈尔滨道外极东派报社、吉林河南街振声派报社、吉林新开门内振动派报社、吉林《泰东日报》分社、青岛芝罘路《申报》分馆、青岛四方路明记派报局、青岛胶州路玉华派报社、营口亚洲派报社、唐山新立街裕新派报社、长春无线电前振兴总报局、黑龙江省城寓北图书馆龙江派报社、张家口北武城街三盛派报社、石家庄大桥街五洲派报社、朝鲜京城太平通谭伯琴君经理、烟台会馆街福顺号祝培翰君经理、新民县《盛京时报》分社、桑园通利报社、承德热河街瑞记杂货庄、绥西包头县维新派报社"⑤。而且《北洋

---

① [英]汤普森著:《意识形态与现代文化》,高铦等译,译林出版社,2005年,第195页。
② "本报外埠代售处",《北洋画报》第71期,1927年4月23日。
③ "预订〈北洋画报〉之赠品",《申报》1928年12月13日。
④ 《本报成立成都推销处启事》,《北洋画报》第512期,1930年8月16日。
⑤ "本报各埠代销处",《北洋画报》第624期,1931年5月14日。

画报》还积极扩展日本销售渠道，经驻日记者钟辛茹介绍，《北洋画报》"在东京中华街青年会内留日书店发售。本报向东京发展营业，从此又进一步矣"①。

九一八事变后东北被日军侵占，内地报刊发往东北者，均被日军强行扣留，致使《北洋画报》大蒙损失。《北洋画报》不得不加大读者订阅优惠力度。谭林北接手后，《北洋画报》重整外埠代销处，计有"北平西南园高连庆，青岛芝罘路《申报》分馆、平度路明记书局、胶州路玉华报社，张家口北武城街三盛报社，石家庄东连弯俊祺报社，包头维新报社，烟台福顺号祝培翰，唐山新新街裕立报社、新立街合记报社，桑园通利报社"②，后又增加"济南历山顶李稷华君、保定秀水胡同张锡吾君"③，以及"秦皇岛铁道南洲印报社、宁晋北大街平民报社"④。《北洋画报》的外埠发行情况趋于稳定，直至停刊。

对于《北洋画报》的发行数量，在出版百期时，冯武越称"现在的销路比较初出版的时候，超过五倍以上"⑤。第151期时又称"本报在华北的销路，可算得首屈一指"⑥。第419期称《北洋画报》久为新年时人人希望得到的礼物，每年岁首岁尾，订报赠送亲友者潜数百份之多"⑦。据与《北洋画报》关系密切的老报人吴云心回忆：《北洋画报》每期大约印刷4000余份，除去开支，尚有盈余。⑧但未提及是何时发行为4000余份。宋蕴璞的《天津志略》提及在1931年，每期销售数量为5000份。⑨实际上，民国时期中国报纸的发行受到各方面因素的制约。"报贩势力、代销处、邮局等等，都有报馆本身不易控制的地方。而报馆自身的发行部门，作用十分有限"，甚至有人认为"报纸销售的增加不是报馆自身努力的结果，而是社会发展的大趋势所致"⑩。

①《如是我闻》(二)，《北洋画报》第358期，1929年8月15日。
②"本报外埠代销处"，《北洋画报》第924期，1933年4月25日。
③"本报外埠代销处"，《北洋画报》第975期，1933年8月22日。
④"本报外埠代销处"，《北洋画报》第981期，1933年9月5日。
⑤ 武越：《过去未来》，《北洋画报》第101期，1927年7月6日。
⑥《岁首宣言》，《北洋画报》第151期，1928年1月1日。
⑦《北洋画报征订广告》，《北洋画报》第419期，1930年1月4日。
⑧ 杨大辛主编：《吴云心文集》，天津古籍出版社，1990年，第587页。
⑨ 参见宋蕴璞：《天津志略》，载来新夏、郭凤岐主编：《天津通志·旧志点校卷》(下)，南开大学出版社，1999年，第336页。
⑩ 王润泽：《民国前期中国现代报纸的发行途径及其潜规则》，《国际新闻界》，2007年第7期。

就《北洋画报》价格和天津当时物价水平推测,《北洋画报》的固定消费群体应是以社会中上层为主,包括由实业家、金融家、大商人等人构成的资本家群体以及由职员、中小商人、公职人员、教师、知识分子等人构成的职员群体。①这些社会中上层人士更倾向于阅读时尚杂志及画报,易于接受报刊媒体中传递的摩登与时尚信息。这种受众群体定位也使得《北洋画报》获得了良好的经济效益和社会效益,从而引领了20世纪20年代中期至30年代末期天津的城市流行文化。

二、报人概况

画报作为典型的印刷媒体之一,其编辑者的社会身份、文化心理和知识结构影响着画报的办报宗旨、经营手段和营销策略。最直接影响《北洋画报》精神命脉的是其创办人和编辑群体,他们是一群受到新知识熏陶和西方文明浸染的知识分子, 又是一群怀着文化理想到天津寻求机遇的外乡人、创业者。

《北洋画报》号为"华北画报巨擘",能出版长达11年之久,就在于有一支精明强干的报人队伍。编辑、记者为搜集材料殚精竭虑,虽然受罪,但乐在其中。《北洋画报》中一篇文章曾自嘲道:"谈到我们这行来了,看报是享福,编辑是受罪。听戏的享福,评戏的受罪。参观这个跳舞,那个游艺会的,享福;弄管破笔,在半明不灭的灯底下做文章,受罪。读古人的诗文享福;为求学问,耐得半宵寒,摇头晃脑的吟诗作文受罪。可是我们这等酸字号的朋友,却有时非受点罪不可。这也像抽大烟,明知他是受罪的玩意儿,却是上了瘾的人,没法办了。只图抽完了,那一阵直觉上的美感,也不得不再受罪。"②

(一)创办人

《北洋画报》的创办人冯武越(？—1936),学名冯启骖,以"武越"名于

① 罗澍伟主编的《近代天津城市史》(中国社会科学出版社,1993年)中有"1933年民资企业工人工资构成统计"一表(第550页),指出从总体上看当时天津工人月收入大部分在二十元以下。而同年《北洋画报》每期为大洋六分,十七期一元,半年四元三角,全年八元。

② 二板:《享福与受罪》,《北洋画报》第34期,1926年11月3日。

世，"自以头尖，号曰笔公"①。冯武越家族显赫，家庭条件优越。其父冯祥光②供职于外交界，"壮年后历涉重洋，足迹遍欧美"③。晚清时为五大臣出洋考察团随从人员，民国时期任驻墨西哥公使，因此冯武越对于西方文化有着较为丰富的认识。冯祥光于 1932 年 1 月 6 日午间 1 时许乘人力车，在北平外交部街西口迤南与电车相撞，被抛出人力车外数十步，"面触街石，伤左额，额骨碎裂，眉际创孔深及寸"。本或伤不致死，"倘急送附近医院救治当不致命"，不料电车公司竟拖延至 3 时，"始送抵西四牌楼西之中央医院医治"。④冯祥光于重伤之余竟暴处风寒中两小时之久，以致身死。⑤

图 1-5　冯祥光

　　叔父冯耿光（1882—1966），字幼伟，日本陆军士官学校步兵科第二期毕业生，1905年回国。武昌起义后，被清政府派为参加南北议和的北方分代表。1912 年中华民国建立后，任袁世凯总统府顾问兼临城矿务局监办，参谋本部高级参议，领陆军少将衔。1918 年 3 月任中国银行总裁。1922 年改任中国银行常务董事。他还兼任北洋保商银行董事、大陆银行董事、中国农工银行董事等职。1926 年再任中国银行总裁。1928 年起任新华银行董事长、联华影业公司董事。后曾任新华信托储蓄银行董事长。1945 年冯耿光改任中国银行高等顾问，曾一度出任过新华银行董事长。1949 年后，任中国银行与公私合营银行董事，第一届全国政协委员。冯耿光虽起身行伍，以银行为业，却醉心于京剧艺术，极其推崇梅兰芳，被时人目为"梅党"领

---

　　① 寒云：《笔公与尖头奴》，《北洋画报》第 434 期，1930 年 2 月 15 日。
　　② 俞志厚的《一九二七年至抗战前天津新闻界概况》（《新闻研究资料》，1982 年第 4 期）中将冯武越的父亲误为其叔父冯耿光。
　　③④ "恕讣不周"，《北洋画报》第 739 期，1932 年 2 月 13 日。
　　⑤ 冯祥光之死详情见《冯祥光被电车撞伤身死案》，《世界日报》，1932 年 2 月 3 日；《平市公安亟待整理：其子冯武越上平市府呈文》，《益世报》，1932 年 4 月 18 日；《请为市民谋行路安全，冯启馏等向市府请愿》，《世界日报》，1932 年 4 月 18 日；《冯启馏、冯至海上北平市政府呈文》，《北洋画报》第 767 期，1932 年 4 月 19 日。

袖。梅兰芳在 20 世纪 50 年代初回忆道:"在我十四岁那年,就遇见了他(冯耿光)。他是一个热诚爽朗的人,尤其对我的帮助,是尽了他最大的努力的。他不断地教育我、督促我、鼓励我、支持我,直到今天还是这样,可以说是四十余年如一日的。所以我在一生的事业当中,受他的影响很大,得他的帮助也最多。这大概是认识我的朋友,大家都知道的。"①

冯武越夫人赵绛雪,号称为"绛雪轩主",是津浦铁路局长赵庆华(字燧山)长女,张学良夫人赵一荻大姐。赵绛雪喜好京剧,能登台彩唱。妻弟赵国煌,字道生,以字行,"毕业于上海复旦大学商科学院国际贸易系,得商学士学位。亦曾肄业于吾津之南开及新学。以热心体育闻,曾任上海各种球队总干事,蜚声于体育界。《北画》创办时曾充任记者,于广告发行等事,颇多赞助,盖君乃专门广告学家也。后大华饭店创办,即任该店经理迄今,大华之蒸蒸日上,多赖君之力焉。君又曾充任矿政公署科长两任,及担任北宁

图 1-6 冯武越、赵绛雪夫妇

路员,并以余暇为天津《庸报》主持汽车增刊笔政经年。君少年有为,交友甚广,和蔼可亲,人咸乐就之"②。冯武越之弟冯至海娶熊希龄次女熊鼎为妻。

冯武越"少习航空机械于外",曾留学比利时、法国、瑞士多年。在欧洲期间与梁启超、徐悲鸿等文化艺术界人士多有交游。1921 年归国后"即投身航空界,学未得用,则从事撰述,肆力提倡;又恢复中国航空协会,刊行报章,鼓吹民间飞航,俾民众得以投资斯业,凭藉利器,启发边陲,备充国防,尤其余事"③。冯武越曾在奉系军阀任职,1925 年任职东北航空署,为奉系空军的发展做出了

① 梅兰芳口述,许姬传、许源来整理:《舞台生涯四十年——梅兰芳回忆录》,团结出版社,2005年,第 130—131 页。
② 不患得失斋主:《时人影传》(五),《北洋画报》第 327 期,1929 年 6 月 4 日。
③ 武越:《十余年来中国唯一光荣的事》,《北洋画报》第 252 期,1928 年 12 月 4 日。

一定贡献,一度担任张学良的法文秘书。

冯武越因深感"社会腐化未除,暮气太重,格格不相入,而同业者亦多貌合神离,热心决不在此,乃卒无所成,思之犹有余恨也"①,于是"弃武就文,以笔墨为生"②。据冯武越自述,少年时同小伙伴"在北京合办了一个誊写版印的什么《儿童杂志》,那时不过十三岁而已,放着书不去念,干这无谓的玩意儿,给家长大大的申饬了一番"③。但也自此"立下了办报的根基,到得壮年来,不但喜欢看报、玩报,而且玩外国报,也是常干的事"④。20世纪20年代初冯武越先后在北京创办《电影周刊》《图画世界》。《图画世界》以"时事、艺术、科学"为口号,"所以内容包罗万千,靡有遗弃,甚为知识阶级之所赞赏,谓可媲美欧美日画报,非夸语也"⑤。该报为月刊,仅出版三期,"战事即突起,销路因之阻滞;成本又至重",冯武越亏损"千金之巨,不得已而停刊"。⑥后来在《京报》副刊上刊发的《图画周刊》,"就是继续《图画世界》,也只出过十多期便停止"。《电影周刊》和《图画世界》"可算是北方铜锌画报的鼻祖"。⑦

《电影周刊》和《图画世界》虽然夭折,但是为冯武越积累了办报经验,为日后《北洋画报》的成功打下了基础。1926年,冯武越创办《北洋画报》于天津,吴秋尘认为此为"天津有画报之始。于是办画报,看画报者,无不知有武越其人"⑧。

据吴云心称,冯武越驼背、鹰鼻,工心计。报纸编辑工作,虽然放手交给编辑人处理,但他心中有数,不怕编辑摔耙子。而且冯武越本人"能书画,工摄影,长小品文字,具美术天才。好朋友、海内外艺人之道经沽上者,无不出入其门。十年来,天津文艺空气之养成,武越实为首功"⑨。冯武越利用这份画报,尽力交结一些名流。小小的一间编辑部,又是一个高朋满座的会客室。当

---

① 武越:《十余年来中国唯一光荣的事》,《北洋画报》第252期,1928年12月4日。

②⑧ 吴秋尘:《记冯武越》,《益世报》,1936年4月26日。

③④⑦ 武越:《笔公自述》,《北洋画报》第101期,1927年7月6日。

⑤⑥ 武越:《画报谈》(上),《北洋画报》第18期,1926年9月4日。

⑨ 吴秋尘:《记冯武越》,《益世报》,1936年4月26日。

时经常到这里的有王小隐、吴秋尘、张谬子等人,还有当时的名流如袁寒云、方地山、童曼秋等人也都有往来。有些名士写稿没有稿费,只是每期赠给经常写稿人画报一份。冯武越好客,每星期邀请名士和撰稿人举行宴会一次,佳肴美酒,谈艺论诗。其妻弟赵道生为大华饭店经理,当然可以办到又丰盛、又省钱的筵席。大华楼头,一夕盛会,就算他对投稿朋友的厚谢了。许姬传将《北洋画报》社称为天津的"沙龙"。①

图 1-7 冯武越之子冯健龙童年照

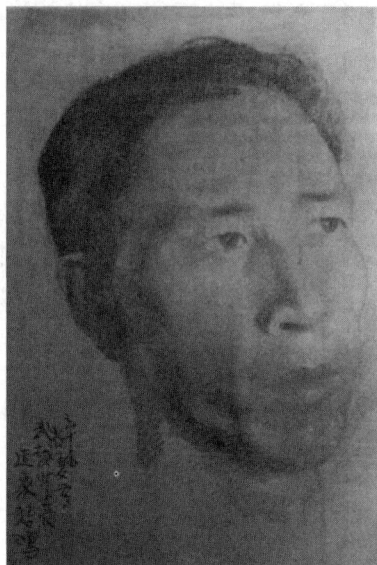
图 1-8 徐悲鸿为冯武越所作画像

冯武越积极参与天津一些文化团体的活动并在其中担任重要职务,如群一社社长、旅津广东音乐会会长和北洋摄影会总干事等职。20 世纪 30 年代,冯武越还提倡国民体育普及化,他认为要想造就"强健体魄之国民",就绝不能"仅仅在推广学校体育做去而得称止境,必也使不能得到学校体育训练利益之普通国民,咸有享受体育之机会,并使曾在学校久经锻炼之壮儿,于出校入社会以后,仍得维持其体魄之强健,然后国家乃能得到多数体魄健

---

① 参见许姬传:《天津十年》(续),载天津市政协文史委编:《天津文史资料选辑》第 39 辑,天津人民出版社,1987 年,第 190 页。

全之国民,肆力于各种工作,社会乃能有进步。欧美各国各城市均有无数的体育会、体育学校、健身房,不是为学生而设"①,而中国目前"太偏重于学校体育,而置国民体育于不顾,殊非国家社会之利,是宜亟亟普及民众体育,俾养成全体国民的健全体魄,使人人皆有健全的精神,然后乃能造成健全的社会与国家"②。冯武越的提议得到了培才学校校长郝铭的响应,二人"共同发起业余体育会及健身房,地址即拟借用法租界培才小学校风雨体操室"③。后召开成立大会,"公议决用志成健身会字样",并制定会章。选举郝铭、郭静山、景子良、杨君如、丁继昶为常务委员。该会于大会后即日成立,"雍剑秋君捐助百元,按章列名名誉会员内。入会费基本会员纳十元,普通五元。教授分拳术、器械、摔跤三科,习一科者月费二元,多习一科加一元"④。

1931 年九一八事变后,冯武越和王小隐返回天津,两人于 1932 年元旦创办《图画日报》,"日刊一张,兼重新闻、文艺、图影,开新闻界未有之新纪元。"⑤吴秋尘对该刊的创办有细致的介绍:

> 本报去年,早有发行日刊之计划,迟迟未果。客秋,外侮进逼,东北危急,武越、小隐两先生,均归自辽左,痛心国难,益觉宣传工作之急不可绥,乃决心出全力,于今年元旦,再创刊《图画日报》,以辅《北画》之所不及。《北画》向偏重艺术,而《图日》则注重消息;《北画》多描写社会小事,《图日》则传播简要新闻;《北画》以美为本,《图日》以真为归。《北画》之旨在调剂生活,《图日》之志在启发民气。相辅而行,各有其用,固不稍相混,伺候益当各尽其能,使《北画》为永久之艺术刊物,《图日》为有力之舆论机关。《北画》早有新闻,而非《图日》原新闻。《图日》亦有文艺,亦非《北画》之文艺,似分道以扬镳,实同归而殊途。此又不能不为读者告

---

① 武越:《国民体育应普遍化》,《北洋画报》第 629 期,1931 年 5 月 26 日。
② 武越:《国民体育应普遍化》(续六二九),《北洋画报》第 631 期,1931 年 5 月 30 日。
③ 《关于〈国民体育〉之应声》,《北洋画报》第 639 期,1931 年 6 月 18 日。
④ 《健身立会有志竟成》,《北洋画报》第 649 期,1931 年 7 月 11 日。
⑤ 《曲线新闻》(二),《北洋画报》第 722 期,1931 年 12 月 29 日。

也。……武越先生尽三月之经营,益以小隐先生生花之笔,锦绣之思,《图日》一出,便已惊人。万口交赞,后来居上。篇幅与《北画》等,而天下之事,无不包罗并举,得此一纸,文图并赏,开新闻界未有之创局,固又不仅《北画》不能与相并论已。看《北画》者不能不看《图日》,看《图日》者似亦不能不看《北画》,两报并陈,斯新闻美术两得之矣!①

无奈因世事难料,创刊之际,冯武越之父冯祥光车祸身死。"冯武越君因丁父艰,悲痛之余,无心世事,除将手创之《图画日报》暂行停刊外,现并由平函致本市群一社及旅津广东音乐会,分别辞去会长职务。"②兼之时局多变,重要职员相继离津,1932 年 1 月 13 日《图画日本》停办,仅存世 12 天③。

1932 年初,冯武越南游广东,本欲借机修养。孰料春夏时节北平、天津霍乱流行。其弟冯至海不幸染霍乱病逝,年仅 30 岁。王小隐称冯至海"才调纵横,目空当代,数以考试得官,旋弃去,视之篾如也"。并为其作挽联"不为附翼攀龙客,竟作投身饲虎④人"⑤。更给冯武越以打击。同年,冯武越为营葬先人遗骨再度南返。冯武越本患肺疾,"时局的惶恐和病体的不支,使他不能再经营那《北洋画报》"⑥。

1933 年 3 月,冯武越将《北洋画报》"全部让渡于同乡谭林北君接办,谭君为同生照相馆经理,兼办画报,自属便利"⑦。此后冯武越赴北平西山山居疗养,但仍乐于参与平津社会文化活动,并写有《山中杂记》数篇叙西山景致,发表于《北洋画报》。

1936 年 1 月,冯武越病逝于北平,其生前好友张厚载(张聊公)、巢章甫、吴秋尘等人在《大公报》《益世报》都曾发表纪念文章。张厚载悼亡诗为:"翠

① 秋尘:《北画与图日》,《北洋画报》第 725 期,1932 年 1 月 7 日。
② 《曲线新闻》,《北洋画报》第 736 期,1932 年 2 月 2 日。
③ 参见《图画日报特别启事》,《北洋画报》第 729 期,1932 年 1 月 16 日。
④ 霍乱,旧称虎烈拉。
⑤ 王小隐:《挽冯至海兄》,《大公报》1932 年 8 月 2 日。
⑥ 云心:《悼冯武越先生》,《益世报》1936 年 1 月 28 日。
⑦ 《北画易主》,《大公报》,1933 年 3 月 8 日。

微红叶早辞柯,对此凋年感逝波。苦忆几回伤往事,哭君清泪已无多。邮笺墨沈尚斑斓,胜会常思待汝还。却叹仰天终不起,遗编零落在西山。"[①]巢章甫挽联为"平生知己今谁属,有愿不酬我负君"[②]。

报人吴云心对冯武越崇尚理性的办事风格行进了中肯的评价:

> 冯先生对于文学、美术都有相当的研究,但我宁可说他对于科学有深刻的认识,虽然他不是数学家,不是化学家,亦不是电气学家,但他能利用科学上的定理用在一切的事务上。他是纯理性的人,他未有感情用事,他能认清一件事,而用科学的方法妥慎去处理。由编画报上可以看出他的创造的精神,一切编辑的设计,至今还为许多小型画报所仿效……有人说:冯先生为人太理性,少感情。我却以为太理性是他的长处,中国现在许多人坏在感情用事,是非不甚分的清楚。而冯先生都无有这种短处,他纯然站在客观的地位处置事情,所以他处置一件事情总是那么有条有理。这种有理性的人如果得着机会做一些事情,也许可以成就一点事业,而冯先生似乎还是没有得着一个尝试的机会的人。[③]

5月3日下午3时,天津文艺界名流方地山、王伯龙、王元龙、李壮飞、王少溥、童曼秋、巢章甫、唐立庵、沙大风、赵松声、赵道生、陈少梅、张厚载等人在日租界松岛街妙峰山下院公祭冯武越,"素车白马,颇臻盛况"[④]。

(二)编辑、记者

天津名流张厚载、王小隐、童漪珊、刘云若、吴秋尘、左小蓬等人曾担任《北洋画报》主编。一周年纪念时,《北洋画报》专辟一版刊登了《本报的"一群小孩子"》,刊登编辑们青少年时的小照与今时形象的素描或速写,展示默默无闻在幕后辛苦工作的诸位编辑的"庐山真面",借他们儿时照片与今人的

---

① 聊公:《敬悼冯武越兄》,《大公报》,1936年1月21日。
② 巢章甫:《挽冯武越》,《大公报》,1936年1月21日。
③ 云心:《悼冯武越先生》,《益世报》,1936年1月28日。
④ 《本市文艺界昨日公祭冯武越》,《大公报》,1936年5月4日。

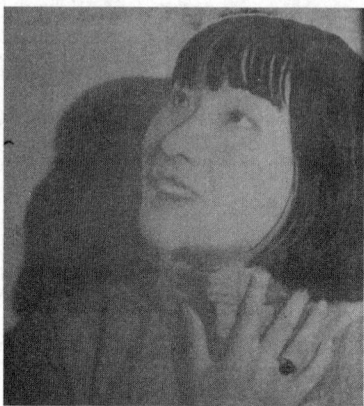

图 1-9 《北洋画报》特约记者姚念媛(即郑念)

形象漫画来寓意《北洋画报》的成长。

《北洋画报》编辑、记者之间以及报人同供稿者之间关系较为和睦，相互之间多有诗词唱和。如王小隐曾有诗记编辑部吃涮羊肉事："雪猎天山战场开，腥膻辛辣一起来。嘉名允锡生番宴，实惠真叨鼓腹陪。奇句神仙都费解，狂欢事业漫惊猜。孔趋颜步刘云若，应为文章惜此才。"①遇有记者生日，画报同仁也聚会庆祝。冯武越伉俪及张厚载、王小隐、吴秋尘、刘云若等人曾在新华楼为记者木寿庆生。木寿以诗答谢："欲溯吾生多计左，漫劳君辈作回东。生辰适值小除夕，徽号曾传大杀风。尚有些酸还措大，未能便圣却常中。待开新岁终归咄，且看余年合化龙。"②有时冯武越也会组织同仁郊游休闲。1928年夏季，冯武越组织纳凉赏月"泛舟盛会"，男宾有许豪斋、王庚生、张厚载、王镂冰、李惠川、朱雪琦、王小隐、刘云若，女宾有李雪痕女士、冯夫人赵绛雪及其令妹二人。众人泛舟海光寺湖畔，各人献艺助兴，许豪斋表演吹笛，王庚生歌昆曲，其后李惠川操胡琴，王庚生、张厚载合作《捉放曹》《黄鹤楼》。其间更与名票刘叔度于湖中相遇，王庚生更登刘叔度船与之合作《南阳关》，一时传为佳话。③

《北洋画报》还拥有一支精干的记者队伍，"本埠及外部记者，均持有本报所发通信员证书，正面注明人名、驻在地及有效期限，背面有中西文图记及签字为凭，凡无此项证书而冒称记者径向各界有所接洽者，本报概不负责；又本报同仁向不得以本报任何名义印在名片上，系为防止招摇起见"④。

---

① 王小隐：《夜集北画吃涮羊肉纪事》，《北洋画报》第253期，1928年12月6日。
② 木寿：《戊辰仲冬廿三笔公伉俪与谬公、小隐、秋尘、云若诸君集新华楼为木寿寿，戏成一律聊志盛意》，《北洋画报》第267期，1929年1月10日。
③ 云若：《湖上清歌记》，《北洋画报》第208期，1928年8月1日。
④ 《本报重要启事》，《北洋画报》第304期，1929年4月11日。

但是《北洋画报》极具声名，于是假冒记者时有出现，"有自称史姓者，伪充本报记者，在外招摇，并时以本报名义，参加各界宴会。兹特声明，凡本报记者出勤，均持有本报记者证，否则即系假冒。尚祈各界发觉

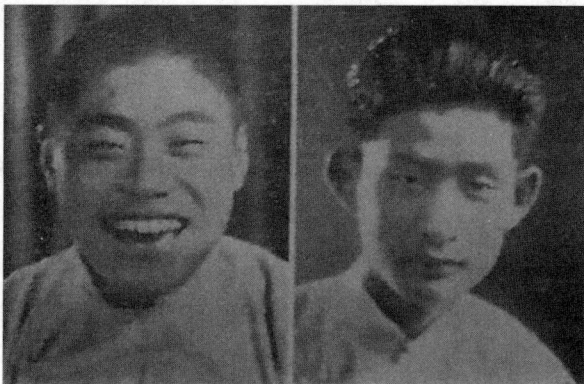

图 1-10　张锡祜(左)、严仁颖(右)

后，通知本报，予以惩戒，以免此种败类，冒名撞骗，有损本报名誉"①。《北洋画报》许多记者可称为社会名流，仅就报道中提及的举例：特约记者有施永厚、吴云心、丁继昶、严仁颖(天津名宿严修范孙之孙)、张锡祜(天津南开系列学校创办人张伯苓四子)、姚念媛(女，即郑念)，驻外地记者有萨空了。除了这些知名报人、记者外，《北洋画报》社还有许多其他工作人员"赵蔷生，本报报头图案出其手，且曾为译英文至数载以上者。章少枬则始终经理本报印刷工作者也"②。据吴秋尘、吴云心回忆，早期《北洋画报》社还有一位吴幼严先生，"当年《北画》开创之际，他帮着笔公(冯武越)做了很不少的工作，发寄画报，收纳文件，对外交涉等等"，在编辑室里常常能"看见他的岸然道貌"③。

下面对《北洋画报》的主要编辑人员进行介绍。

张厚载

张厚载(1895—1955)，号谬子，笔名聊止、聊公、养拙轩主、张聊公、张谬子等。他中学时就读于北京五城学堂(现北京师范大学附中前身)，后赴天津新学书院读书，考入北京大学法科政治系。张厚载求学北京大学时正值新文化运动之际，他自幼笃嗜京剧、昆曲，因此在大学期间，他便以独立剧评人的

---

① 《本报启事》，《北洋画报》第1015期，1933年11月23日。
② 秋尘：《再纪念一页》，《北洋画报》第651期，1931年7月16日。
③ 王小隐：《长胡子的吴先生还不曾是古人》，《北洋画报》第806期，1932年7月19日。

图 1-11　张厚载

身份在报刊上发表剧评文章。民元之际，便推崇梅兰芳的表演艺术，为"梅党"中坚力量。而北京大学教授胡适、刘半农、傅斯年等人认为，旧剧是旧文化的一部分，应予以废除，且谓脸谱为"粪谱"，对男旦也多微词。吴梅等北京大学戏剧系教授无一人站出来写文章反对，学生张厚载 1918 年在《新青年》上发表《我的中国旧剧观》《脸谱——打把子》两文，公开指摘胡、钱、刘等几位师长的错误。他认为，中国旧剧是中华民族传统文化的代表，理应被保护和继承，并且提出戏曲是象征性艺术的论点，由此引发了一场关于旧剧的论战。

张厚载师林纾，工古文。胡适、陈独秀提倡白话文，林反对，曾著小说《妖梦》讽刺胡适等人。1919 年，张厚载将林纾的小说介绍给上海《新申报》发表。林纾崇尚程朱理学，他所作的《荆生》《妖梦》二文影射新青年，暗喻新文化运动的发源地北京大学是阴曹地府的"白话学堂"，陈独秀、胡适所言是"禽兽之语"。此种举动深为胡适等人所不喜，他们认定张厚载是旧文化势力的帮凶，对其口诛笔伐，大加鞭挞。经过这两次风波，1919 年 3 月 31 日，由北大校长蔡元培出面，以"屡次通信于京沪各报，传播无根据之谣言损坏本校名誉"为由，将张厚载开除学籍，时距其大学毕业仅剩数月。

离校后经"梅党"核心冯武越叔父冯耿光介绍，张厚载进入中国银行供职，其间与冯武越结交。1926 年，张厚载在《北洋画报》撰文对当年攻击旧剧人士戏剧观的转变进行了揶揄：

> 从前我为了旧戏问题，常常同一班新文学家(像钱玄同、周作人、胡适之一班人)大起辩论。他们都主张把旧戏根本废除，或是把唱工废掉；他们更痛骂脸谱、打把子，说是野蛮，把脸谱唤作粪谱。但是最近他们的论调和态度，也有些变迁了。周作人曾在《东方杂志》上登过《中国戏剧的三条路》，已主张保存旧戏。而胡适之近来对于旧戏，也有相当的赞成，去年在北京在开明院看梅兰芳的戏，很加许多的好评。那时我

在开明院遇见他,曾问他:"你近来对于旧戏的观念,有些变化了吧?"他笑而不答。现在徐志摩、陈西滢一班人,对于杨小楼、梅兰芳的艺术常加赞美。又有一位专门研究西洋戏剧的余上沅把余三胜、谭鑫培和莎士比亚、莫里哀相提并论,而且认旧戏为一种诗剧。最可注意的,最近《晨报副刊》新出《剧刊》一种,竟把钱玄同所称为粪谱的脸谱,作了《剧刊》的目标。咳,当时我费了多少笔墨,同他们辩论,现在想想,岂不是多事么?①

同年,张厚载父张颉锓"久官蒙藏院,因欠俸逾万金,抑郁以终"。离世后,"各方面所赠挽联,多寄悲愤之意"。张厚载因"常与伶界往来,故梅兰芳、程艳秋②、尚小云、白牡丹③等均送花圈,颇极动人。高庆奎亦送挽联一幅,不知何人为捉刀。此外蒙人有贡桑诺尔布那彦图等所赠挽联。外交界有顾维钧花圈,亦杂入梅程诸花圈中。颜惠庆送一帐,夏仁虎、胡若愚、孙润宇、陶履谦等均有挽联。文学界以姚华及郭则云、许宝蘅诸联最佳"④。冯武越亦有挽幛。

1928 年,张厚载调至天津交通银行,任文书课副课长,其间参与天津《商报》《大公报》《北洋画报》的撰稿。一度兼任《东方时报》副刊编辑,写长篇连载《豹斑琐缀录》,经常写简短剧评。以后则未在各报兼职,仅临时给各报投稿。张文字多用文言,朴实简练,得林纾之亲传。后来也写语体文,文笔仍然简洁。

1935 年,张厚载在天津创办了《维纳丝》半月刊。1936 年,迁居上海。全面抗战爆发后,张厚载曾颠沛流离于南方,但仍有零星剧评问世。1941 年返回天津后,住法租界恒安里平房两间,夫妻度日颇艰苦,每日饭一盂、辣椒炒白菜一碟而已。除夕买鸡一只,沽酒自饮以度春节,有诗云"只鸡斗酒强为欢",记日伪时期生活情况。同院为著名画家赵松声,与张时有过从。张书法

---

① 翏子:《新文学家与旧戏》,《北洋画报》第 7 期,1926 年 7 月 28 日。
② 即程砚秋。程砚秋,初名菊依,后改艳秋,1932 年起更名砚秋。
③ 即荀慧生。
④ 松公:《记张宅开吊》,《北洋画报》第 50 期,1926 年 12 月 29 日。

工整,画法则力学林纾,朴实古拙,平日不轻易示人。他为人憨厚,友朋间无恶声,且乐于助人。张厚载还是京剧票友,曾先后拜师戴韵芳、张荣奎、王福寿、徐惠如等人学戏。曾演《长坂坡》,工架学杨小楼,唱念更有韵味。

1949年后张离津去上海。剧评集《听歌想影录》(又名《国剧春秋》)汇集了他在1912年至1915年刊载于各大报刊上的文章共计108篇,从谭鑫培、孙菊仙到梅兰芳、杨小楼,再到四大须生等后起之秀,书中皆有所述。其后,他又将1916年至1935年偏重记事的65篇文章(另加5篇附录)编成《歌舞春秋》委托上海广益书局出版。

王小隐

王小隐(1894—1945),本名王梓生,笔名梦天,山东费县人,后移家兖州。其父王景禧,清末翰林,直隶候补道,宣统年间任山东省咨议局副议长。辛亥革命后,在靳云鹏门下充当幕僚(靳云鹏曾任陆军总长、国务总理)。王

图1-12 王小隐(右)与韩世昌(左)合影

小隐"初在北大习土木工,后改入历史系毕业。方肄业时,即有盛誉"①。20世纪20年代任北京平民大学新闻系教授,同时任《京报》记者及上海《时报》特约通讯员。王小隐与徐凌霄在《京报》合写三言两语小段,每日百十字,极为隽永。1924年以《京报》记者身份去西安讲学,同行的有蒋廷黻、王桐龄、陈钟凡、李顺卿、陈定谟、刘文海、孙伏园、李济、夏元瑮、关颂声等12人。在"西北大学任暑期讲演会讲师,漫游秦豫之间,登华山而远。旋居津埠,致力于新闻事业"②。1926年间,奉系之《东方时报》在天津出版,王任其中文版总编辑。不久又任天津《益世报》之《益智粽》版主编,以"梦天"为笔名,每日写短文一篇。当时王声望甚高,报界

①② 武越:《时人影传》(四),《北洋画报》第324期,1929年5月28日。

无不知其名。20 世纪 20 年代末,王小隐为《商报》副刊《古董摊》主编,考证文物,内容颇博。当时唐兰即为其座上客。一度编《益世报》副刊之吴衰柳,学识深厚,每受王之称誉。人或讥吴为迂腐,王则谓其学识不可及也。

王小隐"性伉爽,一望如为齐鲁间士。虽受新式教育,而淹贯旧闻,时罕其匹。又善肆应,所往来者皆一时知名之士。且其门人,亦多供职于各埠报界云"[①]。他知识渊博,学贯中西,为人豪放有名士气。学者无论老年中年青年,皆乐与之游。王亦喜提携后进,其平民大学弟子吴秋尘,有才气,王提携不遗余力。刘云若初露头角,王亦推荐其负责《北洋画报》编务。《益世报》排字工人刘君宜,聪慧能文,王荐其为《商报》校对,又由校对而记者,在天津曾活跃一时。

王小隐与冯武越交好,并时有诗词相酬,见于报端。"强将一醉涤千愁,便尔驱车作胜游。远近蜃楼灯火乱,凄凉虫语海天秋。壮怀久共诗怀冷,绮绪何关羁绪愁。绝似东坡老居士,岐亭岂必在黄州。"[②]王小隐喜好戏曲艺术,昆曲、京剧均爱好。他在北京时就对韩世昌极为推崇,曾与何海鸣、苏少卿、赵伯苏、顾红叶等人为韩世昌"组织青社以扬之,每周出《君青》刊物"[③]。与顾君义、刘步堂等人对韩世昌及荣庆社之捧场、宣传不遗余力,亦常提供经济帮助,故被称为北大"韩党六君子"。韩世昌尊以师礼,经常求教。于是《北洋画报》对韩世昌等昆曲演员及天津昆曲票房同咏社的活动情况,也是多有报道。1927 年王小隐妻[④]身故,1932 年王小隐与天津著名昆曲女票友陈文娣结合。

王小隐曾任职东北文化促进社。1931 年,朝鲜发生排华惨案后,王小隐前往朝鲜赈慰同胞。九一八事变后王小隐回津,1932 年 2 月,王小隐父亲王

---

① 武越:《时人影传》(四),《北洋画报》第 324 期,1929 年 5 月 28 日。
② 王小隐:《秋夜偕武越、介眉驱车马场道有作,天民因事未赴》,《益世报》,1928 年 8 月 22 日。
③ 涤秋:《青社再组》,《北洋画报》第 119 期,1927 年 9 月 7 日。
④ 王小隐妻高婉闺,1927 年 1 月 17 日病逝,年仅 32 岁。王小隐夫妻感情颇笃,曾在《北洋画报》发表《挽内子高婉闺联》以示悼念(第 64 期,1927 年 2 月 23 日):"一息微存,犹以我饥寒为念;千秋永诀,愿与君魂梦相依。作如是观,佳偶岂非怨偶;问何以故,今生且待来生。情何以堪,况悲动白发,哀衔黄口;思胡能已,早心随碧落,泪洒苍穹。三千里骨肉萦怀,凤昔梦远魂遥,即今能无一唔;十五年忧勤助我,纵教眼杜肠断,终觉愧不及情。"

景禧病逝于天津,吴秋尘在《北洋画报》撰文《哭王燕泉太夫子》①悼念。王景禧、王小隐父子是邹兖一带的名士,王家和孟府有姻亲,王景禧的女儿嫁给了亚圣奉祀官(清代称为世袭翰林院五经博士)孟繁骥。全面抗战初期,孔府至圣奉祀官孔德成随国民党南撤,而孟繁骥则未走。这时王小隐到孟府当了秘书处主任。日军占领邹县后,他们要利用孟府这块招牌推行怀柔政策,日本军官、日本学者出进孟府表示亲善,大都由文人名士王小隐出面周旋或参加接待。可见王小隐在当时是有一定知名度的。

实际上在1926年12月25日日本大正天皇嘉仁死后,次年1月王小隐即在《北洋画报》发表诗作以表吊念:"大正琴声遽寂寥,叶山松柏夜萧萧。承先启后都如梦,黑上旭旗带一条。"②或许此举使得王小隐获得了日本人的青睐。后来王小隐成为日伪山东省新民会委员、兖州道委员。邹县城关还有人说王小隐最后成为日伪华北参政会副议长,此说未找到相关文字材料。王小隐在孟府期间也做了些不光彩的事。比如多次参加日军慰灵祭,追悼死在抗日军民枪下的日军亡灵,吹捧他们是"成仁取义";出席"剿共"委员会,发表"剿共"讲演;把孟府的石头献给山东新民会石田顾问,作为日伪纪念塔基石。王小隐还发挥他的小聪明,创制了亚圣府旗,旗为白底,中央一个"亚"字,外绕醒目的红圈,一见就令人想起日军鼓吹的"大东亚共荣圈",构思真是煞费苦心。1945年抗战胜利后,王小隐愧曾食伪禄,自缢死。③

童漪珊

童漪珊(生卒年不详),福建人,"为国画新进中杰出者,都中名流,交相称誉",后又"致力于西画",屡次为《北洋画报》提供漫画,"声明因之益盛"。④童漪珊被《北洋画报》从北京聘请而来,"襄助编辑并担任绘画事物"。似乎在合作中发生了某种不愉快,"忽称病辞职"⑤。之后《北洋画报》更刊登声明,要

---

① 秋尘:《哭王燕泉太夫子》,《北洋画报》第744期,1932年2月25日。
② 王小隐:《吊大正日皇》,《北洋画报》第52期,1927年1月5日。
③ 参见黄清源:《〈说胡须〉中的"名士"与〈随感录〉中的"神童"考》,《鲁迅研究月刊》,1999年第12期。
④《童漪珊简介》,《北洋画报》第86期,1927年5月11日。
⑤ "启事",《北洋画报》第205期,1928年7月21日。

求童漪珊归还欠款：

> 童漪珊君鉴：
>
> 足下前在本报时借用薪金洋三十六元三角，屡言归还，至今一去两月，分文无着，有失信用，应请克日还清，否则当交律师办理，先此声明。①

1931年至1932年间，童漪珊同《北洋画报》的关系似乎得到了改善。1932年11月12日，童漪珊同沈慧华在天津维斯理教堂举行婚礼，《北洋画报》还进行了专题报道。②谭林北接手后，童漪珊在《北洋画报》也发表了多幅画作。1934年3月，童漪珊与高龙生、周维善、苏吉亨、沈硕甫等人发起组织天津漫画会，并于同年5月1日创办发行了《天津漫画》杂志。1934年《庸报》副刊《每周漫画》由童漪珊主编。在《每周漫画》存在的两年

图1-13 童漪珊结婚照

多时间里，童漪珊、高龙生、周维善、苏吉亨、沈硕甫等漫画家的作品经常登上该刊版面。1935年上海漫画大家叶浅予北上平津，应童漪珊之邀，叶浅予在《每周漫画》上连续数期集中刊载《王先生北传》，市民争相传看，大有洛阳纸贵之势。

全面抗战爆发后童漪珊留守天津，为《庸报》编辑文艺副刊并兼内勤记者主任。新中国成立前，童漪珊前往香港，后往美国。20世纪80年代初仍寄信与李苦禅，关切询问大陆故旧情况。

刘云若

刘云若(1903—1950)，原名兆麟，字渭贤，天津人。1926年，刘云若初露

---

① "代邮"，《北洋画报》第218期，1928年9月5日。
② 参见《童漪珊好梦初圆》，《北洋画报》第857期，1932年11月15日。

图1-14　刘云若(右)、吴秋尘(左)合影

头角,为《东方时报》副刊《东方朔》写稿,副刊编辑吴秋尘看了他的文章,非常器重,推荐给天津报界闻人王小隐,王小隐也极力赞扬。后适逢《北洋画报》编辑童漪珊辞职,于是王小隐向冯武越推荐刘云若,冯武越以百元月薪聘用刘云若为《北洋画报》编辑。据吴云心回忆,冯武越充分利用了刘云若的能力。刘办《北洋画报》时,写文章、编版面、校对、付印,一包在内。刘云若后来在一部小说中写了一个小报编辑,这个编辑,由编到校,什么都干,还要为内掌柜看孩子,当义务保姆。他所写的不免夸张,实际上是自己经历的一种写照。吴云心称:刘云若后来感觉到冯武越剥削太甚,拂袖而去。但另有学者指出,刘云若在1947年撰文对离开《北洋画报》进行了解释:"后武越去沈办《东北年鉴》,委余主持社事,而余少年负气,时与内庭龃龉,后乃解职求去。武越返津挽留,余已与叶庸方共营《商报》矣,乃废然而罢……未逾年而《北洋》出兑,武越亦卒,思之愧负知己。"可知刘当日确有负气之举,事后亦抱愧疚之意。①刘云若从一介书生到社会知名报人、小说名家,未尝不是在《北洋画报》锻炼而成的。刘云若于1934年10月11日《北洋画报》第1152期开始连载《换巢鸾凤》,可见他与《北洋画报》的关系早已缓和。

吴秋尘

吴秋尘(生卒年不详),名隼,字秋尘,以字行,苏州人,生于济南,语言及生活习惯皆似山东人。吴系北京平民大学新闻系学生,为平民大学新闻系教授王小隐得意弟子。1927年间在天津《东方时报》担任副刊《东方朔》编辑。《东方时报》为奉系机关报。当时张作霖为大元帅,雄踞华北,其政治则不得民心。《东方时报》在天津报纸中声望颇差。但吴秋尘主编的《东方朔》

①　参见张元卿:《刘云若传略》,《新闻学史料》,2008年第4期。

能广泛罗致青年文学工作者为其写稿,为一些青年所爱好。京津投稿者逐日增加,有陈石东、陈季斧、宫竹心、刘云若、吴微哂、张聊公、林墨农、戴愚庵等人,后来萨空了亦有文章发表。1928 年吴秋尘在天津《商报》工作。《商报》是宁波帮买办叶星海之子叶庸方及华商赛马会的东家李组才合资举办的,开始时确有一番民营报纸气象。吴秋尘任采访部部长,与总编辑王芸生分担报纸采编工作,吴并兼主编副刊《杂货店》。此时,吴的老师王小隐也在《商报》负责另一副刊《古董摊》。不久,吴与报社方面龃龉,于 1930 年辞职,一部分人也辞职离开。

供职《商报》期间,吴秋尘同王永清创办了一炉出版社,创办《一炉》半月刊,并任主编。其办公地点设在法租界基泰大楼 204 号。该刊出版于 1930 年 4 月 1 日,前后共出版 6 期,小 32 开本,铜版纸插图,竖排版印刷,每册售价 2 角。《一炉》半月刊包罗了新旧文艺作品,包括散文、随笔、诗歌和短篇小说,另刊有书画、篆刻作品数幅,在内页夹有少许广告,是一个综合性刊物。天津文史学者侯福志通过对其所收藏的第 1 卷第 5 号目录研究得知,《一炉》的作者大部分为《东方时报》文艺副刊《东方朔》(主编亦为吴秋尘,1928年休刊)的原班人马,如吴云心、吴微哂、宫竹心、徐凌影等人,还有徐凌霄、毛状侯等知名人士。[1]

刘云若离开《北洋画报》后,吴秋尘便被聘为编辑。吴秋尘为人健谈,善交际,拉拢了不少人。明月歌舞团来津,吴秋尘做了义务宣传员;王泊生来了,又大宣传一气。又如怪画家肖松人、舌头画家黄二南,找到吴秋尘,吴便尽力捧场。《北洋画报》在他手中得以更上一层楼。张恨水评价吴秋尘"以编《北画》,于画报中称雄华北"[2]。并认为他的成功源于早年的刻苦努力,"秋尘在平大新闻系读书时,无大衣,于风雪中偕其夫人步行穿过什刹海而上课,虽饶佳趣,其耐清苦可知。今之能砚田自活,非当年努力之结果乎?"[3]

正因为吴秋尘声名日盛,也出现了一些假冒他的名义招摇撞骗者。1929

---

[1] 参见侯福志:《诞生在基泰大楼的〈一炉〉半月刊》,天津历史风貌建筑网,http://www.fmjz.cn/Lists/List37/DispForm.aspx?ID=44。

[2][3] 张恨水:《同事少年多不贱》,《北洋画报》第 802 期,1932 年 7 月 7 日。

年,"《华北晚报》有著武侠小说而署名申浦秋尘者"①,吴秋尘特作《秋尘考》予以申辩。更有人借"秋尘"之名组织报刊,吴秋尘不得不登报进行声明:"鄙人主编《北洋画报》工作繁忙,并未与任何人组织其他小报。凡有假借鄙人名义者,鄙人概不负责,特此郑重声名。"②

吴秋尘为报界闻人,文章流畅,能散文、小说、杂文,"小品文章,久已脍炙人口"。在山中养病时亦笔耕不辍,编有《入山集》。刘云若在《北洋画报》上进行过介绍,称吴秋尘养病期间"晨夕追寻于山巅水涯之间,午夜即记录于茶铛药炉之下,流连匝月,得《入山集》八万言,名山著作,自尔不凡。文如在山泉水之清,意有路转峰回之妙,足使山灵引为知己,俗士奉为道士"③。

冯武越父亲冯祥光对吴秋尘十分看重,每次来《北洋画报》社看望冯武越,经过吴秋尘的办公桌时,"总要坐下谈一二十分钟",给了吴秋尘不少训诲。④冯祥光看过吴秋尘所编的《一炉》半月刊,"对于中道而止,他表示过惋惜"⑤。吴秋尘曾在《北洋画报》连载小说《穷酸们的故事》,有段时间因广告拥挤,暂时停载。冯祥光还曾致电冯武越询问:"秋尘离开《北画》了吗?他的小说怎么不登了?"⑥

1933年初,吴秋尘在《北洋画报》刊登辞职声明,⑦不久到《益世报》主办《社会服务版》。《社会服务版》以服务普通读者为办刊宗旨,内容上有生活常识、求助求捐、各项调查、职业介绍、问题解答等,几乎无所不包,这在当时而言是一个创举。服务性是这个副刊的最大特色,也是其生存原则。此举引领了报业的一个全新事业,为其后众多报刊多效仿。

七七事变后,吴秋尘为耀华学校教员。1939年天津水灾后,一度被日本宪兵队逮捕,旋膺伪方任命为伪天津新民会宣传处处长,不久调北京任伪新民会组织部部长。日本投降后以汉奸罪被捕,判处有期徒刑12年,剥夺公权

---

① 秋尘:《秋尘考》,《北洋画报》第394期,1929年11月7日。
② 《吴秋尘启事》,《大公报》,1930年11月19日。
③ 若:《介绍〈入山集〉》,《北洋画报》第402期,1929年11月26日。
④⑤⑥ 秋尘:《敬悼冯玉潜先生》,《北洋画报》第726期,1932年1月9日。
⑦ 参见《吴秋尘启事》,《北洋画报》第902期,1933年3月4日。

10 年。[①]释放后,在北京某中学教书至新中国成立。吴在《东方时报》任副刊编辑时,颇有作为,思想也相当先进,所以培养了一部分青年文艺工作者。

宣永光

宣永光(1886—1960),乳名和尚,学名金寿,河北省滦县城内南街人。民国元年投考陆军预备学校时,改用"永光"为名。朋辈常呼其为"老宣",因之以此为笔名。他"最喜撼翻名人言论,及记录平日耳食之言与个人之所见,而成所谓《妄谈》。民国十三年时,已得二三百条"[②]。宣永光与冯武越为友,负责《北洋画报》一部分文字编辑,于是便在《北洋画报》上连载《妄谈》一栏。《妄谈》内容或"系取材于欧美、日本等国之画报",或宣永光"感想之所及",或其"友人之谈述者",共三百余条,随时辑译而成。[③]曾先在冯武越所办《图画世界》上刊载少许,殆《北洋画报》创办便在其上重新连载。

《妄谈》的内容多与女性的情感和家庭生活等方面有关,发表后,产生了一定的社会影响。刘云若曾评价道:"老宣作《妄谈》,深中时下妇女病恨,海内读本报者,皆翕然推服,惊其关于女人常识之富。吾读《妄谈》以后,至惊怛而不敢娶妻,以为天下女人,果皆如《妄谈》所谈,则天下男子皆可鳏而终其身。盖老宣所谈或即'一年被蛇咬,十年怕井绳'之言也。"[④]小说家潘阝公也评价道:"老宣在《北洋画报》上可以算是第一位骂将军,我觉得他句句话入木三分,搔着社会的痒处。我曾听到许多小姐们骂老宣缺德,但是没有一个恨老宣的,这应该是因为老宣骂的不是恶意的骂,而是用一种

图 1-15 老宣与妻子、女儿合影

---

① 《吴秋尘昨宣判》,《益世报》,1947 年 1 月 1 日。
② 越:《妄谈妇女》,《北洋画报》第 7 期,1926 年 7 月 28 日。注:本篇文章署名"越"者,即为冯武越。
③ 参见老宣:《妄谈》,《北洋画报》第 11 期,1926 年 8 月 11 日。
④ 《本报记者老宣之夫人》,《北洋画报》第 218 期,1928 年 9 月 5 日。

尖酸滑稽的面具遮盖着他本来悲悯的心怀。"①

老宣本想把《妄谈》"接续下去,直到我死的时候为止",但是九一八事变后,老宣深感"无奈到了这似乎要亡国的日子,我不忍再拿这缺德的东西,向阅者开玩笑!"于是"同《北画》商妥,将报社所存的《妄谈》的稿子,赶紧登完,另换成我的《疯话》。三个月之后,我国的地图若不变颜色,我再拿《妄谈》与读者相见"②。《疯话》完结后,宣永光继续连载《妄谈》直到1936年。

王伯龙

王伯龙(生卒年不详),曾用名王夜心,为电影明星、导演王元龙、王次龙之兄。兄弟三人曾就职于上海大中华百合影片公司,后自行组织三龙影片公司。影星金焰曾任职于该公司。王伯龙"虽未现身银幕,然对修编剧本、考究服装别有卓见,以是银坛有赫赫名"③。

谭林北接手《北洋画报》后,王伯龙进入编辑部。因曾从事电影业,因此以撰写电影类文章为主,多发表影界"内幕消息"。也正因为有了这样一位熟悉影坛的成员,谭林北时期的《北洋画报》推出了《电影专刊》。

王伯龙以社会名士自居,广交游,常宴宾客,每宴辄约社会上知名者,以示风雅。天津多前清遗老,王并非遗少,但亦侧身其中。王伯龙能诗,1933年加入天津城南诗社。天津爱好新文艺之青年,王亦乐与交游。王伯龙书法似学颜体,自成一格。刘云若对王每多嘲讽,称其书法为"材头体",盖棺材头上题字横细而竖肥。夫妇二人工书擅画,其妻增丹玲能画梅花。王伯龙常偕其妻女饮宴于名流之中,人亦以名流目之。1933年6月王伯龙在大华饭店举办书画义卖,嘱《北洋画报》"将售出之款,扫数购买暑药,捐赠羁津难民,以备溽暑期间治疗时疫之用"④。

随着近代天津城市的发展,新型市民阶层出现,作为休闲刊物的各类画报也应运而生,《北洋画报》便是其中的佼佼者。在冯武越、谭林北的先后主

---

① 凫公:《读画报的感想》,《北洋画报》第801、802期合刊,1932年7月7日。
② 《老宣启事》,《北洋画报》第687期,1931年10月8日。
③ 小蓬:《王伯龙寿辰纪盛》,《北洋画报》第1130期,1934年8月21日。
④ 记者:《伯龙书画售款捐暑药》,《北洋画报》第950期,1933年6月24日。

持下,《北洋画报》的各位编辑、记者通力合作,积极谋划,高度重视画报的市场化经营,通过高效的组织创作,寻找画报品位与商业利益的最佳平衡点。《北洋画报》同仁明确读者定位,努力满足天津市民阶层,特别是社会中上层的文化消费需求,从而获得了良好的经济效益和社会效益,进而使《北洋画报》终成华北画报巨擘。

第二章 《北洋画报》概述

　　《北洋画报》作为一份民间人士经营的商业报刊,盈利是其必然考虑的问题。商业报刊的营销策略分为两步:第一步是将内容卖给读者,即受众,从而形成发行量;第二步是将这些读者卖给广告商,从而赚取广告费。商业报刊的终极目的在于通过赢得读者来获得广告收益。《北洋画报》能经营长达11年,正是源于向读者提供优质的报刊内容。《北洋画报》的内容既不同于严肃政论报刊所展示出的以政治主题为中心的报道空间, 又不同于各类小报所偏爱的以琐事、情感、花边新闻为基调的报道品位。《北洋画报》面向城市读者,努力反映摩登、时尚的城市生活,以传播艺术、美学相标榜。

第一节 《北洋画报》的内容

一、《北洋画报》的版面设置

　　报刊所秉承的办刊旨趣规约着报刊的发展走向,是了解报刊文化品格和报道内容的关键。《北洋画报》强调承担一般画报的社会职能——普及知识、传播文化,又因为创办人冯武越热衷绘画、收藏和摄影,所以《北洋画报》也甚为注重艺术知识的普及。因此《北洋画报》以"时事、艺术、科学"为口号,在创刊号上就提出要成为"组织完备的画报"。"中国的报纸杂志,就现今人民知识程度而论,总算够发达的了。然而社会所最需要的画报,却还十分缺乏。"①

---

① 记者:《几句要说的话》,《北洋画报》第 1 期,1926 年 7 月 7 日。

《北洋画报》清楚地认识到办报难,办画报更难。因为看画报的人"分为若干种,他们各有各的眼光与要求:有专注时事照片的,有偏重美术的,有喜欢看奇异事物的,种种不同;只就美术一项而论,有分国粹派、东西洋派、金石派、雕刻派……因此编者想要调剂各方面之需要,甚不容易。不明白的人,或者是有偏见的,少不了指责画报没材料"①。因此《北洋画报》同仁认为:《北洋画报》应"容纳一切能用图画和照片传布的事物,实行普及知识的任务;不应拿画报当做一种文人游戏品看。举凡时事、美术、科学、艺术、游戏,种种的画片和文字,画报均应选登,然后才能成为一种完善的报纸"②。

《北洋画报》创刊号上刊发了征稿启事,以较高的稿酬征集照片、书画作品图片以及小品文章:

一、凡以照片图画见寄者,不拘种类尺寸,每张酬致如下:

(甲)三元;(乙)二元;(丙)一元;(丁)五角

二、凡以小品文字见寄者,不论字数多寡,每条致酬如下

(甲)二元;(乙)一元;(丙)五角

三、以上两项,如有特别优点者,另重行酬。

四、凡曾送他报发表之件,请勿惠寄。

五、来件如欲原件收还者,请预先声明,并附寄回件足数邮票,无论用否,均当寄还。

六、来件刊后奉酬,寄件者须将姓名住址详细开示。③

第57期又重新刊登稿酬启事,将最低稿酬降低到3角:

一、凡以照片图画见寄者,每张致酬自三角以至五元,印刷类不收。索回原件者,须附寄回件邮费,酬金并照减二成。

---

① 《岁首宣言》,《北洋画报》第51期,1927年1月1日。
② 记者:《几句要说的话》,《北洋画报》第1期,1926年7月7日。
③ 《征件酬例》,《北洋画报》第1期,1926年7月7日。

二、凡以小品文字见寄者,不论字数多寡,每条致酬自三角以至二元。录与不录,原稿概不寄还。

三、无论照片图画或小品文字,所有来稿,均应注明真姓名、详细住址及加盖图章,如违例者,概以不受酬论。

四、来稿酬金,于每月月底结算。

五、本报有删改来稿之权。①

此后,《北洋画报》又专门说明:"本报对于国粹美术,拟竭力提倡,兹已搜集古今名人书画以及古物之原照片百数十件,皆为罕见及名贵之品,按期尽量登载,可为吾国文化放一异彩"②,而且"除非与社会发生直接关系之妓女之照片,概不登载。社会交际明星及大家闺秀之影片,随时摄登"③。第52期又特别刊登征求"本国少见风景、本国风俗、各地时事、大家闺秀"④照片。并且在《编辑者言》着重指出:"娼妓小照一项,请勿惠寄,关于华界之文字亦然。"⑤第420期刊登了照片《上海名闺金丽娟女士倩影》,后"经多人证明所谓名闺金丽娟,实操神女生涯,张艳帜于津门日租界,明明为妓女而非闺秀也"。《北洋画报》第428期声明:"本报对于闺秀照片之真伪,考察非常慎重,但同人等向不涉足花丛,偶遇以妓女照片冒充闺秀投寄者,初无法可以辨别。故如发生疑问时,必要求投寄者为之保证,然后刊登。本报之所以发表金丽娟女士照片者,亦缘系受本埠某公司经理潘咏儒君之请求,并经潘君口头保证影中人确非妓女。本报以该公司与本报有广告交易,且潘君为人亦信用昭著,故不再疑有其他。今既发生误刊情事,当由本报向潘君质问究竟。据潘君来函言,该片实系出自友人托投,一时失察,致累及《北画》声誉,表示十分歉忱。"⑥

---

① "投稿诸君注意",《北洋画报》第57期,1927年1月22日。
②③《编辑者言》,《北洋画报》第9期,1926年8月4日。
④ "本报征求下列各种照片",《北洋画报》第52期,1927年1月5日。
⑤《编辑者言》,《北洋画报》第52期,1927年1月5日。
⑥《关于金丽娟照片问题》,《北洋画报》第428期,1930年1月25日。

《北洋画报》创办之初4开4版,即对各版所涵盖的内容进行了规定:

以最精美、最有价值或最与时事有关系的图片登于封面上方中部。第二页登新闻照片、时事讽画及与时事有关的人物风景照片,小品文字亦取切合时事者编入此页内,是可名为动的一页。第三页登美术作品:如古今名人书画、金石雕刻、摄影名作;艺术照片:如戏剧、电影、游戏;闺秀及儿童等照片;文字则取合于艺术方面,是可称为静的一页。第四页即底封面,刊科学发明、长短篇小说等。遇有重要时事照片,必需赶速刊入者,则牺牲广告,登封面广告地位内。此编辑之章法是也。然而因材料之有彼多此少之时,则地位上稍事变更,亦所常有。但种类之支配,必以均匀为主,以期能满足各种阅者之希望。计每期图画至少十二三幅,多则十五六幅,平均分配如下:封面画一,本国时事及人物三,讽画一或二,外国时事及人物一或二,本国名人书或画一,古物或雕刻一,名闺或儿童一,摄影名作一,戏剧或电影一或二,时装或特殊风景片一,科学发明一。是为图画平均支配之标准也。画报之编辑,如拉杂为之,诚非难事,然欲使其成为有留传价值之册籍,则于编辑上,不能不讲求章法与次序,使人易于检阅,抑亦能增加读者之美感与愉快也。编辑画报之守章法者,当以本报为首创矣。①

正是由于对版面的细致规定,使得《北洋画报》较之以往天津地区的画报面貌为之一新,而且"选材印刷,精益求精",因此"南北人士,一致赞美,许为全国第一"。②天津以后出现的画报, 如《商报画刊》《中华画报》《风月画报》,其编辑形式皆仿《北洋画报》。《商报画刊》由刘云若主编,一开始似欲与《北洋画报》竞赛一番。刘的编辑手法以及文字水平,力求超过《北洋画报》,但《北洋画报》已有深厚历史,且印刷质量比较好,《商报画刊》声望终未能与

---

① 《编辑者言》,《北洋画报》第22期,1926年9月18日。
② 《编辑者言》,《北洋画报》第44期,1926年12月8日。

《北洋画报》相比。《中华画报》也是如此。《风月画报》则销行于花街柳巷,品斯下矣。

清晰明朗的排版方式使得《北洋画报》销路日盛,同时来稿也日多一日。旧有的4个版面难以容纳,稿件、图片积压。于是,《北洋画报》决定自第101期起增出《北画副刊》,"专载长篇文字,小说、笔记以及替版图画、漫画之类"。如此一来"正张上可以腾出地位,多登铜版图画,以免将稿件积压过甚。因为老实说,我们的材料有的是,只可惜地位太少,不能尽量登载;现在只就制版未刊之件而言,尽可供十几期之用。其中属于投稿者,久未登出,屡受责备,实在无法应付,所以想出创刊副刊这个法子去疏泄这积滞的毛病"①。

《北画副刊》的增设,虽然通过增添版面使一部分来稿得以刊登,但是却也使《北洋画报》印刷负担加重,"赶印不及,出版时常误期,而且印刷费负担太重"②。同时,4版正刊与副刊在内容上发生了冲突。"副刊内容,偏重文字,与阅画报者之目的,稍为向左。"而且来稿者更看重4版正刊,"多要求将作品附诸正张者,本报以为果如所嘱,则副刊仅存文字,读者将益感枯寂"③。于是,《北洋画报》在第121期将副刊停止,副刊仅出版20期。但是稿件和图片积压的问题依然存在,于是从第158期开始,《北洋画报》增加第二张,重新将版面扩大到6版。第二张"性质与副刊完全不同,所有为第一张不及容纳之件,均登入此张之内;而以新闻照片为主体。一言以蔽之曰'本报扩充篇幅'而已"④。虽然《北洋画

图2-1 《北洋画报》社的印刷机

① 本段引文出自《百期结束宣言》,《北洋画报》第100期,1927年7月2日。
② 《本报特别启事》,《北洋画报》第119期,1927年9月7日。
③ 《恢复旧观报告》,《北洋画报》第121期,1927年9月17日。
④ 《发刊第二张宣言》,《北洋画报》第158期,1928年2月1日。

报》希望第二张以时事新闻为主,但其逐渐变为各种专刊的栖身之地。《戏剧专刊》即在这一阶段创刊于第二张。虽然第二张创办后6个版面的《北洋画报》增加了自身的容量,但是依然受到印刷和版面搭配问题的困扰。适逢冯武越母亲病逝,需回籍奔丧,无暇经营,于是《北洋画报》从第196期又不得不改为4版,并固定下来。除新年特刊外,一律均为4版。

两次增加版面失败,使得《北洋画报》认识到,要想解决稿件积压的问题,就需要增加出版次数。"本报自出版以来,向为办周刊性质,现因稿件拥挤,篇幅有限,无法容纳",因此自1928年10月《北洋画报》第225期起,"改为每星期出版三次,每星期共出三张"。每周逢二、四、六刊行。"每月出十三或十日期不等。此数超过沪上之三日刊,使《北画》居于全国画报界第一地位。"[1]

二、《北洋画报》的取材方向

报馆的开设不仅需要资金的投入和独立的产业化运作,更需要有明确的自身定位,通过自身的经营特色来吸引读者,进而积累资本和文化资源。冯武越试图让《北洋画报》承担起普及知识、娱乐大众、引导民众的职责,试图让《北洋画报》成为大众普及读物,希望能够做到人人能够看、人人喜欢看。因此,《北洋画报》中所包含的文字、图片信息是丰富多彩的。

《北洋画报》认为取材广泛才是同其他报刊竞争的取胜之道:

> 《北画》印刷之精、纸张之美,此皮毛事,皆易模仿,可以勿论。惟取材之广与善,实为造成《北画》真精神之原素。《北画》取材,包含一切时事,如民众运动、国家大典、国耻事迹、战争实景、各项发明、社会游艺、各种集会等是;至如任务,则凡闻人、学者、艺术家、体育家、闺媛、伶工等之照像,罔不加意搜罗,随时刊布。艺术部分,则不分中外古今,举凡金石、书画、戏剧、电影均广为登载。此取材之广也。至于编辑方法,亦独

---

[1] 本段引文出自《本报增加期数启事》,《北洋画报》第224期,1928年9月26日。

擅胜场。每期所登照片,种类支配,十分均匀,不偏于一种一类。缘乎社会上嗜好各异,欲使人手此报,均得其所乐观之照片也。至于各项材料,亦均有其一定之位置,非不得已,不轻移易,所以使读者一展报章,即知何自而获睹所最注意之部分。此种办法,画报中,亦惟《北画》独有。迩来国中画报多偏重艺术,于时事照片,误为宣传之品,概屏不录。不知国人惟不克目击时事之真相,故政治社会,迄鲜进步。报纸为传播消息之利器,以时事真相,披露于众,使国人藉图画之介绍,了然于各种时事之经过,因推测其发展之趋势,是其所影响于社会之观听,至巨且大也。某新闻学家之言曰:"画而不报(偏重艺术者),何成其为报。报而不画,又何贵其为报。"可见既以画报为名,应有画报之实;偏重一种一类者,不能跻画报之列也。惟我《北画》,能秉斯旨,故洵足称为"画报"而无愧也!①

(一)图片

王小隐认为,读者爱看画报是因为"人类于饥食渴饮之外,所以异于其他之动物,以其能有精神之享乐,换言之即有'美育的涵融'与'美的鉴赏之本能'而已",但以往画报却是为"鉴赏文字之美者而设",缺少美的图片,而《北洋画报》中美图众多,"读《北洋画报》者,其鉴赏图画之力,必且超过爱好文字之美,若仅仅能看图画者,亦非真能鉴赏图画者也"。②具体来说,《北洋画报》所刊载图片从中国的青铜器、陶瓷、雕塑、书画,到现代的素描、油画、人体美术、各地名胜古迹,无一不包。袁克文、方地山、陈师曾、徐悲鸿、颜伯龙都在其上发表过书画、文字作品。

图 2-2 《北洋画报》制版部工作照

---

① 编者:《〈北画〉真正价值之所在》,《北洋画报》第 201 期,1928 年 7 月 7 日。
② 王小隐:《一年以来》,《北洋画报》第 101 期,1927 年 7 月 6 日。

（二）文字

《北洋画报》所刊文字，凝练精悍，多针砭事态之语，如老宣连载的《妄谈》《疯话》。《北洋画报》的短新闻极具特色，多为报道新闻与娱乐融合的"新式新闻"。初期短新闻栏目为《据说》，后改《如是我闻》《曲线新闻》。据《北洋画报》声称："'如是我闻'名词，系由本报创用，承继'据说'（南开学生口头禅）而起，今以仿效者多，因又创'曲线新闻'以代之，所以形容此类小消息，乃具曲折性质，且自曲折中得来者，此所以别于日报之正式新闻者也。"①

曾有读者写信希望《北洋画报》副刊"多载各国社会与政治新闻，蔚成世界政治画报"。《北洋画报》认为："其立意甚为正大，本报极为盛佩。惟本报创办时，本以游艺为宗旨，现在增设副刊，系容纳静的方面之文艺作品，如果多刊世界政治新闻，深恐不能引起读者兴味。好在本报已有中外时事照片，及国内外时事日记，似可不必再事多求。盖本报之唯一目的为注意艺术，而对于社会，亦惟求其艺术化而已。此后深望各界读者，共起赞助，此本报所最欣幸者也。"②

小说方面，《北洋画报》在出版的 11 年间，共连载 8 部长篇通俗小说，无论作家数量，还是作品质量，都可圈可点。其中，社会言情类作品更是开启了天津近代都市言情小说创作的潮流，使得天津通俗小说的面貌发生深刻变化。1926 年 7 月 7 日，《北洋画报》在创刊号上推出喜晴雨轩主梅健庵的长篇通俗小说《津桥蝶影录》，开了天津通俗社会言情小说采用现实题材、反映都市生活的先例。之后连载的吴秋尘的《穷酸们的故事》、李薰风的《球场上底蔷薇》、刘云若的《换巢鸾凤》，都是沿着这一题材继续开掘。③

（三）新知

《北洋画报》介绍新知，取材广泛，经常报道国内外农业、工业、考古、军事及科学等方面的新事物、新发现，以此扩展读者的视野。《北洋画报》曾特

---

① 《编者报告》，《北洋画报》第 361 期，1929 年 8 月 22 日。
② 本段引文出自《读者与编者》，《北洋画报》第 106 期，1927 年 7 月 23 日。
③ 参见陈艳：《〈北洋画报〉与"津派"通俗小说新类型》，《中国现代文学研究丛刊》，2012 年第 2 期。

意搜求雍和宫欢喜佛塑像、正定龙兴寺裸体观音像等中国"奇异塑像"照片，奉献给读者。①冯武越更希望《北洋画报》能对"外国奇闻异事，亦多多介绍，我们不但要使此画报成为中国唯一的画报，而且要使他成为国际化的和美的刊物"②。除文字介绍外，要"多采登西洋事物照片，以实践沟通中西知识之本旨"③。1930 年，《北洋画报》又提出了"世界化""新奇化"的口号，"本报对于世界新事物，竭力介绍，以启发国人常识，以鼓励国民进取竞争之心，俾其图存于此弹丸之上。所以本报最近之口号曰'世界化''新奇化'，独辟蹊径，为众前驱，尽我报纸之天职，引起读者之兴趣"④。于是，《海底电影之奇观》（第 7 期，1926 年 7 月 28 日）、《能行水陆冰雪上之汽车》（第 22 期，1926 年 9 月 18 日）、《一千马力之赛跑汽车》（第 75 期，1927 年 4 日 2 日）、《无线电传影之新成功》（第 76 期，1927 年 4 月 6 日）、《最近发现埃及古王遗体其首及足》（第 97 期，1927 年 6 月 22 日）、《横渡大西洋不停飞行双成功记》（第 110 期，1927 年 8 月 6 日）、《世界第一个球形屋》（第 237 期，1928 年 10 月 30 日）等世界新鲜事物的照片和文字解说跃然于报上。

（四）专刊

在保证每期提供多样信息的同时，为了满足读者专题阅读需求，《北洋画报》陆续推出了多种专刊，供读者集中阅读。连续性的专刊有《戏剧专刊》《电影专刊》《儿童专刊》《滨海专刊（页）》《学校专页》。同时，《北洋画报》关注社会时事，对社会热点新闻、书画新闻、演出新闻及时进行报道，编辑专页、专刊。⑤如果遇"有特别艺术团体委托，及有某种美术足资宣扬者"，也会"临时刊行专页"。⑥

为能与读者进行沟通，《北洋画报》还设立了《编辑者言》栏目。画报初创

---

① 记者：《奇异塑像之搜求》，《北洋画报》第 72 期，1927 年 3 月 23 日。
② 武越：《过去未来》，《北洋画报》第 101 期，1927 年 7 月 6 日。
③ 《编辑者言》，《北洋画报》第 103 期，1927 年 7 月 13 日。
④ 《卷首语》，《北洋画报》第 451 期，1930 年 3 月 27 日。
⑤ 专刊及文章刊载情况见本书附录。
⑥ 宋蕴璞：《天津志略》，载来新夏、郭凤岐主编：《天津通志·旧志点校卷》（下），南开大学出版社，1999 年，第 336 页。

时,《编辑者言》栏目较为多见,《北洋画报》指出:"各杂志定期刊之设此栏,原为表白编者的意见,或与阅者交换意见之用,其法至善,然而滥用者亦常有之,往往见废话连篇,是则吾人所难赞同者耳。本报限于篇幅,不能常设此栏,只于必要时一刊之,谅必为读者所乐许也。"①诸如纸张类型、颜色的选择等情况都会在《编辑者言》中向读者征询意见,择优而从。

如第 55 期的《编辑者言》提到:

本报自改用画报专用铜版纸以来,印刷上益显精美,图画色泽格外鲜润,绝非用他种纸时所能得,此盖有目共睹者也。编者自信主张得当,可惜纸质较脆,不耐多折,并易颇裂,实属美中不足。而画报为人人愿意保全之刊物,既有此弊,遂不得不图改良之法。现闻阅者中多不赞成此种纸张,但本报不敢遽认为多数的意见,因此请求热心本报诸君,来函表示主张,俾本报有所遵循,使多数阅者均得满意,编者不胜厚望之至。

再本报改用此种铜版纸,并非为省费起见,须知此种纸价值,较之从前所用之纸为昂,所以市面上绝不多觏,本报自行订购大批,存此备用,即使众意主张仍用前纸,本报仍须于设法销售此批订货后,始能改用,否则既已牺牲于前,又须损失于后,实有所未能也。②

《北洋画报》第 57 期称:"本报前者征求阅者对于纸质意见,截至本期上版前,已接到来函三百四十余件,内中二百八十余人多不主张用铜版画报用纸,要求改用白纸。本报为尊重阅者意见起见,决意改用白纸,存纸另行设法,虽稍有损失,亦所不计,特此布露。"③

《北洋画报》在转让给谭林北后,其以一种"萧规曹随"的姿态,力图保持画报原貌,初期内容并未发生变化。谭林北身为同生照相馆的老板,有良好的摄影技术作为支撑,在其接手之前就与《北洋画报》有许多合作,经常为

---

① 《编辑者言》,《北洋画报》第 16 期,1926 年 8 月 28 日。
② 《编辑者言》,《北洋画报》第 55 期,1927 年 1 月 15 日。
③ 《阅者好消息》,《北洋画报》第 57 期,1927 年 1 月 22 日。

图 2-3　谭林北

《北洋画报》提供或拍摄各种照片，有时一期画报中所有照片均由同生照相馆提供。他接办《北洋画报》后，新闻照片、明星照片的刊载量增多，用丰富多样的图片吸引读者关注。不过，谭林北究竟是个商人，缺乏冯武越同政界的密切关系，对于政治事件的报道顾忌颇多，生怕因报刊言论引火上身。因此，《北洋画报》中的政治、时事新闻逐步减少，甚至采取回避的态度，或有时评，也往往给人以隔靴搔痒之感。但是关于文学、艺术方面的内容较之以往有显著增加，以文学作品、美术、摄影、电影、风俗、体育、明星轶事、奇闻趣事等填充版面。在征稿启事中特别提倡来稿的趣味性、幽默性："来稿以具有实质且富趣味者为合格，惟不得攻击私人涉于淫秽，他如具有时间性之幽默文字，亦所欢迎。"①《北洋画报》逐步变成较为单纯的文艺期刊，但也有人认为似乎这才符合"画报"的本意，"自谭林北君接办后，一变以前作风，对于新兴的艺术，如绘画、漫画、话剧、音乐都能随时地介绍而给予批评；在文字方面，亦较前充实、有力"②。

第二节　《北洋画报》的地域空间

地域空间是指报刊登载内容的地域范围指向，一般报刊媒体遵循所处地理位置与受众心理接近性的原则，运用较多版面反映本地新闻、信息。《北洋画报》特别是在冯武越时期，其内容的地域空间选择立足于天津，兼顾北京，辐射东北、广东。天津时事新闻、社会动态、闻人行踪、民风民俗是每期均有的内容。就文字而言，多篇小说、散文都涉及天津的城市生活。较

---

① 《本报欢迎投稿》，《北洋画报》第 967 期，1933 年 8 月 3 日。
② 姜公伟：《〈北洋画报〉九周年纪念日》，《北洋画报》第 1266 期，1935 年 7 月 7 日。

之当时一些画报多将目光投向北京、上海,《北洋画报》将较多的目光投向了广东和东北。这也是同冯武越个人的出身背景息息相关的。冯武越家族自其父辈起即长居北方,叔父冯耿光是"梅党"领袖,冯武越也对京剧等北方文化颇为精通,北方文化似乎已经浸染了冯氏家族的血液。但是,冯武越对祖籍广东始终抱有深深的眷恋,并试图通过《北洋画报》将岭南的社会人文风貌带给广大读者。冯武越同奉系军阀关系密切,使得《北洋画报》对东北军政信息、人文风貌进行全面报道,也是在情理之中。而日本在华的种种暴行,更是激起了《北洋画报》同仁的家国情怀,也使得《北洋画报》在对日问题上,保持了坚定的立场。

一、《北洋画报》中的广东风情

冯武越及其家族虽然长居京津,但始终没有忘却自己的故乡广东,《北洋画报》也就成为冯武越向读者展示广东的窗口。

1928 年 11 月 11 日,广东籍飞行员张惠长偕机组人员驾"广州号"飞机,从广州出发进行全国飞行。当日自广州飞抵汉口。15 日,自汉口飞至南京。20日,由南京飞抵北平。11 月 26 日,由北平抵达沈阳,张学良等奉系人士均出面欢迎。12 月 1 日,"广州号"由沈阳飞返天津。4 日,离开天津抵达上海。17日 9 时,从上海回航广州,因天气不佳,在南昌降落停留。18 日 9 时离开南昌南下广州,14 时安全降落大沙头机场。

抵达天津后,张惠长等人受到了天津各界特别是旅津广东人的欢迎。冯武越更在《北洋画报》亲自撰文进行专门报道,将张惠长等人的壮举誉为"十余年来中国唯一光荣的事"①。他更认为此次全国飞行证明了"广东人之革命精神","盖粤人最富于冒险精神,不畏牺牲,故能造成伟大事业",广东人"不但为中国革命之先锋,抑亦启发世界之忠诚使者也",他希望"全国人均本此精神以完成革命,勿让吾粤人专美也可"。②

---

① 武越:《十余年来中国唯一光荣的事》,《北洋画报》第 252 期,1928 年 12 日 4 日。
② 武越:《广东人之革命精神》,《北洋画报》第 253 期,1928 年 12 日 6 日。

1932 年"一·二八"上海事变爆发,以粤人为主的十九路军奋起抗争。冯武越在旅津广东音乐会发表讲话,认为粤人既有团结之精神,更有人自为战之特质。"吾人(指粤人)既具有此两种优点,亟宜发扬而光大之,以救此垂危之国家。"①

图 2-4　旅津广东音乐会排演剧目

《北洋画报》对于广东文化艺术十分提倡,冯武越曾任旅津广东音乐会会长,于是《北洋画报》上大量刊载该会相关报道。1929 年旅津广东音乐会成立十五周年之际,《北洋画报》为之编辑《旅津广东音乐会十五周年纪念演剧专号》(第 383 期,1929 年 10 月 12 日)。冯武越撰文认为:"就剧艺本身论,粤剧剧本结构至精,其曲调至妙;而其音乐之繁复,与夫服装之丽华,更远架乎国内各剧之上。何况粤剧势力早已远被重洋,勿论近者如平津均有粤剧团体之组织,即北美南洋,亦早有粤剧剧场长期奏演,所以昔西人之研究中国乐剧者,胥引粤剧为标准。而安南、暹缅诸国之戏剧,更莫不受粤剧之感化而取法焉。于以见粤剧在国剧中地位之重要,及其势力之广且远矣。"②

1932 年春冯武越南下广东,重游故土,为《北洋画报》发回《南游杂记》系列报道,进一步向读者介绍了广东以及香港的风土人情(见表 2-1)。

---

① 记者:《谈粤人》,《北洋画报》第 752 期,1932 年 3 日 15 日。
② 冯武越:《粤剧漫谈》,《北洋画报》第 383 期,1929 年 10 日 12 日。

表 2-1 《南游杂记》系列报道一览表

篇　名	期　次	日　期
南游杂记(一)	第 771 期	1932 年 4 月 28 日
南游杂记(二)	第 774 期	1932 年 5 月 5 日
南游杂记(三)	第 775 期	1932 年 5 月 7 日
南游杂记(四)	第 777 期	1932 年 5 月 12 日
南游杂记(五)	第 778 期	1932 年 5 月 14 日
南游杂记(六)	第 779 期	1932 年 5 月 17 日
南游杂记(七)	第 782 期	1932 年 5 月 24 日
南游杂记(八)	第 783 期	1932 年 5 月 26 日
南游杂记(九)	第 785 期	1932 年 5 月 31 日
南游杂记(十)	第 786 期	1932 年 6 月 2 日
南游杂记(续十)	第 787 期	1932 年 6 月 4 日
南游杂记(十一)	第 788 期	1932 年 6 月 7 日
南游杂记(续十一)	第 789 期	1932 年 6 月 9 日
南游杂记(十二)	第 790 期	1932 年 6 月 11 日
南游杂记(十三)	第 791 期	1932 年 6 月 14 日
南游杂记(十四)	第 793 期	1932 年 6 月 18 日
南游杂记(续十四)	第 794 期	1932 年 6 月 21 日
南游杂记(十五)	第 795 期	1932 年 6 月 23 日
南游杂记(十六)	第 796 期	1932 年 6 月 25 日
南游杂记(十七)	第 797 期	1932 年 6 月 28 日
南游杂记(十八)	第 798 期	1932 年 6 月 30 日
南游杂记(十九)	第 799 期	1932 年 7 月 2 日
南游杂记(二十)	第 800 期	1932 年 7 月 5 日
南游杂记(二十一)	第 803 期	1932 年 7 月 12 日
南游杂记(二十二)	第 804 期	1932 年 7 月 14 日
南游杂记(二十三)	第 805 期	1932 年 7 月 16 日
南游杂记(二十四)	第 806 期	1932 年 7 月 19 日
南游杂记(二十五)	第 807 期	1932 年 7 月 21 日
南游杂记(二十六及二十七)	第 808 期	1932 年 7 月 23 日
南游杂记(二十八)	第 809 期	1932 年 7 月 26 日

续表

篇　名	期　次	日　期
南游杂记(续二十八)	第 810 期	1932 年 7 月 28 日
南游杂记(续二十八)	第 811 期	1932 年 7 月 30 日
南游杂记(续二十八)	第 812 期	1932 年 8 月 2 日
南游杂记(续二十八)	第 814 期	1932 年 8 月 6 日
南游杂记(二十九)	第 815 期	1932 年 8 月 9 日
南游杂记(三十)	第 816 期	1932 年 8 月 11 日
南游杂记(三十一)	第 819 期	1932 年 8 月 18 日
南游杂记(续三十一)	第 821 期	1932 年 8 月 23 日
南游杂记(三十二)	第 825 期	1932 年 9 月 1 日
南游杂记(三十三)	第 830 期	1932 年 9 月 13 日
南游杂记(续三十三)	第 834 期	1932 年 9 月 22 日

另有《港粤小报一瞥》(第 773 期,1932 年 5 月 3 日)介绍香港、广东小报情况。

冯武越后送先人灵柩归葬广东,又发《再度南游杂记》数篇及短文两篇(见表 2-2)。

表 2-2　《再度南游杂记》一鉴表

篇　名	期　次	日　期
再度南游杂记(一)	第 848 期	1932 年 10 月 25 日
再度南游杂记(二)	第 849 期	1932 年 10 月 27 日
再度南游杂记(三)	第 851 期	1932 年 11 月 5 日
再度南游杂记(续三)	第 854 期	1932 年 11 月 8 日
再度南游杂记(四)	第 855 期	1932 年 11 月 10 日
再度南游杂记(五)	第 863 期	1932 年 11 月 29 日
再度南游杂记(六)	第 866 期	1932 年 12 月 6 日
再度南游杂记(七)	第 867 期	1932 年 12 月 8 日
再度南游杂记(八)	第 868 期	1932 年 12 月 10 日
再度南游杂记(九)	第 870 期	1932 年 12 月 15 日
再度南游杂记(十)	第 874 期	1932 年 12 月 24 日
再度南游杂记(十一)	第 875 期	1932 年 12 月 27 日
记怀圣寺光塔	第 895 期	1933 年 2 月 16 日
续南游杂记	第 899 期	1933 年 2 月 25 日

此次南游期间,广州华林寺的五百罗汉塑像引起了冯武越的兴趣,于是他将这些塑像进行了拍照摄影,[1]一些照片发表在《北洋画报》上。"其后复撰图记,详述华林寺及罗汉堂轫创之历史,以及罗汉之起源。"文字、照片合成《广州华林寺五百罗汉堂图记》一书,"一为图记,记分三章;一为图影,计尊者像五百幅而外,又风景四幅,座位图一幅"[2]。

二、《北洋画报》中的东北三省

1926 年 10 月 30 日第 33 期的《北洋画报》上刊登了诛心的《宣传》一文,文中说到如今《北洋画报》越办越好,不少人开始研究画报背后的主办人和支持者。"今天有位朋友,拿来一张上海无名的小报给我看,内中有一则说《北洋画报》是现在英雄盖世的张学良将军所办的,为的是替奉军宣传,并且说要找个证据给上海人看。"诛心指出:"这个小报硬要说张汉卿办画报,替奉军宣传,真是眼光如豆了,真正小看了张汉卿了,莫非你们贵报也想替奉军宣传么?须知,'画报、小报、军队、宣传'这几个字联在一起,说起来是狗屁不通的,请不必找挨骂了!"对于《北洋画报》同奉系军阀之间的关系予以否认。《北洋画报》曾因来稿未能刊发与投稿人鲍振青发生纠纷。鲍振青也指责《北洋画报》"受军阀津贴,代为宣传"[3]。

实际上在前 33 期中,《北洋画报》对奉系的报道极为频繁,曾登载大量奉系人物的照片。这些照片宣扬了奉军军事力量的强大,起到为奉军宣传的作用。反倒是第 33 期刊出诛心的《宣传》之后,《北洋画报》对于奉系的报道才逐渐减少,乃至消失了一段时间。第 43 期有奉军将领邹作华同女儿的合影,直到第 63 期第 2 版才出现奉军领袖张作霖的照片,这更给人一种欲盖弥彰之感。第 48 期徐凌霄的《画报》一文,认为画报中也应注意登载时事内容。"画报风行一时,京沪及各大埠多有之,有独立发行者,有属于日报之星期增刊者,有重新闻者,有重美术者,有纯用照片者,有兼载小说杂记者,五

---

① 参见笔公:《摄罗汉记》,《北洋画报》第 918 期,1933 年 4 月 11 日;第 922 期,1933 年 4 月 20 日。
② 小蓬:《〈五百罗汉图记〉书成记》,《北洋画报》第 1328 期,1935 年 11 月 28 日。
③ 《开口的信——本报致日本鲍振青君书》,《北洋画报》第 40 期,1926 年 11 月 24 日。

光十色,竞爽争妍,允为大观矣。鄙意画报乃报之一种,似宜多采时事影片,以偿社会先睹为快之大欲,方不负原则。否则画而不报,或闲文过多,喧宾夺主,皆非所宜。又尝见登载电影,充满篇幅,斯又近于电影专刊,亦应略加限制也。"①似乎又是一种对于大量刊载奉系人物照片的辩护。

图2-5 张学良戎装照

如果综合考察,在九一八事变之前,《北洋画报》对于奉系军阀的报道,实际上可说是对张学良个人的报道。张学良个人照片或是与他人合影出现的频率相当高。这同报刊的所有者冯武越有着密切的关系。

冯武越同奉系军阀关系密切。1926年,张学良率奉军入关同冯玉祥的国民军作战。冯武越曾在天津《益世报》上发表欢迎辞,对张学良极力颂扬:

> 万民企望之张上将军,已果决然入关,且于今日行抵津沽矣。溯自前岁奉直战争之后,镇威莅津,此其第一次。镇威重来,足以证明东北势力,蓬蓬勃勃,方兴未艾,大不可侮。抑镇威为国以忠、待人以诚,亦其制胜之因,故稍识时务者流,莫不以收拾残局、重造国家之重责,属望于镇威。因之吾人于欢迎之余,不得不一表示其所希望焉。②

冯武越夫人赵绛雪为赵一荻大姐。1927年张学良同赵一荻结识③,1929年赵一荻追随张学良赴奉。后虽然赵家发表声明同赵一荻断绝关系,但是毕竟疏不间亲。冯武越同奉系,特别是张学良的关系更加密切。此后冯武越和王

---

① 徐凌霄:《画报》,《北洋画报》第48期,1926年12月22日。
② 武越:《张上将军莅津感言》,《益世报》,1926年6月6日。
③ 在许多涉及张学良和赵四小姐的文章、著作中,谈到张学良和赵四小姐相识时,都绘声绘色地描述为赵绛雪和冯武越从中介绍,乃至说是二人在一次舞会上将赵四小姐介绍给张学良。赵四小姐的外甥、冯武越和赵绛雪长子冯健龙曾在接受有关媒体采访时认为此说不确。参见范超:《赵四小姐家世秘闻》,《文史天地》,2003年第4期。

小隐参加东北文化促进会,为东北方面服务。特别是在组织1929年外交后援会义务戏和1930年辽宁水灾义务戏中出力颇多。正因为冯武越同奉系军阀,特别是张学良之间千丝万缕的关系,所以许多人认为《北洋画报》或多或少接受了奉系军阀或是张学良的资助。

据冯武越说:"大家认为《北洋画报》是张学良的机关报,其实只初办时登载过一些三、四方面军的消息,以后很少谈政治。偶尔登一些有讽刺性的政界花絮而已,所以销路很广,京津而外,外省定户也不少。因为办报的意图不是为赚钱,纸张印刷精益求精,其中印过的书画精品,有一部分是张汉卿的藏品。"[1]话虽如此,但如果仔细观察《北洋画报》中有关张学良的报道和照片就会发现,《北洋画报》十分注意塑造张学良的公众形象,力图将其塑造成中国未来的希望。

首先,注重塑造张学良文武双全的形象。张学良作为奉系领袖张作霖的嫡长子,张作霖注意对其军事能力的培养,于是张学良也就成为举国瞩目的青年将领。《北洋画报》除了报道张学良的军事活动,也注意报道他对奉军军事力量,特别是空军的苦心经营,试图以此彰显其拳拳报国之心。"东北航空为张汉卿(学良)军团长一手所经营。近来益加扩充,可称为中国最完善、最强有力之航空组织。有可用之飞机二百余架,多属法国所制,样式不一,有轰炸式、驱逐式、侦查式等,大小随任务而异。航空队五:飞龙、飞虎、飞豹、飞鹰、飞鹏,是也。各队于作战时常另为组织。"在襃奖奉军空军的同时,对张学良也是大加赞扬:"为造就人才计,常不惜浩费,是则不独于航空方面为然,于一切学术上亦无如此,所以吾等深信张氏能大有造于国家也。"[2]

张学良作为军事将领的形象深入人心,想要将其塑造为未来中国的希望,不仅仅是要凸显其军事素养,更重要的是要让民众看到他在"文治"方面的能力。《北洋画报》曾经发表过张学良的诗作,以展示其文采:

① 许姬传:《天津十年》(续),载天津市政协文史委编:《天津文史资料选辑》第39辑,天津人民出版社,1987年,第190页。
② 飞鹏:《记东北之航空》,《北洋画报》第5期,1926年7月21日。

军次游赵故城邯郸官感怀①

沽酒邯郸大道旁，村人都说武灵王。

英雄应有笙歌地，不比吴官响屧廊。

光武艰难定洛中，滹沱一饭困英雄。

当年天下归心日，都在邯郸古赵宫。

丛台怀古②

武灵按剑却强胡，朝罢诸侯且自娱。

当日将才皆颇牧，君王歌舞有工夫。

　　其次，《北洋画报》注意塑造张学良积极向上、对国家和社会充满责任感的正面形象。第94期刊载张学良给正在日本留学的二弟张学铭的一封信，信中张学良希望张学铭"将来学成归国，勿践旧官僚之臭习"，还要"力谋平民生活，勿染贵族教育习惯为盼。我们将来要为中华民族造幸福，不是为个人谋荣华富贵也"。《北洋画报》评价道："汉卿将军，少年英俊，机警过人，近数年来，弗役弗与，遂为中外知名，然仅识其为一沉毅明敏之战将而已，至于思想性情，则无能道其详者。"看了这封信之后，才发现张学良"能倾心平民生活，有崭新之头脑"，而且"平日极能放开眼光读书，除中外军事学外，对于自然科学及社会科学，均有深厚之兴味，东北航空事业，即其所提倡主办者也。以能读社会科学诸书，于世界潮流颇能洞晓，故

图2-6　张学良打高尔夫球

① 张学良：《军次游赵故城邯郸官感怀》，《北洋画报》第180期，1928年4月18日。
② 张学良：《丛台怀古》，《北洋画报》第181期，1928年4月21日。

从无反动之言论"。①同时，《北洋画报》也注意展现张学良对教育的重视。北京民国大学为一所私立高等院校，"年来甚形窘迫，张学良时常拨款援助"，于是该校董事会"公推张为该校校长"。②之后的第485期（1930年6月4日）介绍了张学良私人出资创办的同泽女子中学的情况。1927年7月3日，张学良于中法大学第一院演讲《现代青年的使命》，《北洋画报》评论道："其所训示青年者有三：一曰青年要有联合思想；二曰青年要自觉；三曰青年要言行一致。语语中肯，可谓能洞察今日青年之弊病，对症而发药也。将军此举，实有意置身于中国新青年领袖之地位，以图共起国家于危亡，然则将军所负使命之重，盖莫可与比伦矣。愿将军勉力为之。"③

张学良对《北洋画报》也是十分信任，《北洋画报》记者妙观曾于张学良在津时前往拜谒，"见其藏书阁中，《三民主义》《建国大纲》诸书与中西军学等籍并陈"，办公桌座后，"立有孙中山铜像"。"老蒋发出拥护三民主义通电"后，张学良"更出中山先生为汉卿将军所书横幅之复影，嘱寄《北画》，刊之报端，使天下共知奉方与国民党昔日关系之深"。④

1928年1月，张学良攻克涿州，邀请《北洋画报》记者前往采访，并让记者拍摄其同投降的晋军将领傅作义的合影在画报上发表。⑤

《北洋画报》对张学良公众形象的塑造，可以看作创造张学良伟人的形象符号。

张作霖故去后，张学良成为了东北地区的军政首领。许多人对于他治下的东北地区充满了好奇心，"易帜后之新东北，为国人之所共同注目"⑥。《北洋画报》作为与张学良关系密切的媒体，也力图将自己打造成为读者了解东北地区的窗口。东北易帜前，张学良曾派朱秀峰赴南京考察党务，路过天津时接受了冯武越的采访，朱秀峰介绍了张学良组织的东北文化社、同泽俱乐

---

① 妙观：《张汉卿将军致其二弟西卿之一封信》，《北洋画报》第94期，1927年6月11日。

② 《张学良今日就民大校长》，《世界日报》，1927年12月18日。

③ 妙观：《负有重大使命的青年将军》，《北洋画报》第103期，1927年7月13日。

④ 本段引文均出自妙观：《负有重大使命的青年将军》，《北洋画报》第103期，1927年7月13日。

⑤ 记者：《保阳之行》（一）、《保阳之行》（二），《北洋画报》1928年1月18日、2月8日。

⑥ 妙观：《沈阳之行》，《北洋画报》第289期，1929年3月7日。

部的相关情况。①1929 年《北洋画报》记者妙观"于放春之候,乘平奉快车,作沈阳之行,一瞻东北新面貌"②,对于沈阳在基础设施建设上的发展给予了好评③,对沈阳物价较高的情况进行了分析④,并向读者介绍了东北跳舞之盛⑤以及张学良个人出资在沈阳兴建体育场的情况⑥。妙观在沈阳期间还观看了反映东北当局在兴安屯垦,开拓蒙边的纪录片。⑦记者徐汇潘借赴沈参加华北运动会之机游览沈阳故宫,得金梁(金息侯)应允拍摄了 30 余张照片,使读者能一窥沈阳故宫风貌。⑧金梁的《东三省博物馆叙》(第 375 期,1929 年 9 月 24 日)介绍了他在沈阳故宫筹划创建东三省博物馆的经历和相关藏品情况。第 392 期(1929 年 11 月 2 日)介绍了张学良组织的德日中三国田径表演会的情况。

图 2-7　张学良(图中标 3 者)参加葫芦岛港开工纪念仪式

从 1930 年 2 月 20 日第 436 期起,连载了妙观的《出关记》,记载了他从天津前往东北的旅途经历。其中包括购买火车票的情况及路局出售卧铺的

① 越:《奉垣来客谈》,《北洋画报》第 256 期,1928 年 12 月 13 日。
② 妙观:《沈阳之行》,《北洋画报》第 256 期,1928 年 12 月 13 日。
③ 参见妙观:《沈阳之行》(一),《北洋画报》第 289 期,1929 年 3 月 7 日;《沈阳之行》(二),《北洋画报》第 290 期,1929 年 3 月 9 日。
④ 妙观:《沈阳之行》(三),《北洋画报》第 291 期,1929 年 3 月 12 日。
⑤ 妙观:《沈阳之行》(四),《北洋画报》第 292 期,1929 年 3 月 14 日。
⑥ 妙观:《沈阳之大体育场》,《北洋画报》第 293 期,1929 年 3 月 16 日。
⑦ 妙观:《观开拓蒙边影片记》,《北洋画报》第 298 期,1929 年 3 月 18 日。
⑧ 徐汇潘:《沈阳故宫古物摄影记》,《北洋画报》第 350 期,1929 年 7 月 27 日。

不合理处①;乘车时火车中种种怪象②。他的报道引起了北宁路局的重视,局长高纪毅致函表示要对路局中存在的不足之处积极改进。③妙观指出,同一年前到访东北相比,在张学良治下,以沈阳为代表的东北城市,社会经济日趋发达,城市风貌积极向天津靠拢。"在一年以前,尚不大显著,今则沈城已渐变成小天津矣。商埠地一带之建筑纯取西式,汽车往来之繁密,男女装束之趋时,自表面上观之,使人有俨然置身津门之感。至于商店洋行,由津门分此者,指不胜屈。"④妙观的《东北闻见琐录》(第 440 期,1930 年 3 月 1 日)、《关外闻见录》(一)(第 442 期,1930 年 3 月 6 日)、《关外闻见录》(二)(第 443 期,1930 年 3 月 8 日)、《关外闻见录》(三)(第 444 期,1930 年 3 月 11 日)、《关外闻见录》(四)(第 445 期,1930 年 3 月 13 日),介绍了当时东北地区的新近社会建设情况和一些民风民俗。《本溪湖之盛会》(第 478 期,1930 年 5 月 29 日)介绍了本溪湖煤矿创立二十周年纪念会的情况。1930 年王小隐应东北文化社之邀赴辽,他发回数篇报道向读者介绍了东北地区的情况。葫芦岛港作为当时东北重要的基础设施建设也受到了《北洋画报》的关注。妙观的《葫芦里的炸药毁了高粱》(第 496 期,1930 年 7 月 10 日)介绍了葫芦岛港开工典礼的情形。7 月 14 日,王小隐亦有葫芦岛之行,成诗数首,名为《葫芦岛纪游诗》,在《北洋画报》发表。1930 年夏季,辽西发生洪水,王小隐等人也为《北洋画报》发回了相关报道。

三、《北洋画报》中的对日言论

《北洋画报》虽然声称:"原来画报为物,言不及政治,语不涉专门,只为遣兴消闲之读物,在政治不堪于利用,而在民众,则远不若窝窝头之为需要,故殊非可藉以敛财之工具,此至易明者也。"但又认为:"吾报虽有'时事、艺

---

① 妙观:《出关记》(一),《北洋画报》第 436 期,1930 年 2 月 20 日。
② 妙观:《出关记》(二),《北洋画报》第 437 期,1930 年 2 月 22 日;《出关记》(三),《北洋画报》第 438 期,1930 年 2 月 25 日。
③ 《北宁路局局长高纪毅君来函》,《北洋画报》第 440 期,1930 年 3 月 1 日。
④ 妙观:《出关记》(六),《北洋画报》第 441 期,1930 年 3 月 4 日。

术、常识'之标语,亦不过以示内容之范围,非欲效大言不惭之流,借题欺人也;盖以时事图片,足使民众明了国内外大势。"①实际上《北洋画报》对国内重大事件是极为关注的,这一点尤其体现在其对日报道中。

1928 年 4 月,日本内阁以"保护侨民"为名,出兵山东,占领青岛和胶济铁路沿线,同时派驻天津日军开赴济南。1928 年 5 月 1 日,北伐军第三师攻克济南,5 月 2 日上午,蒋介石入城。在此过程中,日军并未对北伐军的行动有所影响。蒋介石遂派人请日本驻济南总领事来总司令部谈判,计划"令日军撤除一切防御工事"。当日夜里"日军即撤消铁丝网、沙袋及警戒兵",同时,躲进日军警戒区的日侨见局势稳定也开始陆续回到原住处。不料,5 月 3 日济南惨案爆发,数日内济南军民死伤 1.1 万有余。惨案发生后,全国群情激愤。"此番东邻趁我内讧,又复出其卑污辣毒之手段,出兵侵占我疆土。凡属血气,莫不发指。积极者多所主张,甚而至于宣战;消极者归咎于自国之不振奋,致招外侮。"②

惨案发生期间,适逢日本逼迫袁世凯签署"二十一条"的"五七国耻",《北洋画报》在 1928 年 5 月 12 日第 187 期报头特意声明"本报纪念二重五七国耻特用黑色刊行"。在第 2 版又加以说明:"旧痛未忘,新创又至,日本再肆逼凌,五七竟成二重国耻。凡有血气,莫不发指。本报此期特用黑色刊行,以志悲愤。"1928 年 5 月 16 日第 188 期报头为"同胞奋起,同御外辱"。

1928 年 5 月 23 日刊出的第 190 期特意在报头提示读者"请看济南事件写真",在第 2 版刊发了《借口保护侨民占据济南任意残杀我同胞之日军一部》《纵使军队残杀我同胞至二千人之日军司令福田》《济南日军陈列其残杀工具准备大杀戮我华人》等照片,揭露日军暴行。并刊发《痛中痛》一文,呼吁国家稳定统一、一致对外:

> 兄弟阋墙,引狼入室,食吾父老手足,于是息争之议,起于一方。然

---

① 记者:《卷首例言》,《北洋画报》第 301 期,1929 年 4 月 4 日。
② 诛心:《田家军大出动》,《北洋画报》第 193 期,1928 年 6 月 2 日。

他方则未肯干休,战端又启。贻害国家,将伊于胡底,是则吾不能知,亦不敢设想及之也。频年战祸连绵,国几不国,社会凡百事业,莫不停顿。就吾辈职业而言,自此番济案发生,益觉漫无组织,通讯社之设备不良,派别疏异,以致济案之真相难明。任被日人,肆意宣传,归咎于我,而我莫之能辩;诚可悲之甚者也。①

日方大肆宣扬济南惨案的发生起于日人被国人杀害,《北洋画报》针锋相对地指出:

　　照相通讯通信亦为彼宣传之工具。彼之所谓日妇尸体局部亦有发生问题者……然吾则以为彩影中尸体,无从而证明其为日人为华人。彼曰此某某芳子之遗体,吾岂不能曰此钱大娘、魏三姐之遗体乎?大杀二千人之后,再闭城禁止人行,消灭一切残杀罪恶遗迹中,焉知其不能制作假照片用以惑人耶?故吾曰:是乌可忘信者!②

　　1928年5月26日第191期再次登载所谓被害日人照片,并评论道:"日人在山东之暴行,为人类绝无仅有之大污点,吾固积弱,莫奈彼何,惟天网恢恢,必遭天谴,吾敢断言也。然吾苟能觉悟刻意图强,即十年休养之后,焉知其不直受吾之屈服也哉?是在全国人之猛省耳。日人现制为影片,广事宣传,其为真为伪,不言而喻,表而出之,以免被惑。"③该期还登载了3幅漫画,以直观的形象向读者深刻揭露了日本军国主义的丑恶嘴脸。

　　1928年6月2日第193期推出《济南惨案专刊》,登载了由美国万国新闻社辽东通讯员王小亭拍摄的济南惨案中日军暴行的多幅照片。封面照即为《已被日军焚烧及将被焚烧之济南人民之尸体》。这些照片成为中国报人揭穿日方虚假宣传的有力证据。王小隐特撰文指出:

---

①②　记者:《痛中痛》,《北洋画报》第190期,1928年5月23日。
③　《北洋画报》第191期,1928年5月26日。

　　济南事件自是人类的绝大耻辱。而尤其觉得可耻，就是我们既然受了极残酷的伤害，却不能把悲惨的境遇，公表于世界。日本方面倒用许多照相，各处宣传中国人的横暴。我们虽然极端不敢相信，只为反证"逆宣传"起见，就不能不依样葫芦登载出来。同时借以表现出我们中国人组织力量的薄弱，应变才能的缺乏。真算大幸，万国新闻社的王小亭君，出生入死，历尽艰难，把济南事件的确实真相，给搜罗起来，带到天津交给本报公布于世。有此一举，不但于将来国际问题上增加了有力的证据，就是我们也多少洗掉些许的耻辱。①

　　1928 年 6 月 9 日第 195 期刊出了《济南惨案专刊第二》，该期报头为"全国团结一致对外"。专刊上登载了陈震亭从济南寄来的《日军炮毁济南之真相》一组照片。

　　1931 年 9 月 19 日，正值《北洋画报》水灾义务戏戏票发售之际，九一八事变噩耗传来。"本市人心大感不安，凡有血气之士，莫不悲愤填胸。"②《北洋画报》即派记者赴前方参访。记者发回的报道更是让人痛心。20 日晨记者团乘火车抵山海关站，"见站头日兵三四，荷枪露刃，昂首阔步，此固平时所已有，而今日看来，格外痛心！见天下第一关，不禁有'固一时之雄'之感，蜿蜒长城，雉堞可数，昔也'胡人不敢南下而牧马'之铜墙铁壁，今也谁又能拒日兵铁蹄于五步之外耶！"眼见大好山河落入敌手，"无限悲楚，掩窗就卧，泪为之垂！"③

　　9 月 22 日，第 680 期第 2 版刊出"国难当头，同胞猛醒！一致对外，救此危亡！"的标语。并且该期除提前印好的封面外，其余页面均用黑色印刷，"以表哀悼国难"。

　　此后《北洋画报》刊发了多篇文章，表达对东北沦陷的痛惜。妙观的《等

----

① 王小隐：《济案真相获得纪实》，《北洋画报》第 193 期，1928 年 6 月 2 日。
② 记者：《本报义剧筹备经过及其停演理由》，《北洋画报》第 680 期，1931 年 9 月 22 日。
③ 《记者团出关吊沈阳》（上），《北洋画报》第 681 期，1931 年 9 月 24 日。

不了!!》一文指出："两年前游于东北后,常对人言,五年以内,东北日本必进占。盖日本国内人与物的生产过剩,非侵略东北,拓为殖民地不可。再多几年,他们等不了,殊不知他们竟没等到五年!"诛心的《国难愤言》号召媒体报道日军暴行:"俾世界文明民族,闻而寒心,激动其公愤,尽举各国日侨逐之出境,以为蔑视国际道义,不明人道者戒。"①

11月8日,"天津事变"发生,日本策划便衣队于日租界暴动。《北洋画报》于11月12日第702期发行《战祸专号》。冯武越亲自撰文号召:"切宜全国团结一致,整军经武,发奋图强,政治家勿再事意气之争,青年宜讲求实学,一般人民勿再沉溺酒色赌博,培养实力,期以十年,苟能实践实行,行见中华民国登高一呼,一跃而为世界一等强国,则恶约之取消,失疆之收复,金能不求而自至。"②

诛心的文章指出:"中国不倒霉,不致有租界,不有租界,不致有今日之恐怖(指天津事变)。租界本为和平通商特许外人居住之区,非借与之使架炮杀戮我市民者,从来各国均能善守其条约所赋予之权益与道德所应守之责任,盖未见有如暴日今日之惨无人道者也。"③况且"暴动之便衣队系在日租界组合,系由该租界冲出,并向该租界安然退却,显在日人庇护之下。即使日人无供给与操纵暴徒之事实,然日人对于公然袭击中国城市之武装暴徒,不能协力剿灭,是已表明日人殊无保持公众治安之能力与决心,在此情形之下,日人已应退还租界"。同时,暴动

图2-8 "天津事变"中天津市公安局抓获的便衣队暴徒

---

① 诛心:《国难愤言》,《北洋画报》第683期,1931年9月29日。
② 笔公:《〈战祸专号〉弁言》,《北洋画报》第702期,1931年11月12日。
③ 诛心:《"界"说》,《北洋画报》第711期,1931年12月3日。

时日租界日侨纷纷避居其他各租界，足证日侨对本国租界治安的不信任，"则奚用有此租界为？"而且"日租界为藏污纳垢之所，贻害我国人民，全市治安，受其影响"。因此他鲜明地提出要求政府收回天津日租界："望外交当局本公正不挠之神，要求收回日租界，津市前途实利赖之。"①

1932年1月28日，"一·二八"上海事变爆发，《北洋画报》也积极予以报道，号召发起全民抗日运动。"应由强大之团体，举行抗日宣传运动，使全国民众，不分性别年龄，一致签字宣言，誓死抗拒日本侵略，誓死不与日本人合作，自即日起实行，至少予日本人以五六十年之不合作膺惩，用以制其死命，根本打倒所谓共存共荣主义，则不独满蒙伪国中之汉奸，望风胆裂，即列强鉴于我国国民爱国心之增进，自亦不致再有如日本之侵略吾国之同类企图。世界和平实利赖之矣。愿爱国人士速起图之。"②1932年3月5日第748期上均为"一·二八"上海事变相关文章，虽无专号之名，却有专号之实。

上海妇女为十九路军缝制衣物的活动也得到了天津妇女的积极响应。"青年会中每日往任裁缝之太太小姐多至数十人，细剪密缝，不辞劳瘁，有戴花镜引线穿针者。此多数之太太小姐，平日固皆所谓'呼奴唤婢'之人而几乎绝不捏一捏针之人也。独能对于战士如此，可知爱国观念之深入人心矣！"南开学校女生"课余皆趋往女青年会领料回家，努力缝制"。学校中"争制绷带，量之，裂之，卷之，又莫不七手八脚，唯恐不及，其热心实可佩也！"③

1932年9月18日，《北洋画报》第832期编辑《九一八纪念专刊》，呼吁人们勿忘国耻、奋起抗日，确立武装、经济、文化自卫政策。"去年今日沈阳城中，是种什么现象，你忘了没有？去年十一月八日，天津市上，有种什么事情发生，你忘了没有？今年一月二十八日，上海市上有种什么变动，你忘了没有？今年九月十五日，在长春城里玩了一套什么把戏，你忘了没有？这些事，你应该记着，应该记一辈子，应该子子孙孙的记着！"④

---

① 诛心：《对日正当要求》，《北洋画报》第703期，1931年11月14日。
② 《发起全民众誓死抗日运动》，《北洋画报》第745期，1932年2月27日。
③ 本段引文均出自蜀云：《一心抗日十指劳军》，《北洋画报》第751期，1932年3月12日。
④ 蜀云：《忘了没有？》，《北洋画报》第832期，1932年9月18日。

《北洋画报》对如何抗日积极发表了自己的看法。《反日十诫》认为："一、不买日货！二、不用日货！三、不装日货！四、不用日币！五、不搭日轮！六、不与日人来往！七、不替日人做工，不雇佣日人！八、不存款于日本银行！九、不接济日人粮食！十、不往日本经商求学！"①《救国要诀》认为："一、凡属中国国民，永远不买日货，营业商人，永远不卖日货。二、督促政府改良政治，收拾人心，劝告军人永息内争，团结实力。三、废止专说空话的标语，要有卧薪尝胆的精神。"②

综合来看，《北洋画报》的对日言论主要有以下几个方面的内容：

1.呼吁民众由奢入俭

诛心认为，事变前"沈阳便发达到不堪言状，街上洋房一所一所的建筑起来，汽车多的不可开交，饭馆开的到处都是"。因为"过度奢华，终于亡国，晏安鸩毒，古有名言。在这国忧国难交迫而来的时代，吾人应如何卧薪尝胆地过活，应如何休养生息以应付危机；而乃趾高气扬，目空一切，惟酒色是娱、奢华是尚，置国忧于不顾，复轻敌自欺，召亡之机，殆伏于此"③。红杏认为当务之急在于两方面："第一，先移转审美眼光，毋崇尚服饰奢华，而以朴实为美。一切事物，在主观的眼光里，只求精神上的美，不务物质上的美！这实在因为国产品朴而不华的缘故。第二，要转过虚荣势利的念头，养成实事求是的念头！眼前虚荣，你虽认为可以称雄一时，如果论到国民同归于尽的时候，这种虚荣，还是不能存在！"④

2.要求抗日要有决心和恒心

事变发生未及一月，北平电车上"那些五光十色的反日标语，自然是给人洗刷去的！车头车尾都齐齐整整地悬着什么'赛马''桃花泣血记'的广告"，而且"各大通衢横着挂的些布标语，也堕落了，收缩了，卷起了，好像偃旗息鼓的样子，并无人来过问。日人的鬼脸只是对着笑，他们说：'就使你们

---

① 《反日十诫》，《北洋画报》第 693 期，1931 年 10 月 22 日。
② 《救国要诀》，《北洋画报》第 694 期，1931 年 10 月 24 日。
③ 诛心：《哭不出！》，《北洋画报》第 681 期，1931 年 9 月 24 日。
④ 红杏：《又打一针以后》，《北洋画报》第 683 期，1931 年 9 月 29 日。

写得再厉害点,也是无用。'"。《北洋画报》对此评论道:"标语是不能够退敌的,然而既认为有相当的宣传力量,贴了挂了,便不能不去管它,连纸片布条都不能好好地维持着,无怪偌大一片土地给人家轻轻地便拿了走!"①

左次修提出:"提倡国货也罢,抵制仇货也罢,都该有彻底的觉悟,团结的精神,坚苦的毅力,人同此心,心同此理,永久的四万万国民,站在一条'准甘地'的线上。五分钟的热血,人家看了不只一次了!贴标语,呼口号,散传单,这些工作,我以为都不甚良好,最要紧的就是下决心,与其焦唇敝舌,不如跺脚咬牙。"②

3.提倡国货、抵制日货

《北洋画报》的抗日主张中最重要的便是提倡国货,希望通过抵制日货,达到对日本的经济制裁。9月24日,即刊登了"对日经济绝交,是亡中救亡的第一步办法!"和"再买日货,是甘做亡国奴!"两幅标语。26日的标语为"不买仇货,制彼死命!"

《北洋画报》指出:"谁也知道日本的枪炮的凶暴,因为我们试验过了。谁也知道日本的货物,其足以危害我们,不在枪炮之下,我们也早已试验过的了。然而人们知道避枪炮,也知道不买日货,才对(得)起良心,才对得起国家,才对得起在日本飞机下被炸死的同胞;但有些人的确还在喜欢它的小巧和便宜,在受着价廉物美的诱惑!……(日本人)抢我们的钱,我们没有办法,我们自己送钱去给他用,可就未免太说不下去……(抵制日货)是脚踏实地的问题,不在喊不喊,而在做不做。不在你的嘴里,而在你的心和手。嘴可以不喊,心千万不要动,手千万不要伸。"③

据《北洋画报》报道,当时天津市面上还出现了印有宣传抵制日货的信笺。该种信笺上边写"买十元的东洋货,日本可赚二元,就可以造成炮子二枚,而杀两个中国人!你若再买卖日货,就是枪毙自己的子孙!",下边写"不贪目前小利,可免将来大害",右边写"同胞每人多用一元的中国货,按二分

---

① 本段引文出自妙观:《五分钟的标语》,《北洋画报》第 687 期,1931 年 10 月 8 日。
② 左次修:《改!》,《北洋画报》第 686 期,1931 年 10 月 6 日。
③ 秋尘:《留神你的心和手》,《北洋画报》第 693 期,1931 年 10 月 22 日。

利计算,就有八千万的实力在中国",左边写"同胞要明白救国不是救别人,是救自己!爱用国货,捐助忠勇将士,全是救国的重要工作!"①

《北洋画报》号召同胞不要贪图便宜购买日货。蜀云的《两块钱招来一面唾》虽有虚构的意味,但饱含深意:

八日下午五时,有过本市日法交界某巷口者,见一日人,手持鲜明耀目之锦缎两匹,上贴纸条,大书"真正日本货,每匹大洋一元"。

有我同胞施施然来,见缎之美而价之廉也,就卖缎者,将出价收为己有。日人曰:"请以金票来。"我同胞曰:"中国银行之钞票可乎?"日人曰:"可。"同胞出钞票二页付之也。

日人手接钞钱,以唾我同胞之面曰:"汝华人非誓死抵制日货者乎?何不坚决乃尔!"退钱,肩其缎而去。

日人之故意试探,事诚可恨,我同胞之自召其侮,则其可恨,宁不甚于日人耶!然而我同胞之如某同胞者,又正不知其恒河沙数也,哀哉!②

而国货视抵制日货为商机,乘机涨价的行为更是为《北洋画报》所不齿:

近几日来,因为国货销路高涨的原故,国货价钱,也随着高涨了。八毛钱一打的手绢,是变成了一毛六。双妹牌的雪花膏,从四毛一变成了四毛八,有的地方,变得更厉害,变成五毛二。这诚然是许多小铺子,故意抬价,在总厂和总公司中不会这样,然而涨价总是事实!大家嚷着誓死不买的(?)日货呢?以花布论,两毛多钱的,是低落到不到两毛了。

一面涨,一面落,爱贪便宜的我的同胞们,谁能断定谁不以贵贱而变更其爱国的宗旨。然而借此发财,又岂是商家所应有的态度。"提倡国货"之情形如此如此,真可叹可哭也!③

---

① 白藕:《标语笺》,《北洋画报》第776期,1932年5月10日。
② 蜀云:《两块钱招来一面唾》,《北洋画报》第689期,1931年10月13日。
③ 秋尘:《一涨一落》,《北洋画报》第690期,1931年10月15日。

有些人难以区分日货、西洋货、国货,"尤其是有许多假冒国货的日货,更容易鱼目混珠"。即便无意中错买日货和故意购买不能相提并论,但是也应注意避免,其法有二:"一、当国难日亟之时,大家最好什么也不买,省点钱去慰劳慰劳军队。二、假定要非买不可,最好不到卖洋货的商店里去,免得上当,免得把日货当成了非日货。"而天津的国货售品所正是专门出售国货的商店,进到店中"至少可以没有买到外国货的危险",商品种类在 5000 种以上,"如果你决心不用仇货,那也就尽够你用的了!"国货售品所"为天津唯一老牌之国货商店,一切人们都应当赞助它,照顾它。国货多买一件,外货就少卖一件。奸商不必去骂,因为他不怕;这'忠商'我们却应该称道,因为他虽然也是志在营利,但是他心里有个国家在,未尝不知道国货的销路窄,利钱小,可是要傻干,真不可及也。呜呼,中国人可惜聪明人太多,傻子太少了"。①

冯武越也认为要大家不买日货不难,"要杜绝奸商蒙混是最难,因为一般人对于仇货有辨别不出的苦处",于是他介绍了广州举办"仇货辨览会"的经验,通过公开展览日货,使"一般以及忠商都有认识仇货的机会",冯武越认为"这是抵制中最有功效的方法,他埠不妨效仿"。②同时,《北洋画报》对于各类国货展览也积极进行报道,以期起到宣传国货的作用。1932 年天津青年会与国货售品所联合主办的国货展览会上,打出了"中国人不用中国货是最可耻的事!用洋货是帮着帝国主义侵略中国!"③的标语。

当时在国人中存在"外国货必胜于国货"的观念,于是有人将国货冒充洋货出售,《北洋画报》对此也进行了批评:"奸商之以日货黏国货商标,冒充土产,固不足训,而'良商'之以国货当外货出售,亦应积极改正。"本来"今之谈提倡国货者,率皆以不知何为国货,何为欧美货,何为日货为苦。分别正恐不及,岂容再加混乱"。④

---

① 本段引文出自蜀云:《东西要怎样买》,《北洋画报》第 743 期,1932 年 2 月 23 日。
② 笔公:《南游杂记》,《北洋画报》第 791 期,1932 年 6 月 14 日。
③ 秋尘:《青年会中的国展》,《北洋画报》第 841 期,1932 年 10 月 8 日。
④ 本段引文出自蜀云:《蜜罐感言》,《北洋画报》第 776 期,1932 年 5 月 10 日。

即使《北洋画报》等媒体呼吁抵制日货,但售卖日货的现象并不能得到有效遏制。"天津商人大贩日货,大错也,大耻也!"于是有人组织跪哭团,"跪奸商之门而哭求之"。《北洋画报》希望贩卖日货的商人能自行改过,不再出售日货:"真作奸商者,勿须自讳;勇于改过,便是好人;奸商之奸字,未尝不可自己除去。"同时希望跪哭团的行动能感化奸商。"有来哭者,可指天为誓曰:'从此不贩,贩者有如此日!'跪者起而泪者收,可必也。慕奸商之利而将入歧途者,一闻哭声,当即回心转意,勉为爱国之人,未为晚也。意志纯洁以提倡国货之好商人,闻哭声以陪泪,见奸人而伤心。"从而使天津商人"有过者改,过去奇耻庶得一洗。如此,则跪哭团之两腿不白弯,两泪不虚流矣!"①

《北洋画报》还从自身做起,改用国产纸印刷:

> 现在印报再用日本纸,是太讲不通了!用日本纸记日本暴行,这种"以子之矛攻子之盾"的办法,实在不是办法。
>
> 在最近一月中,本报曾用国产宣纸试验过,印出来的确不错,只是纸价要高过两倍半,一来无如此多量之货可以供给,二来太不经济,本报诚又不愿再加重读者的负担。
>
> 国产的道林纸,已经有货样送来,正在试印中,如果可以,当然换用,不成问题。假定不行,也只有退一步而用西洋纸,这是要请大家格外原谅的。②

抵制日货的活动虽初期有所成效,但是随着时间的推移,一些人故态复萌,依旧售卖日货。顾维钧曾指出:1932年5月日本对华贸易"较去年南方各省,减百分之十五,而华北反增百分之廿六"。《北洋画报》对这种现象揶揄道:"南方的日货输入,只减去了百分之十五,自然不算多,然而究竟还减少

---

① 本段引文出自蜀云:《躬身下拜两泪交流》,《北洋画报》第749期,1932年3月8日。
② 《本报"纸"的问题》,《北洋画报》第700期,1931年11月10日。

了百分之十五。华北人为交东洋朋友,替他保持往年的纪录,也就算得'仁至义尽',但老板们却总以为'好街坊'既然吃了南方蛮子的亏,北方要再不让他赚点便宜,未免太对不起人。所以便不能不拼命购买,略表存心,是正所谓'共存共荣'之'人间大道理'也!"①

1937年7月7日卢沟桥事变爆发。《北洋画报》第1580期(1937年7月13日)刊登了《我方将士奋勇拖守之卢沟桥》《卢沟桥事件爆发,北平各报记者于九日入宛平县城视察,临行时在县政府门前与誓死守城之县长王冷斋氏合影》《宛平县东门被炮弹轰炸之创痕,九日我保安警察在西门换防后情形与城内逃避一空之惨状》等照片。第1582期(1937年7月17日)、第1583期(1937年7月20日)也登载了相关照片。第1585期(1937年7月24日)刊登了逸飞的《火线下杂写》一文,也提及了卢沟桥事变。事变爆发后的7月29日北平陷落,30日天津陷落。《北洋画报》于29日出版第1587期后停刊。虽然《北洋画报》停刊了,但其通过图文报道试图建构民族主义的共同体的行为,彰显出了其爱国情怀,它在抗战中发挥的作用是不可忽视的。

民国时期,天津画报频出,此起彼伏,皆因"办画报固然不难,把亲戚朋友以及祖传的古董书画和几个人的毕生著作,再翻印若干旧版,翻印几张外国明信片,忠则尽命的印行三五期画报,尤其易上加易。但是维持永久便难了,能维持永久而不失其高贵的价值,尤为难上加难"②,而《北洋画报》以"一种不可思议、不可模仿的新精神"③,巧妙设置版面内容,精心选择优质素材,从而在北方画报中独树一帜。首先,《北洋画报》"抱定了普遍美育的宗旨"④,"自近世科学昌明以来,物质文明之进步,一日千里,人类对于维系其灵性生活之宗教的信仰,渐抱怀疑的态度,于是一部哲人,乃倡以美育代宗教之说,诚以人生之物质需要,如衣着种种,固为生活上所不可少,而人类心灵的安

---

① 本段引文出自白藕:《百分之二十六》,《北洋画报》第808期,1932年7月23日。
② 《卷首语》,《北洋画报》第251期,1928年12月1日。
③ 《岁首宣言》,《北洋画报》第151期,1928年1月1日。
④ 笠丝:《释疑》,《北洋画报》第160期,1928年2月8日。

慰、性情之陶冶,尤为且要问题也。本报素以发扬艺术为职志,一部分贡献吾国旧有之艺术的作品,一部分输入东西洋美术之创造物"①。而且"于宣扬艺术之外",《北洋画报》也没有忽视新闻传播职能,"复有时事的写真,与社会间有趣新闻之记载"②。同时,《北洋画报》的视野也并未局限于天津一地,而是积极向读者介绍东北、广东等地的人文风貌,宣传着抗日的主张。这也使得《北洋画报》有了几分"大报"的意蕴。

①②《第二年》,《北洋画报》第 102 期,1927 年 7 月 9 日。

第三章 《北洋画报》与天津城市休闲文化

开埠后的天津是一座兼容并包的国际化城市，作为拥有九国租界的北方经济中心，天津接纳了各种舶来文化，迅速成为西方文明和生活方式在北方的积聚地。同时，中国传统生活方式在天津也是根深蒂固，于是天津形成了中西杂糅、新旧并存的城市文化。《北洋画报》一周年纪念号的封面图案上"画的是波涛汹涌的一片海洋，可说就是北洋，有一只中国式的大帆船，乘风破浪地前进，是表示进取的精神。画中更嵌着一幅裸体油画，题为'美的源泉'，这幅画是巴黎鲁弗尔画院所收藏的世界名画之一。这两种画参合在一起，正是我们融合新旧文化的一种表示"[1]。

人们在接受外来文化时，最先能触摸和感受到的是生活文化，这表现在购物、餐饮、休闲娱乐等方面。"天津作为我国北方最大的通商口岸，这里不仅能看到来自世界各地的各色商品，而且还存在着一个不小的侨民社会。外国侨民的服饰、饮食和娱乐活动直接影响到租界里的年轻人，特别在银行、洋行供职的华人，与外来文化接触较多的医生、律师和青年学生等是接受外来影响的主要群体。"[2]《北洋画报》作为一份以营利为目的的刊物，西方化、现代化的事物当然是绝佳的卖点。《北洋画报》围绕着与城市居民生活相关的方方面面展开话题，试图孕育出一种追求现代文明生活方式的城市文化。这一文化由《北洋画报》的相关内容所反映，体现在生活方式和休闲娱乐两方面。

---

① 《本报一周纪念的先声》，《北洋画报》第 100 期，1927 年 7 月 2 日。
② 尚克强：《九国租界与近代天津》，天津教育出版社，2008 年，第 99 页。

第一节 欧风美雨下的生活情趣

在西方文化的浸润下,天津市民的生活也呈现出"洋化"的特征。《北洋画报》通过图片、文字等形式,向读者展示出一幅注重物质享受的、摩登的生活图景,从而起到了推广新潮生活方式,引领天津消费文化的作用。

一、兴盛的百货公司

民国伊始,天津百货业延续传统的单一商铺的经营模式,这种经营模式存在许多弊端。首先,受到场地和经营品种的限制,这类商店难以提供给消费者全面的购物服务,消费者可能会为购买某种商品而辗转多家商铺,这就提高了消费者购物的时间成本。其次,这类商铺往往规模较小,进货渠道单一,营销成本相对较高,难以形成规模化经营;特别是一些中小商铺,一遇经济萧条往往受到较大冲击,多关门歇业。最后,传统商店的功能仅限于销售商品,随着社会经济的持续发展,单一商铺的传统经营模式同天津市民日益增强的集约化消费需求之间的矛盾日益加剧。"百货商店为社会所必要之商店,盖既时间,又能在一处而买得所需也。"①于是,适应这种集约化消费需求的大型商业设施在天津应运而生。

20世纪20年代,天津城市经济中心转移到租界。1922年第一次直奉战争后,天津的殷实商店和一些社会中上之家纷纷迁往租界,他们的到来给租界带来了繁荣。"自南市失去商业之中心而后,租界之买卖,自较胜于中国地。"②天津租界,特别是法租界兴起了建筑综合性大型商业设施的热潮。其中尤以法租界天祥市场③、泰康商场、劝业场和日租界的中原公司为翘楚。它们以高大华丽的建筑、琳琅满目的商品、自由开放的购物环境吸引了消费者

---

① 宋蕴璞:《天津志略》,载来新夏、郭凤岐主编:《天津通志·旧志点校卷》(下),南开大学出版社,1999年,第281页。

② 白藕:《几家好生意》,《北洋画报》第508期,1930年8月7日。

③ 1956年天祥与劝业场合并,统称为劝业场。今劝业场的北楼就是当年的天祥市场。

的目光。综合性大型商业设施不仅包含传统的百货业,更有餐馆、影院、剧场、舞场、游艺场等娱乐设施,集购物、餐饮、娱乐等多种功能于一体,为消费者提供多样化的服务。入夜,这里一片灯红酒绿,五光十色,充分显示出现代城市的繁华。原本是来购物的人们,却走进了一个吃喝玩乐无所不包的天地。

天祥市场

天祥市场 1924 年开业,楼高三层。天祥市场开业,压倒了当时天津最大的商场——北马路北海楼,轰动津门,游人川流不息,给法租界增添了繁荣、活跃的气氛。天祥市场曾有水晶宫清真饭馆,"其售品单中有潘大夫签字证明其清洁"[1]。

泰康市场

泰康商场 1926 年落成开业,地点在天祥市场对面,三层楼房。泰康商场只有两个大门,正门在今和平路,东门在今滨江道。两个门口都是一间门脸,既狭窄又矮小,很不引人注意。两个大门中间最显眼的地方,却是一连三间门脸的浙江兴业银行。这样的地势与门面对泰康很不利,虽然临街门脸分别租给了天津有名的久成鞋店、九纶绸布店、汉宫秋千鲜果店等,但是难掩颓势。待劝业场开业后,泰康便一蹶不振,场内客商纷纷退租,迁往劝业场。

20 世纪 20 年代末建成开业的劝业场和中原公司为天津诸百货公司中之翘楚,更成为天津地标性的商业设施。

劝业场

劝业场于 1928 年 12 月开业, 英文名为 Tientain (Tientsin) Industrial Exhibition and Theatres[2],地当法租界要冲(位于今和平路和滨江道路口)。劝业场建筑宏伟,在规模和气势上压过了邻近的天祥和泰康。"全用铁筋洋灰建造,工程坚固,莫与比伦。升降梯三架,楼梯十三座",第一层为"洋货、绸

---

① 《曲线新闻》,《北洋画报》第 483 期,1930 年 6 月 10 日。
② 斑斑:《津埠大建筑谈》,《北洋画报》第 153 期,1928 年 1 月 7 日。

缎、鞋履、食物等店,同类商店,不得超过四家。第二层同样商店不得超过三家。惟第三层之珠宝、古玩、估衣等店,则求其多多益善",因为"此类商店需本甚重,货色难齐,不怕竞争,宜于合作,故应使集中一处,亦即所以利便顾客",而"下两层之限制办法,则为防止排挤,调剂商务",第三层还设有"西餐馆、山东饭庄、茶点店以及球房"。①其中太平洋饭店"特由沪聘来法国著名烹饪专家爱丽斯女士,精制西洋大菜点心,并聘前清御厨司担任中餐,烹饪美味,异常适口。内部装潢雅洁富丽"②。

劝业场"第四五六三层为各种剧场所占有,数凡四:曰天华景京剧场;曰天宫电影;曰天会轩杂耍馆;曰天仙蹦蹦戏院。场中凡有'天'字之商业,均有该场主人投资合办,此四院及球房即是也。京剧场最大,谓可容千四百人,凡三层。戏台布景可以转动"。天宫电影院可容纳 1100 人,"楼板均斜下,绝无阻碍视线之虞",影片"拟购自欧洲,谓所以免除竞争云"。天会轩可容纳八九百人,"台上另有一层,其顶覆以皇宫式之房檐,颇别致"。天仙蹦蹦戏院最小,类似天祥市场的新欣戏院。屋顶花园可容 1500 人,"分左右两面,中央间以重叠之高台,是为屋脊,最高处设电影机房,夏日映射电影,故一面为露天影院"。③

中原公司

中原公司于 1928 年 1 月 1 日开业。"该公司内分十数部,举凡日用需要物品,莫不应有尽有。其丝织品均由杭州定制,或自巴黎选购,故花样新奇,实为售品中之大宗者。衣服、靴鞋、金银首饰器皿,以及家具等物,均自聘名工监制,所以与众不同。光学用品(眼镜、摄影镜)、化妆品以及钟表等类均定自西洋名厂。其余货品,亦都物美价廉。"④读者可以从中原公司的广告中看出其经营范围之广:

① 记者:《行将落成之天津劝业场》,《北洋画报》第 238 期,1928 年 11 月 1 日。
②《太平洋饭店广告》,《北洋画报》第 251 期,1928 年 12 月 1 日。
③ 本段引文出自记者:《行将落成之天津劝业场》,《北洋画报》第 238 期,1928 年 11 月 1 日。
④《中原公司周年纪念》,《北洋画报》第 264 期,1929 年 1 月 1 日。

铺面

●罐头部:罐头食品、中西饼干、中外美酒、点心糖果、四时鲜果、红绿礼茶

●五金部:五金杂货、厨房用具、烧青器皿、剃刀鬓刨、火炉餐具、锑铁器皿、中西药品、冷热水瓶

●文房烟草部:文房四宝、水彩颜色、笺纸信封、自来水笔、铅笔毛笔、各种仪器、烟卷雪茄、烟嘴烟斗、烟具什物、烟盒烟碟

●礼券部

●储蓄部

●男女理发部

●洋杂部:香水香脂、毛袜丝袜、手帕毛巾、领带手袋、呢帽各帽、浴衣内衣、羊毛衣裤、西装用品、男女手套、绸伞雨伞

图 3-1　20 世纪 20 年代中原公司远景

二楼

●绸缎部:绫罗绸缎、顾绣用品、绣花被服、斗篷大氅

●匹头部:洋货匹头、各色洋毡、鸭毛绒被、中华土布、时色大氅

●衣边部:各色衣边、绒线丝线、妇女饰品、妇女帽袜

三楼

● 靴鞋部：中外靴鞋、跳舞女鞋、鞋油膏粉、承造靴鞋

● 南便各部：金银首饰、珠宝玉石、各种银器、象牙器皿、赛银器皿、金银时表、座钟挂钟、修理钟表、光学配镜、照相材料、拍照手镜、新式远镜

● 北便各部：福州漆器、玻璃器皿、中西餐具、中西瓷器、儿童玩物、运动器具、新式话匣、唱片唱针、风琴洋琴、中西音乐、电映画机、无线电机、各种电器、电锅电扇、电灯电炉、电气材料、各种灯色、珐琅铜器

四楼

● 家具部：同(铜)床铁床、时式家具、红木家具、书台椅桌、洋画大镜、浴盆瓷桶、中外地毯、皮箱铁箱、家具杂货、粗细皮货

● 总写字楼：经理室、秘书室、进货室、会客室、会计室、收付室

五楼

● 大剧场：京班大戏、中外电影、运动游戏、品茗茶室

六楼

● 屋顶花园①

中原公司的诞生，给经济界以莫大的刺激，使当时英、法租界的繁荣景象受到了一定程度的影响，而日租界的主要马路旭街和南市之间的商业网，却几乎以中原公司为主体而接连贯通起来。中原公司后在屋顶花园增设中原酒楼，"特聘广州名厨，精制中西大菜，点心小酌，以备游客宴飨"②。

劝业场和中原公司在开业之初即已将柜台分包给商家，并采购、经销各类商品逾万种，在偌大的商场内，成千上万的商品以明码标价的方式分门别类地陈列于玻璃柜或展示架中。此举颠覆了传统商业模式，一方面将各类商

---

① "中原公司广告"，《北洋画报》第 158 期，1928 年 2 月 1 日。
② 《如是我闻》，《北洋画报》第 268 期，1929 年 1 月 12 日。

品"完美无缺"地展现于顾客眼前,仿佛"触手可及",将商品的诱惑力以炫耀性的方式呈现出来;另一方面,则将顾客与商品有效地隔离开来,使顾客在观看之余,生购买之心。中原公司、劝业场也都曾设立理发馆。

各大商场除了日常售货外,还经常举办各种主题售卖活动。中原公司曾举行手帕展览大会,"特派员至欧美各国,搜罗各名厂近日最新式最轻而易举之手帕出品不下千余种,以备我国工业家研究。现已继续运到,适逢七夕佳节,特将该货列开一展览会以为我国工业之助。若欲定购均可代办"①。

各大商场为了招揽顾客非常注意价格策略,往往在特定时段进行降价促销,如年节;还经常通过抽奖、发行彩票等活动招徕消费者。泰康商场曾发行彩票,"系由场内各商集资,每券一纸,出洋五分,为五联式。场内凡购货五元,或在游艺场合(如球房等处)游艺费五元者,俱赠票一张,每一元赠券一条;并革以前用铜制摇彩器具摇彩之办法,而用盲者二人,当众抓彩,亦一新颖有趣之办法也。此种吸引顾客之计划,深中一般人发洋财之心理"②。中原公司自开业后,生意日渐兴隆,是年秋季,从上海低价购进大批滞销商品,首次举行了一次大减价活动。在当时来说,此次大减价在天津尚属创举,招徕顾客户限为穿。由于商品削价倾销,受到各界人士欢迎,拥挤不堪,竟至挤破柜台,大肆抢购。由此一举,营业额突然提高到日销五六万元,不特为全市之冠,比之港沪各大公司亦无逊色。

大型商场中的娱乐设施特别是剧场兴盛一时,"平津男女名伶,此去彼来,忙个不停,座儿也常常满着,光景也很见繁华。其他正式的戏园子,欲常常露着很冷落的样子,大有相形见绌之慨。这实在很可注意的一件事。这种形式的逐渐造成,其最大原因当然是历年华界地面不安、商务不振所致。而其近因,则在商场小规模的戏班比较容易组织,一切开支等项也比较节省。又以地位在商场里面,来往人多,上座也比较的繁盛。有这许多原因,所以天津最近常川演剧的戏场,差不多全在商场的范围之内,天津剧界近年之衰敝

---

① 《各国手帕展览大会》,《北洋画报》第217期,1928年9月1日。
② 《泰康商场内彩票之办法》,《北洋画报》第89期,1927年5月21日。

情形,从这里也可以看出一点了"①。劝业场、天祥和泰康都设有剧场,兼营戏曲、曲艺、电影。尤其是泰康长期靠歌舞台(小梨园)、杂耍场支撑局面。在泰康登台演出的有鼓王刘宝全、白云鹏,单弦演员荣剑尘,梅花大鼓演员金万昌,乐亭大鼓演员王佩臣,相声演员张寿臣等人,生意兴隆,为泰康商场增添了一丝生机。

劝业场的天华景"为各商场中最大之舞台,楼凡三层,包厢可供六座,楼下座位,亦颇舒适。以建筑论,尚属完美"②,并自行组建稽古社为演出班底,"砌末、行头都研究得很动人,能迎合妇孺的心理,哄得老太太、小姐、少爷们一乐,于是兴旺起来。它内部的组织也仿佛齐整些,虽然包银不多,但准保不克扣,所以角色历久不去"③。天华景以上演海派新戏和连台本戏著称。"《扫除日害》一剧,演唐尧驱九日事,系一出神话戏。末场布景,海天红日,宛如真景,海中波涛,滚滚而流,天际微云,冉冉而动,加以电光映射,幻成异彩,洵为壮观。孟丽君扮嫦娥,在月中曼声度曲,而水流云去,景致亦陪衬活动。以

图3-2 劝业场稽古社华字第一科全体师生合影

---

① 《天津剧界嬗变的形势》,《大公报》,1929年1月30日。
② 《皎然一片天华景》,《大公报》,1929年3月20日。
③ 《津市的娱乐场所》(续),《大公报》,1934年1月12日。

故座客鼓掌欢呼,叹为得未曾有。"①该院演出第十七本《西游记》时,"用真蟒上台,以资号召。蟒长约七尺,重约二十斤"。第十八本《西游记》更有穿山甲现身舞台。②同时,天华景的演出不论风雨,轻易不回戏。顾客在劝业场内购物时会赠给天华景戏票代金券,这更成为招徕观众的重要手段。稽古社更附设科班,培养了张春华等一批京剧人才。

九一八事变及"天津事变"后,位于日租界的中原公司大受影响。虽在法租界开设支店维持商品售货营业,但"受不景气影响,营业未能获利,其日租界旭街之总店,所资以号召者,仅一巴黎舞场,入秋以来,盛况亦复逮不如前。该公司瞻前顾后,深感有改弦易辙之必要。最近经干部会议,决定采取娱乐化之方针扩大游艺范围,以资吸引观众"③。在总店原有娱乐场所的基础上,增设娱乐场所以吸引顾客。仅留一楼、二楼售卖商品,三楼为中原酒楼、巴黎舞场,"新增高尚平民化大游艺场在四五六七层,内设京班大戏、评戏、有声电影、大鼓、杂耍、苏滩、双簧"④。中原公司游艺场于1935年1月30日开业,该场的经营方式与众不同,每天下午2点到晚12点开放,顾客可以随时来去,票价是通票两角,可在各剧场随意观看,但在大戏部(院)前十排需加价两角。中原公司大戏部也擅演海派新戏和连台本戏,最精彩者为头二本《释迦牟尼出世》。"中原游艺场部长郑瑞阶君事佛甚虔,法号惟幢,固佛教会之一信徒也。为宣扬佛法起见",于1936年阴历四月初八浴佛节,"公演释迦牟尼出世故事。此剧情节皆取材于佛书,博访周咨,斟酌尽善,以期通俗易晓,为众生现身说法,此即我佛自觉觉他之主旨也"⑤。

大型商场兴办娱乐之风也影响到一些中小型商场。大型商场可以在设计时即考虑到附设游艺场所的规划,而中小型商场只得根据原有建筑因地制宜创办游艺场所。日租界的德庆商场,开业之初在三楼设立会英茶园,演出曲艺杂技。后又效仿北京第一楼商场、宝宴楼等处,"楼上设清音桌,约有

① 《劝业场之游艺新讯》,《大公报》,1929年8月26日。
② 《天华景戏院真蟒上台》,《大公报》,1935年8月29日。
③ 《商店娱乐化》,《大公报》1934年9月18日。
④ "中原公司广告",《北洋画报》第1149期,1934年10月4日。
⑤ 《评中原剧场编演〈佛祖出世〉故事》,《北洋画报》第1415期,1936年6月20日。

津中票友多人,轮流演唱,并收茶资,以作开销"[1]。

几家大型百货商场除售卖日用百货,提供休闲娱乐外,还售卖各种古玩。劝业场二楼的古玩店有萃文斋、瑞增源和仲盛公。三楼有经营字画的培生斋(经理靳伯声),经营玉器珠宝的纯明山房,经营字帖的藻玉堂,经营金银纪念币的解耀东,经营鼻烟壶为主的复兴店,经营象牙器皿的天利店,经营铜器、玉器的集萃馆(后迁到泰康商场),经营明清瓷器的容宝店,经营古玩珠宝的文正轩、养正轩,经营字画的大观书画社、籁箫馆,经营杂项的俊久斋。此外还有致古斋、巨宝恒、珍昌泰、珍宝斋等商铺及一些古玩摊。到1931年,劝业场三楼便成了古玩业的天下。天祥市场的古玩店有效珍斋、金石山房、鉴古斋裱画店、鲁丰珠宝店。[2]

民国时期,天津社会经济的发展,使商业形态发生了极大的变化。商店作为重要的消费场所,显示出了城市民众的消费能力和市场需求。民众在满足了基本生活消费需求后,更在追求奢侈性的消费行为。天祥、泰康、中原、劝业场等大型商业设施的设立,直接推动了消费文化的大众化进程。大型商业设施所构建和表征的炫耀性消费提升了天津的摩登形象,它们将诸多功能集于一身,不仅促进了综合性的零售业,而且充分发挥了广场乃至庙会的机能,使百货公司成为一个多彩的综合性城市生活、娱乐中心,促进了经济的进一步发展。

二、丰富多样的餐饮业

开埠之初,天津的饮食文化依旧保持了质朴的传统。"津民素俭朴,市廛酒肆仅有所谓四扒馆而已,其食料特出者,春有河豚,秋有蚂蚱(即蝗虫),冬则铁雀、银鱼、紫蟹等。河豚往往有毒,蚂蚱、铁雀其品斯下。惟银鱼、紫蟹脍炙人口,银鱼品最高者为红睛银鱼,仅旧院前河水洼产之,其价约昂于普通银鱼一倍,其他如海蟹、对虾产量亦丰。津门食品在一般人所常道者,阙为天

---

① 《小消息》,《北洋画报》第 95 期,1927 年 6 月 15 日。
② 参见张慈生:《天津古玩业简述》,载天津市政协文史委编:《天津文史资料选辑》第 34 辑,天津人民出版社,1985 年,第 75—76 页。

津包子与天津栗子。"①

20世纪20年代中后期,尽管中国依然处于军阀混战之中,"天津一隅倒乘时兴盛起来;即使没这几番战事,论理天津为北洋重镇、华北第一大商埠,逐渐繁华发达,也是应有的一种现象。因此,近半年来饭店、酒楼、咖啡馆、食堂、宴厅之类,竟如春笋蓬蓬勃勃地产生出来,你拥我挤,简直叫人不知所适,不知所择"②。各省风味、西式餐饮一应俱全。"近来外省饭店、菜馆应时林立,闽广川江鲁豫之味无所不备,人得各择所嗜而尝试之。"③西洋大菜、点心也是应有尽有。

表3-1 20世纪20年代中后期天津餐馆简明一览表

类 型	字 号	坐落地点
山东馆	东兴楼	法租界三十三号路
	登瀛楼	法租界马家口
	蓬莱春	法租界廿七号路
	致美斋	日法交界秋山街
	致美楼	日租界花园街
	松竹楼	南市华日交界
	全聚德	同上
	天和玉	南市荣业大街
济南馆	明湖春	法租界永安饭店
	文升园	日租界旭街
河南馆	厚德福	法租界二十八号路
	福寿居	河北大经路
四川馆	美丽川菜馆	法租界天祥市场
	蜀通	法租界绿牌车道
江南馆	新泰和	法租界马家口
	邨酒香	法租界菜市
	五芳斋	南市

---

① 天津市市志编纂处编:《天津市概要·杂俎篇》,天津市政府,1934年,第1页。
② 《今天开幕的大华饭店》,《北洋画报》第91期,1927年5月28日。
③ 天津市市志编纂处编:《天津市概要·杂俎篇》,天津市政府,1934年,第1—2页。

类　型	字　号	坐落地点
广东馆	北安利	法租界马家口
	南园	同上
	金菊园	法租界
保阳馆	山泉涌	日租界旭街
	保阳春	同上
山西馆	东升楼	东马路北头
	晋阳春	法租界天祥市场后门
教门馆	鸿宴楼	法租界惠中路
	鸿宾楼	日租界旭街
福建馆	鹿鸣春	日租界花园街
素菜馆	真素楼	大胡同
	六味斋	法租界泰康商场
西餐馆	大华饭店	法租界
	永安饭店	法租界
	太平洋饭店	法租界劝业场
	西湖饭店	英租界马场道
中西餐馆	惠中饭店	法租界天增里
	国民饭店	法租界花园
	好莱坞食堂	法租界马家口
	紫竹林宴厅	同上
	新明食堂	日租界下天仙
日餐馆	中家	日租界
	岩仓	日租界
	天津食堂	日租界皇宫影院
西点铺	起士林	特一区①中街
	冷香室	法租界天祥市场
	文立	同上
	森永食品店	日租界旭街
中点铺	桂顺斋	日租界旭街
日营中餐馆	林风月堂	日租界旭街

资料来源:天津市市志编纂处编:《天津市概要·杂俎篇》,天津市政府出版,1934年,第1—2页。

---

① 第一次世界大战结束后,中国作为战胜国之一收回了天津德租界,设立特别第一区,简称"特一区"。

《北洋画报》认为天津虽然饭店、餐馆众多，"但是仔细地看起来，左不是些便宜小吃而已，真正饮食精美，设备华贵，样样都够得上'考究'二字的，却十不一见。就是外国侨民也觉得这是一种遗憾，偌大的一个天津，竟找不出一处清洁整齐高贵的吃饭所在。利顺德、裕中、皇宫都是带着旅馆性质，许多人不甚欢喜，福德也是的。正昌还可以吃得，起士林的德国家常便饭，太不高明，讲究的人们素不领教，除此而外，真无去处"[①]。

诚然，当时天津租界中有许多兼营中西餐点的新式饭店、餐馆，满足了不少市民的餐饮需求。但是这些饭店、餐馆或多或少存在一些不足之处。现摘录《北洋画报》所刊餐馆评论数段，一窥其时餐饮界风貌：

松 亭

松亭"以设备而论，在津门为首屈一指。亭址在法中街东首，室内装潢，颇具美术思想，均系华氏。门面二间，所售食品，亦均中菜。主顾则津中之西人及上等人士为多，物价甚贵。包子每个须六洋五分，每菜则非四五角不办。但烹调之劣，则颇有令人不能下咽之势，只可以此蒙蒙外国人而已。华人之蠢然肯来者，究不多见。"

福禄林

福禄林"为自建之三层楼房，崇楼奂饰，气象万千。原计划营一旅馆，业嗣以特种关系，未果如愿。乃专售番菜，及各种西点。中餐司务，乃淮阳人，所制各种零吃，味均可口，但油腻过重耳。定价极公道，惜外间知林中兼售茶点者甚少。晨间午后，已食客寥寥。因之林中平时食品，概无准备，来食顾主，每须临时下锅，货固鲜洁，其如时间之不经济何。近日又有一般类似学生者，初习跳舞，仪节皆未娴熟，装束奇特，出语粗鄙，不类上流社会。故一般略有身份之仕女，大都裹足不前，似此情形，殊非林中之好现象也"。

[①]《今天开幕的大华饭店》，《北洋画报》第 91 期，1927 年 5 月 28 日。

福禄寿

福禄寿"楼下西餐,楼上中菜。设备甚佳,食品美备,味亦可口。西点尤极精妙,盖皆经游美烹饪专家冯夫人所手制。与外间各家,风味自悬殊也",但是股东之间"意见殊不一致,凡事均须付股东会表决。因之进行迂缓,遇事掣肘。且侍役辈殊乏训练,点菜时无头绪,开账时间亦过慢"。客人结账时还经常算错饭价。

紫竹林

紫竹林"楼上为长春旅社,楼下卖零食,中菜西吃,定价极廉,食品亦均可口,颇为中流社会所乐顾。但装修各件,未免简单,西餐亦不适口,为美中不足耳。且楼上即为宿舍,颇易发生黑幕,洁身自好之青年男女,多不敢涉足,盖避嫌也"。

小食堂

小食堂"为北人所办,对外则言系江南食肆。食品殊劣,招待亦不周到。室小人稠,空气甚不清洁,又无雅座之设备,好洁之士,多望望然而去"。

德利

德利"系一极小食肆,设备装修,都无可言,食品可口,价目极廉,招待殷勤,则为一般小食肆所不及。独惜该肆经理,缺乏新商人知识,不知利用广告宣传之法,以故社会中人知者尚少,营业故不甚佳"①。

图 3-3　正兴德茶庄广告

---

① 饭店巡阅使:《津门食志》,《北洋画报》第 80 期,1927 年 4 月 20 日。

乐陶陶

乐陶陶饭店广告中自称为"天津唯一清洁高尚华丽中国点心菜馆"①。该饭店"闻为粤人所办,糕点蔬菜,均系粤式,屋宇宽敞,仅亚于福禄林一筹,凡三层,最下一层为柜台及门市售品处。二层设普通座,后楼有桃园厅一座,可设三席。散座之后,则设无线电话收音机,每日按一定时间,传播各电影园之音乐。三层楼为雅座,粉刷装饰,至为可观,使人心爽。菜点各式,均极可口"。但是"定价略昂,一般人士,未能时常光顾耳。桃园厅及雅座每座均另外收费五角,此为粤东饭肆之常例,津中尚未普及"②。

杏花邨

法租界有小食店杏花邨,"治南式菜点颇精,南人喜趋之,然其定价之昂,则举世殆无其匹。人尝谓'小食堂'价昂,抑不知杏花邨物少而较贵。如炒三冬加肉片一小碟,索值及一元,狂欲噬人,弥足恐怖,其他精馔更可想见矣。"而且服务欠佳,"入其店者,俟久不得食,仅吸烟火气,已可半饱,归家后衣履无不沾此气味者"。又有"茶役一面刷洗痰盂,一面又为客进茶打手巾"等不注重卫生的情况发生,"见者能作三日呕,吾国人之不注意卫生有如此者"。③

20 世纪 20 年代末,大华饭店和西湖别墅相继出现,一举成为天津餐饮业的旗帜性企业。1927 年大华饭店开业,其广告词上自称为"破天荒、纯西式、最华贵"④。大华饭店"西名 Café Riche,是巴黎最讲究的饭店的名称,下面注明 Restaurant de luxe,就是说'最优等的餐馆',这是省得人家误会他是个普通的咖啡馆",店址"在法租界十二号路和廿一号路转角地方(德泰洋行楼

---

① "乐陶陶广告",《北洋画报》第 73 期,1926 年 3 月 26 日。
② 饭店巡阅使:《津门食志》,《北洋画报》第 80 期,1927 年 4 月 20 日。
③ 《本埠饮食店之二霸》,《北洋画报》第 432 期,1930 年 2 月 11 日。
④ "大华饭店广告",《北洋画报》第 91 期,1927 年 5 月 28 日。

上),那所楼就是现总理顾维钧夫妇前次避政潮到津居住的所在,里面的精美不言而喻了。位地适中,更是无比,一面直通梨栈大街,一面通中街,一面又通大沽路,一面通西开,四通八达,地当冲要,那是谁也比不上的。这饭店除有公共食厅而外,另设雅座,纯仿西方,设备精致,与其他饭馆,迥乎不同"。楼上有冬日花园,"纯大理石铺成,冬暖夏凉,异常适意"。屋顶设"屋顶花园,夏日可以纳凉,可以跳舞,乐师均已聘定,系由哈尔滨特约而来"。厨师为从前北京西山饭店的吕大厨,"无论中外人凡吃过他的菜的,无不赞美的,他并曾在北京美国使馆供职多年,北京客利饭店,也曾聘用过他,帮厨是他的徒弟,也是个能手。做点心的是北京正昌出来的。第一号仆欧,从前在裕中饭店。由此看来,'人才'总算得济济了"。①

图 3-4　大华饭店正门

　　有人认为大华饭店的出现恰逢其时,填补了天津缺少高雅餐饮场所的空白。"津中向无优美之娱乐场所,此为津中一般人士所最敢苦痛者也。津人所谓游戏场者,率不外坤书馆、妓馆、戏园诸也。然坤书馆空气恶浊,喧闹不轨,靡靡之音又为大雅所不取。雌伎试喉,宛如蜇鸣园际,别具伤心。吾辈恨

---

①《今天开幕的大华饭店》,《北洋画报》第 91 期,1927 年 5 月 28 日。

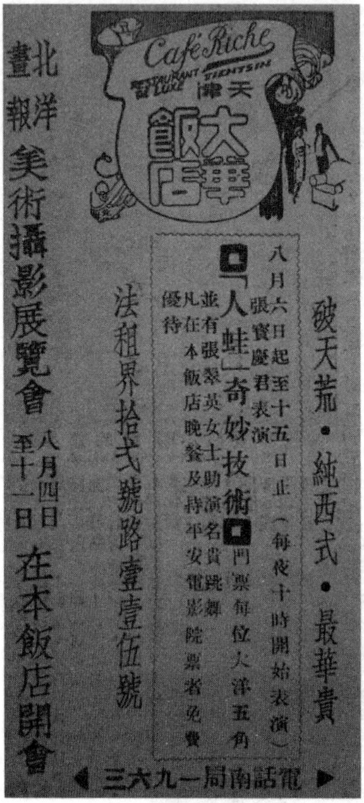

图3-5　大华饭店广告

人，何足当此。妓馆销金之窟，一辈王孙恒乐此不疲。吾辈亦过来人，知此间皆地狱幻形，夜叉变态，穷书生金尽囊空，固无以餍妻欲壑也。梨园歌舞之场，则半皆后起之秀。甫谐转折，便纳名家，歌圣剧王，自高声价，一辈耳食之夫，亦相率颠倒其中，试以拍节绳之，中律者尽寡矣。昔曾涉足京华，亦既饱聆妙曲，此阙讵堪入耳耶。凡吾所言，久处津中者，莫不生此同感。"①于是"有商界闻人多人，倡议集资开设大华饭店，股东百人，每人只许占一股，以杜垄断，而利普遍，而大华饭店乃于十六年五月廿八日产生。建设之初，实为便利股东起见，使同人有高尚清洁之宴会处所，不带旅馆性质，一面发展营业"②。

大华饭店"店中各项布置，高尚美丽，华贵庄严，其一种恬静之趣，为自有饭店所无"。其中"有大客厅，有小花厅，有特室数间，所中陈列花草、珍兽、金鱼池等。向壁一无线电收音机，收京中传来之戏曲。景物宜人，声歌娱耳。久处其中，使人忘倦。水声淙淙，游鱼蹀躞。架间鹦鹉，时复娇啼。诚避暑之量地，而消夏之名区也。其后部更有妇女特厅，则奁饰备具，幕帘俱作浅荷色，香艳之度，如此名贵，合住神仙，蔑以复加，吾辈恶浊男子，到此只应自惭形秽也。屋顶花园中以水门汀砌作平台，以备跳舞之需。平坦如砥。于暑气乍消，夜凉似水之候，音乐悠扬，舞态翩翩，恍若置身天上，何消更赴大罗天耶"③。饭店还邀请各种演出团体为顾客进行表演。1927年8月，张宝庆魔术团应邀在大华饭店屋顶花园"表演各种惊人技术。

①③ 喜晴：《大华三顾记》，《北洋画报》第95期，1927年6月15日。
② 《两岁之大华》，《北洋画报》第326期，1929年6月1日。

尤以人蛙一技,最为出色,有不可思议之神秘。其舞团中,以张翠英女士为其翘楚,各种舞蹈,均擅胜场"①。

大华饭店除了接待散客外,还承接各种社会机关、团体的宴会活动。初创时大华饭店在天津处于独家地位。"政军界、银行界均指定大华为唯一宴会之所,而会社之长期在大华聚餐者,则有群一社、益友会、联青社、仁社、岭南大学同学会、复旦大学同学会等。团体聚餐,定价特廉;平常预备餐券,亦有特殊折扣,社会深感便利。过往或居住津门之帝王、总统、总理、总长,亦无不惟大华是趋。可见大华声誉之高,绝非其他餐店所可比拟。"② 1930年,天津华商体育赛马会及天津万国体育赛马会 "为求改良及谋观赛者卫生起见",邀请大华饭店包办西餐茶点,"有观赛马癖者,今年在马场上,吃饭问题可解决矣"。③新中国广告社主人李散人曾在大华饭店延请天津报界,希望各报为中原公司多加宣传,"即席由基泰公司杨工程师说明中原大楼完全按学理与实验建造,绝无危险,以建筑公司及同人名誉为担保云"④。

大华饭店营业之盛也吸引了一些商家在大华饭店的菜单上刊登广告。"大华饭店之菜单,近于背面,印有各大商号广告,颇为新颖。因该饭店营业素盛,故往登广告者颇多。"⑤大华饭店在制作菜品时注意使用国货,曾推出完全由国产食材制作的西餐。九一八事变后, 大华饭店为提倡国货,"对龙虾、鲍鱼、香蕉、味之素等一改停用,并于其精印之菜单上,加入'不吃日货,亦能救国'之字样,颇醒目"⑥。

《北洋画报》认为大华饭店的成功源于以下四点:

> 一、组织之特别。从来饭馆之创办,最多不过数人合资,大华则以一百人合组之,有创办委员会及监察等之设,其制度之周备,与大公司无

① 《大华奏技之张宝庆君》,《北洋画报》第111期,1927年8月10日。
② 《两岁之大华》,《北洋画报》第326期,1929年6月1日。
③ 《春季赛马之大华饭店》,《北洋画报》第453期,1930年4月1日。
④ 《小消息》,《北洋画报》第137期,1927年11月12日。
⑤ 《曲线新闻》(二),《北洋画报》第511期,1930年8月14日。
⑥ 《曲线新闻》,《北洋画报》第696期,1931年10月29日。

异;且股东人数既众,股东利益又优,故只恃股东照顾,已足支持而有余;抑所有股东类多社会上知名之士,交际广远,宴会频繁,饭店即赖以维持也。

二、物质上之优点。饭店内部布置,华贵而兼优雅,虽纯粹西式,而无西人饭店拘束之弊,华人咸乐趋之,西人在津所经营之饭店,无及其精者,吾人一入其中,俨如置身巴黎、纽约,此良非过誉也。至食物之精洁,菜单之丰富,烹调之得法,器皿之高华,则实其成功之最大助力。

三、办理之得人。事在乎人为,得人者兴。大华之委员、监察及经理,均或为商界闻人,或为商科学士,虽云大材小用,然证以他人则失败,彼独成功,可见事业之发达,端赖经验与知识,而提高商人地位,殆为今日商战剧烈时代所不可少者矣。

四、宣传之得力。大华每年以其股本总数十分之一作为种种广告费用,经理者更善利用机会,藉以宣传,故大华饭店,虽仅创办二年,近而平津,远播沪沈,几已无人不知;更因名人政界,时于彼处设盛大宴会,送往迎来,于是新闻专电中,大华之名,时得而见,亦云盛矣。①

西湖别墅为雍剑秋创建,后转手给曾督办张作霖西厨房的赵连璧。西湖饭店位于英租界马场道,本为雍剑秋个人宅邸。因雍剑秋"以自奉素俭,颇嫌宅邸略广,因使公开,以娱游人。后西侨有请赁居独间者,且津门人士,辄于工暇之日,结伴莅止者又甚众。雍氏决辟宅为小型饭店,居旅客而售饮食焉。取名"别墅",一以自别于专以营业为目的者,更因当日军阀当权,对于社会一切建设,均苛索不休,人民苦之。雍氏为避免烦恼计,未用饭店之称"。雍剑秋也"深惜津门中国地上无中国人自办之好饭店,更无中国人自办而能吸引西人主顾之饭店,乃决意出资就旧居之侧,营建新楼"。1929 年新楼建成营业。楼高五层,"所处位置最佳,俨然扼此全津最讲究之马路之咽喉,一入是道,先经其下,无所逃也。马场道虽精致,驰车其中者至夥,然深入马场,一无

---

① 《蒸蒸日上之大华》,《北洋画报》第 326 期,1929 年 6 月 1 日。

所有,游者求一休止之地而不可得;今有别墅,可供登临远眺及饮食舞息之需"①。西湖别墅开业后,亦受到天津中外人士的认可。"近来中外社交界大宴会,必假西湖饭店,该饭店声誉之隆,设备之善,于兹亦可想见。"②

作为天津新式餐饮业的两大标志性饭店,大华饭店和西湖别墅也都时常为招徕顾客进行各种优惠或抽奖活动。1928年春季大华饭店成立一周年纪念时,"赠送顾客银质小匙羹,曾轰动一时"。临近圣诞节及新年时,大华饭店"又独出心裁,刊印大华月份牌千余份。由该饭店经理赵道生君与《北洋画报》经理冯武越君合拟,式样新奇,颇富有美术化"③,用以赠送于新年中前往该饭店用餐者。1929年春节,大华饭店对"凡阴历正月初一至初三三日中往就餐者,每客赠三星白兰地酒一瓶"④。同年11月,捷隆洋行在西湖别墅举行"雪佛兰汽车夺标跳舞大会",门票3元,"可以跳舞助兴,并有赠品。当场以门券号码摇奖,中者可得雪佛兰牌汽车一具,价值三千四百九十五元"⑤。

图 3-6　西湖别墅

① 本段至此引文均出自《记西湖别墅》,《北洋画报》第417、418期合刊,1930年1月1日。
② 《西湖饭店好风光》,《北洋画报》第461期,1930年4月19日。
③ 《大华饭店赠日历》,《大公报》,1928年12月15日。
④ 《如是我闻》,《北洋画报》第278期,1929年2月5日。
⑤ 《曲线新闻》,《北洋画报》第304期,1929年11月28日。

到了冬季,因天气寒冷,食材易于保存运输到津。因此两大饭店争相引进一些天津难得一见的稀有食材,以求吸引食客,在竞争中取胜。1929年初,西湖别墅"自由美国购来特别大龙虾后,顾客非常拥挤,并闻崔市长、海关陆监督、苏交涉员,连日在该饭店宴请各国领事,均赞赏不已,颇称一时之盛云"①。大华饭店不甘示弱,特意从东北引进鲟鳇鱼,并在《北洋画报》上刊登照片《万人争吃之天津大华饭店之鲟鳇鱼》②。1929年11月,西湖别墅在感恩节之际"特开火鸡大会,精制餐馔,以飨顾客"③。12月,大华饭店再次以鲟鳇鱼迎战,"由黑龙江定购得重百斤之鲟鳇鱼一尾,由铁路装运入关"④。

经营中,两者各有所长,势均力敌。大华饭店处于法租界繁华区,交通便利,周围商店、影院林立,拥有良好的地理区位。但居于闹市之中,多少有喧嚣之感。西湖别墅居于马场道,当时马场道为英租界边缘,"地处僻远,交通不便,只宜久居,而不适于往来之行旅"⑤。但是地处偏僻给人以乡间别墅静谧之感。可以说二者所面对的顾客是有所差异的。西湖别墅以舞场著称,其

图3-7 西湖别墅舞场内景

舞场号称"天津第一公开之弹簧地板跳舞场,特别舒适,中西人士,交口称道。有特由外洋聘到之最优音乐队,舞乐新颖动兴,大厅可容座客七百人。饮食第一精美,全埠无出其右者",而且"每逢中西佳节均有特别跳舞大会。每夕

---

① 《如是我闻》,《北洋画报》第265期,1929年1月5日。
② 《万人争吃之天津大华饭店之鲟鳇鱼》,《北洋画报》第268期,1929年1月12日。
③ 《曲线新闻》,《北洋画报》第403期,1929年11月28日。
④ 《曲线新闻》(一),《北洋画报》第411期,1929年12月17日。
⑤ 《不是便衣队原来"蓝灯照"》,《北洋画报》第827期,1932年9月6日。

(除星期一)均有跳舞,星期日下午有茶舞会"。①舞场弹簧地板边上设有地灯,起舞之际"忽红忽绿,自动改变,弥觉有趣"②。并且时常邀请歌舞团体驻场演出。大华饭店虽然"跳舞会、音乐会时时举行",但是经常举行各类展览会,"若书画、若摄影、若菊花,则排日展览四季各异,饭店而兼文化美术机关,惟大华首创之"。③

当时各大型综合性商场中也都设有餐馆。这些餐馆虽然面积较小,但是环境布置却十分精致。中原公司中的一家餐馆,"内中设备,非常清雅。壁间悬有沈子培、魏铁三遗墨,颇为珍贵之品。饮馔亦精洁可喜"④。该餐馆以鱼翅为招牌菜,"每卖五十元,为粤馔中精品"⑤。

一些新式的西方饮食也逐渐走进了天津市民的生活。冰淇淋在当时是一种新兴时尚的餐饮,"自从'爱司克瑞穆'航海而东,它的名称很不统一,上海作冰麒、冰忌凌,北平作冰其凌、冰激凌,好像贾波林在南方作卓别灵一样"⑥。冰淇淋极受天津市民的欢迎,并成为仕女标榜摩登的"必需之物"。曾有《竹枝词》写道:"屋顶游园最上层,与郎挽臂喜同登。昨宵未预乘凉约,勿吃香蕉冰激凌。"⑦

天津售卖冰淇淋及各种冷饮的店家可分为三类。一类为沿街店铺及各娱乐场所,夏季"多售卖以饼干制成之牛角杯,中实各色冰激凌。儿童与劳动者乐光顾之"⑧。明星戏院对门之荣兴成饭店,夏季"临时加卖冷品,视为副业,从其牌匾上看,故与'冰''冷'无关,而其甜凉可口又不在各处之下也"⑨。一类为夏季临时开设,这类冷饮店多在空地或河滩、湖心圈盖临时建筑而成。日租界河沿曾有日本冰店一家,系"堤边用苇席圈成小院,入口处有苇编小门,及小室一间,四周遍悬淡青纸灯,设有桌椅,于日落后,出售冷饮料。该

---

① 《西湖别墅之特点》,《北洋画报》第 417、418 合刊期合刊,1930 年 1 月 1 日。
② 曲:《西湖展幕记》,《北洋画报》第 392 期,1929 年 11 月 2 日。
③ 秋尘:《三周年之大华》,《北洋画报》第 479 期,1930 年 5 月 31 日。
④ 《如是我闻》,《北洋画报》第 271 期,1929 年 1 月 19 日。
⑤ 《如是我闻》,《北洋画报》第 272 期,1929 年 1 月 22 日。
⑥⑧ 夜心:《餐冰小语》,《北洋画报》第 949 期,1933 年 6 月 22 日。
⑦ 冯文洵:《丙寅天津竹枝词》,1934 年,第 12 页。
⑨ 蜀云:《几家冰室》,《北洋画报》第 645 期,1931 年 7 月 2 日。

处地势空旷,正面海河,茅檐苇篱,颇有野趣。开市已三日,饮客甚多"①。另一类冷饮店则开设在固定门面内。这类拥有固定门面的冷饮店往往在天气转凉时改为咖啡厅或餐馆,待到来年天气转暖再售卖冷饮,一到夏季便门庭若市。其中尤以位于天祥市场北便门旁的冷香室最为知名。冷香室的广告中说:"害热出汗心烦口燥的朋友们,您要喝冷冰冰的饮料吗?您要吃香喷喷的糕点吗?开到冷香室去!"②冷香室极受顾客欢迎,"入夜,明灯盏盏,人影憧憧,敲冰之声轧轧,笑语如沸,门外观者列堵"③。冷香室的冰淇淋种类曾有16种之多,"举凡瓜桃李果之属无不备。日本冰铺最拿手之红豆冰淇淋亦有之矣,西瓜者味尤美,则室中所首创也"④。冷香室所卖冷品"价极廉,率皆二毛五,二三友人聚而狂嚼,尽一元足矣"。该店由女招待待客,因此吸引了一部分人前来消费。而且客人对女招待也是极为热情,"客来者独不惜小费,吃三角者,予一元;吃五角者,亦予一元"。曾有客人到店仅食费二角,小费竟给二元八角。⑤冷香室中还有雅座一间,"几为某票房所包订,每日必两至,晚间人尤多。须生、青衣、黑头之声,杂起座间。惟嗓音不高,不带胡琴鼓板,隔座者隐约可闻,所谓浅斟低唱也"⑥。除冷饮外,冷香室兼卖点心,系从广隆泰订购,价廉但味不佳。

有人甚至从冰淇淋联想到了国民团结。"冰激凌为数种原料混合而成,其味虽美,但不单纯,无类似之食品可状之。然当其遇热融化后,则牛奶之膻也,鸡子之腥也,冰水之凉也,果露之香也,糖质之甜也,触口可辨。于以知国家之真正团结者,如未融之冰激凌,集众美而不知美之所在。今日之在朝者,每遇对外,辄呼曰:'整个的。'实则未能做到。最高限度,亦不过如已融化之冰激凌,仅能谓为'整碗的',因尚各有各味耳。"⑦

---

① 《曲线新闻》,《北洋画报》第 501 期,1930 年 7 月 22 日。
② 《冷香室广告》,《北洋画报》第 497 期,1930 年 7 月 12 日。
③⑤ 热中:《嚼冰随笔》(一),《北洋画报》第 489 期,1930 年 6 月 24 日。
④ 热中:《嚼冰随笔》(四),《北洋画报》第 500 期,1930 年 7 月 19 日。
⑥ 热中:《嚼冰随笔》(三),《北洋画报》第 491 期,1930 年 6 月 28 日。
⑦ 左右:《热中冷语》,《北洋画报》第 962 期,1933 年 7 月 22 日。

三、繁荣的理容业

天津女性爱美,喜好装饰之风由来已久。《津门杂咏》中有一首《竹枝词》提到:"妆束花销重两餐,南头北脚效时观。家家遍学苏州背,不避旁人后面看。"①清末民初诗人张之汉也曾写道:"雏发垂眉时寸长,妆成娇艳说东洋。可堪拜倒榴裙下,几瓣莲花自在香。"②

美发是天津女性钟爱的理容方式之一,因此天津理发馆极为兴盛。曾有《竹枝词》写道:"呼佣窗下晓梳头,时仿东洋时仿欧。理发喜今有专所,侬家不必起妆楼。"③民国初年,女界精英和部分女学生以革命为口号兴起短发风潮。虽然当时北方风气未开,一些军阀以"有伤风化"为由禁止女性剪发,但是由于中国政府没有租界的管理权, 于是在天津的租界中女性以剪发为时尚。租界中"女子之剪发者仍多,著名之陈文娣、苏佩秋等女士均已先后将发剪去"④。当时天津女性"剪发者以女学生居大多数,以其早期利便,不费时故也。近因本省当局令禁,其需在租界以外就学者,均缀假发于脑后,或加帽垂辫,以为掩饰,用待发之复长,今如南开女中校所见女学生,盖不复有剪发之形迹矣"⑤。

天津地方当局禁止女性剪发的原因中, 其中一条就是认为剪发可能会引发奢靡之风,认为提倡"妇女新妆,是不啻鼓励奢侈"⑥。有人认为"女学生剪发,于时间上似为经济,然在好尚时髦者,于金钱上不独不经济,反增消耗:盖剪发、洗头、西洋香水、头腊(蜡)等费用,为结髻女子所无,今则每月至少必须多耗五六金,所以绝不经济"⑦。男性"无论是怎样的翩翩佳公子,发的修饰不过是剪短而已。而在女人们则不然,因为妇女都有着爱美的天性喽,

---

① 〔清〕梅宝璐:《竹枝词》,载张焘著:《津门杂记》(卷下),光绪十年(1884)刻本,第18页。
② 张之汉:《津门杂咏》,载雷梦水等编:《中华竹枝词》,北京古籍出版社,1996年,第460页。
③ 冯文洵:《丙寅天津竹枝词》,1934年,第13页。
④ 《小消息》,《北洋画报》第94期,1927年6月11日。
⑤ 笔公:《剪发禁令与女学生》,《北洋画报》第33期,1926年10月30日。
⑥ TFF:《妇女装束谈》,《北洋画报》第56期,1927年1月19日。
⑦ TFF:《剪发问题》,《北洋画报》第45期,1926年12月11日。

所以理起发来就麻烦得多,至少要费一点多钟时间的",所以"现在的理发店是大部以女人为对象的"。①各理发店的广告也都是以女性为宣传对象。"女子由披发而结发,由结发而剪发,由剪发而烫发,这是进化的途程,谁也不能否认,站在潮流前面的姊妹们当然是欢迎烫发的。"②而且"烫发可增美观,进化的人们都已承认,女子天性爱美,所以烫发的一天多似一天"③。实际上从某种程度上说,女性剪发也确实带动了 20 世纪二三十年代天津美发业的发展。仙宫理发馆即为其中的翘楚。

仙宫理发馆位于基泰大楼,"大楼为著名工程师关颂声君所建造,关君为仙宫股东之一,故对其内部,悉心擘划,布置尽仿美国最新式,于卫生、光线尤为注意,其房屋内部殊高敞,是以空气充足,冬日借暖气管传热,温度适中,日间光线恰到好处,电灯悉用白光玻璃泡,无刺目之弊,吾人置身其中,倍觉安适。此仙宫之所以为仙宫欤"。该理发馆中"所有理发用具皆购自西洋,座椅十二张,孩童马头椅一张,乃世界著名专门理发用具制造场克司 KOCHS 厂所制,价值五千金。该店之特色,首推电机剪发,轻便舒适,迥异常法,在华北实为创见。所用电风干发机,亦绝无仅有,能压伏头发,使其易干。又置备消毒器,亦用电气,将用过之刀剪梳刷手巾等物,临时消毒,皮肤病之传染,绝对免除"。其理发师"均自各大埠专聘而来,皆有特别经历,手术高超,对客十分和蔼。其烫发师徐省三君,更为海内罕有之能手,据谓自十七岁起,即在外洋学习理发手艺,所以能操英俄德意四国语言,以前均在汉沪平保,一两星期不致变动云。仙宫不分男女座,惟每间前后左右均设绸帘,可以随意揭开隔离。每隔一座,即有一自来水面盆,顾客洗头,在咫尺间,无往返之劳。仙宫设有马头座椅,专供儿童理发之用。儿童坐其上,自觉有趣而不厌烦矣。仙宫有女书记卢会敏女士,粤人,毕业于北平某女学;又有女理发师女招待各二人,是亦提倡女子职业之一道也。该店善制各种发罩,可以定制,亦

---

① 少西:《略谈理发》,《北洋画报》第 1123 期,1934 年 8 月 4 日。
② "仙宫理发馆广告",《北洋画报》第 363 期,1929 年 8 月 27 日。
③ "仙宫理发馆广告",《北洋画报》第 354 期,1929 年 8 月 6 日。

有出租,演新剧者、化装跳舞者,
咸趋之若鹜"①。仙宫理发馆还提
供染发服务,"办有西洋染发药
水,能将白发、赤发染成漆黑,并
能将黑发染成金丝,担保永不褪
色,不损头发,不伤头皮"②。为拓
展业务,仙宫理发馆除在《北洋
画报》上长期登载广告外,还曾
专门刊登女子新式烫发照片以
吸引顾客。

进入20世纪30年代,天津
理发业获得了进一步的发展,"设

图3-8 20世纪30年代南京理发馆电机烫发

备与技术,均臻上乘",而且"新理发店日增,因营业上之竞争,无不悉心研
究,争奇斗胜,于是津理发业之鼎盛,冠于华北。今日一般摩登妇女最流行之
电机烫发,各店亦多设置。至若门面之壮丽,房间之雅洁,技师之选聘,设备
之完美,尤能随时改进,日新月异"。③1934年南京理发店成立,"其店址占天
增里新建楼房一所。门上店名之横额为名书家华世奎所书,极为路人注目。
其室中布置雅洁,有舒适之座椅十二,又新制保险烫发电机,并有卧椅洗头
器,安卧椅上,即可洗头。而刷头亦用电刷,较普通以指骚之者,舒适而卫生。
其设备之周,津市罕有其匹。技师则多方延揽,手艺均甚精妙,用化学药品染
发,其黑如漆"④。

---

① 《仙宫一瞥记》,《北洋画报》第273期,1929年1月24日。
② "仙宫理发店广告",《北洋画报》第663期,1931年8月13日。
③④ 大白:《介绍南京理发公司》,《北洋画报》第1123期,1934年8月4日。

表 3-2　20 世纪 30 年代天津理发馆简明一览表

店　名	坐落地点
白宫理发所	河北大经路
乌孚满理发所	特一区
渡边理发所	日租界
中原理发馆	日租界中原公司
老鸿云理发所	法租界
一乐也理发所	法租界
紫罗兰理发馆	法租界惠中饭店
仙宫理发馆	法租界基泰大楼
永记理发馆	法租界梨栈
中山理发馆	法租界绿牌车道
南京理发公司	法租界天增里
顾林祺美容室	英租界中街

资料来源:天津市市志编纂处编:《天津市概要·杂俎篇》,天津市政府出版,1934 年,第 6—7 页。

天津的摩登女性想要打扮入时,除了烫发外,化妆品更是不可或缺之物。"化妆品一物,为纯粹销(随)费品,其销(随)费之程度,每随都市生活程度以俱增。"天津"为华洋杂居之地,受西方文明之传染较早,故市场之化妆品多自外洋购来"①。《北洋画报》认为"若今日社会上时髦女子之竞尚欧美织品及化妆品,亦殊令人可畏",要想提倡新妆"切宜研究利用国产品,以增进妇女之美观之方法,诚如是,则提倡奢侈之谈,不消自灭矣"。②实际上,这可能也就是报人的自我言说,就其后《北洋画报》看来,民国时期天津理容业中无时无处不见舶来品的身影。

《北洋画报》中的欧美化妆品广告层出不穷。如旁氏白玉霜"系雪花粉类中最普遍之品,时髦闺阁中殆无时不备之,盖冬夏均宜用故也"③。还有名为

① 宋蕴璞:《天津志略》,载来新夏、郭凤岐主编:《天津通志·旧志点校卷》(下),南开大学出版社,1999 年,第 219 页。
② TFF:《妇女装束谈》,《北洋画报》第 56 期,1927 年 1 月 19 日。
③ "白玉霜月份牌",《北洋画报》第 57 期,1927 年 1 月 22 日。

"香晶"的饰品:"本品取香水之精华炼成香晶,质既坚,香耐久。本品悬诸枕畔、胸前,或作表坠、项链坠,或置衣箱内均适宜,如作赠答礼品尤为社会欢迎。"①当时除了百货商场或商店外,一些药房也兼售化妆品,而且其中还往往附设美容室。位于英租界中街的宝耳大药房"设有美容室一所,由专门技师主持。此技师曾毕业于旧金山万国美容学院,施用爱丽莎比司阿尔顿氏(Elizabeth Arden)发明之手术,能用最新方法,使人皮肤润泽,皱纹消灭,显然长春不老。雀斑赘瘤种种瑕疵,可用人工除去。并用紫光及冰施行面部按摩。手术精良,毫无痛苦"②。位于英租界海大道的名利社美容术及化妆品研究部"设有美容术及化妆品研究部,系由留学欧西有该项学识者担任职务。各界士女如欲讲求美容术或化妆品使用方法,祈驾临本社一谈,概不收费,无任欢迎",该社自制化妆日用品及胰皂,顾客"如用特高化装日用等品,可将意味说明亦可配制,货高价廉"。③同时,兼售欧美名厂生产的化妆品。

一些外国人专程到天津推销化妆品和化妆术。利顺德饭店曾开设由西人经营的好莱坞美容化妆公司,"惟所售化妆品,皆特别昂贵"④。初期为扩大销路,顾客购物后可免费化妆,并进行公开免费化妆表演。冯武越夫人赵绛雪等人曾邀请该公司职员在梁士诒宅表演化妆术。该公司职员所带"美容材料极丰盛,芬芳馥郁,润泽光彩,凡三四十种,若油、若膏、若粉、若露,皆以数目字分其类别。粉饰一种之后,容色使增美一分,点唇、画眉、钩眼,各尽其妙,及其修理工毕,面目顿改,虽熟友家人不敢相认。化妆时,匀抹平铺,有如戏台上之画脸者,而事后之容光焕发,百般娇艳,固又不能与关公之红、龙图之黑同论矣。是日仍不收费,意在创牌子销货也"⑤。1932年新年后,好莱坞美容化妆公司西摩太太到大华饭店再次表演化妆术:

---

① "香晶广告",《北洋画报》第180期,1928年4月18日。
② 《注意美颜者之佳音》,《北洋画报》第233期,1928年10月20日。
③ "名利社美容术及化妆品研究部广告",《北洋画报》第764期,1932年4月12日。
④ 《曲线新闻》,《北洋画报》第717期,1931年12月17日。
⑤ 白藕:《美容记》,《北洋画报》第718期,1931年12月19日。

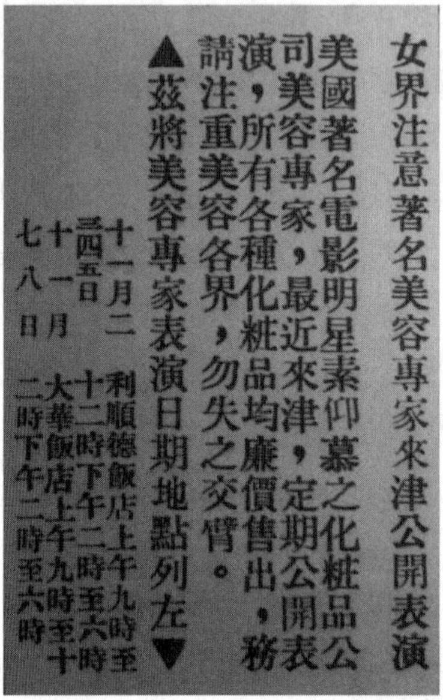

图 3-9 《北洋画报》化妆表演广告

满室女宾非善于美容者，即对于美容感兴趣者。坐定，西摩太太请女宾中之赵道生夫人，一试其身手。以白布束如漆之发，胸前围素花白绸巾。陈贯一夫人曰："唱《铁公鸡》不必另行化装矣。"于是西摩太太为之敷乳色之油曰："普通之肥皂清水，不足以除肤上之垢，惟此油有此功效。"既而又敷另一种透明体之油曰："敷此可润泽皮肤，使脸若凝脂，颈似蝤蛴。"后又敷白色油膏，并调水匀其脸久久，脸乃大腻。于是施胭脂于两颐，匀之使成自然之美，然后扑多量之粉，另以软毛刷刷匀之，曰："常人先粉后脂，我则先脂后粉，盖极力欲使人工之美似出之天然也。"脸既红且白矣，于是施棕色上眼皮，使目深也。以黑色涂睫毛，并令其上卷，使眼大而神采动人也。复画如月之眉曰："不可太着肉，不可太粗。"最后涂樱唇，不使过红，曰："过红则人知其由装饰而然，乃失天然风致矣。"调理完毕，别以一种水粉涂头，涂手，顷刻间既光泽，且细嫩，技亦神矣。

赵五夫人，风韵天然，经此修理，益飘然欲仙不敢逼视。美人(西摩太太系美国人)所携化妆品不下数十种，胭脂一项，即多至七八色。据云，涂朱涂绯，当视人之皮色而定。其他化妆品亦称是。盖当审美容者之肥瘦老嫩黑白为判也。诸女宾纷纷询以个人之相宜涂抹者，西摩太太为各书一纸去。惟此化妆品价极昂贵，一容半年之美，须费三四十金也。[1]

---

[1] 凌影：《美人美人记》，《北洋画报》第 725 期，1932 年 1 月 7 日。

天津各种美容室层出不穷。这些美容室或宣传其美容师有海外经历,或直接聘请外国美容师;除从事皮肤、身体护理外,还兼售化妆品。顾林祺太太美容室称,顾林祺太太为巴黎海兰露边士天大学毕业,手艺高超,"可保容颜姣嫩美丽超群,专治容颜丑陋及面部一切不雅之疾",同时"专售巴黎海兰美容学院世界驰名华贵化妆品"。①通过该美容室技师的修饰,可使顾客在社交场合力压群芳。"顾林祺太太美容室是专门接待爱美女士们的整容室,凡在交际场中的女士们互以容艳美丽争先恐后。倘面生斑痕,皮肤黑黯,殊于美观有损。现有顾林祺太太美容室可以替女士们修饰各种斑痕及皮肤黑黯,立使无盐改颜换面。"②

1932年仙宫理发馆附设美容室,聘请德国女技师。"摩登女士往试者甚众,咸称赞外国女技师之手术精妙不置。"③又因该技师不谙华语,为便于服务又加聘德语女翻译。④仙宫美容室拥有"最新科学设备:蒸脸机、紫光机、震身机",由"外国美容专家修眉修指甲、紫光机美容、按摩及震身、治面部各病",而且"兼售化妆香品美容药料"。⑤

一些美容室还招收学徒,培训美容技术。波菲妮爱福夫人美容室"教授美容、按摩术学生,教授完成给予文凭"⑥。一些美容室还会在《北洋画报》上登出以顾客感谢信为形式的广告,宣扬自己技术高超。"鄙人自幼患满面黑斑,百药无效,经赵素民大夫介绍,赴天津法租界二十四号路西工部局后积福新里美容医院,包治不到半月,不但斑点除根,并且不净多油之面皮亦被治好,实令人痛快,特登报鸣谢,并广告于同病,北平常次兰。"⑦当时天津还出现了吸脂术。"某名闺因身体过胖,徇某大夫之劝告,谓不医治,将于健康有碍,女士遂请医生施行手术。初于腹部以电机烤热,俟皮下脂肪融化,以手

---

① "顾林祺太太美容室广告",《北洋画报》第434期,1930年2月15日。
② "顾林祺太太美容室广告",《北洋画报》第611期,1931年4月14日。
③ 《曲线新闻》,《北洋画报》第737期,1932年2月4日。
④ "仙宫美容室广告",《北洋画报》第721期,1931年12月26日。
⑤ "仙宫美容室广告",《北洋画报》第752期,1932年3月15日。
⑥ "波菲妮爱福夫人美容室广告",《北洋画报》第540期,1930年10月21日。
⑦ "鸣谢雀斑除根",《北洋画报》第1452期,1936年9月15日。

术针吸出肥油五管。现该女士已腰肢窈窕,弱不禁风。"①

《北洋画报》有时会向读者介绍美容之法。"女子唇之美丽,固由于天赋,然若不事修饰,任其自然,则将失其美观。故近代中外摩登妇女咸藉化妆术,以保持其唇之美丽。"②要想使唇部美丽动人,要做到以下几点:"一、冰管摩擦,早晚行之,极有益。可增加血液流通,保持唇之本色。二、切不可养成咬唇或润唇之习惯。三、每日呼啸五分钟,此为唇之一种极好练习,助成口形之美。四、呵欠时切不可强行制止。盖制止呵欠,将使肌理失其自然,结果唇角下拖。五、倘在日晒风吹中,可用香油涂唇以保护之。六、夜间慎重擦去唇膏,一如夜间擦去面上之脂粉。七、选用一种与自己口唇颜色相称之唇膏。八、拍粉之前涂唇膏,可使口之姿态较为自然。十(九)、口部于一切动作时,应依顺唇之天然线形,切勿矫揉造作,使之过高或过低。"③

理容业的兴盛是同社会经济的发展和生活方式的西化相关联的,沐浴在欧风美雨下的天津女性,通过理容业收获了时髦的发式、姣丽的面容、靓丽的身体以及迷人的气质。

从《北洋画报》的相关报道中可以看出 20 世纪二三十年代天津城市消费文化的发达。琳琅满目的商品、豪华气派的商场、可口多样的食物等都为读者描绘出了一种奢华、富丽的生活模式。其所反映的是少数收入丰厚、稳定,且倾向于现代生活方式人士的生活图景。对于一些保守的富户来说,这种现代消费文化又成了挥霍金钱的败家之苗。"榆关富户之某女士,避难来津,服装朴素,品行端正。自在津结识交际之花黄女士,未及一月,已由乡村之黄毛丫头,一变为高跟皮鞋、旗袍、丝袜之摩登女子。费用共花去大洋二千余元。为家庭所知,即日遣归灾区。"④对于那些收入不高的中下层读者来说,这样的报道更多的只是一种现代消费文化的体验和憧憬。

---

① 《曲线新闻》,《北洋画报》第 764 期,1932 年 4 月 12 日。
②③ 如愚:《点绛唇》,《北洋画报》第 1515 期,1937 年 2 月 9 日。
④ 《曲线新闻》(二),《北洋画报》第 931 期,1933 年 5 月 11 日。

第二节 西风东渐下的休闲生活

20 世纪二三十年代,天津市民在快节奏、高速率的城市生活中承受着较大的精神负担和心理压力。为了减轻工作压力,在紧张忙碌之余,寻找适宜的娱乐消遣,放松身心,对他们而言显得十分必要。"娱乐生活具有欣赏性和自娱性,其形式多种多样,有助于人们智能、体能和技能的提高,可以陶冶性格与情操,是社会生活的重要组成部分。比起衣食住行物质生活来说,娱乐更具有文化生活的特性,娱乐的丰富对文化艺术的发展有促进作用。"①

随着工业化、城市化的推进,天津市民余暇生活时间和空间日渐增加与扩展,休闲娱乐成为市民生活的重要组成部分,成为展示城市文化的一个窗口。在西方文明的浸润下,天津市民的休闲方式也发生了改变。以往天津市民以听戏赏曲为主要的娱乐休闲方式,而此时,溜冰、高尔夫球、交际舞等都走入市民的娱乐休闲生活。

一、溜 冰

溜冰是从西方传入天津的冬季娱乐方式。天津地处北方,"然寒期甚短,凝冰而不积雪,故自古以来,无冬日户外游戏之创制"②。天津冬季旧有冰排游戏。冰排"形如床而矮,上铺皮褥,可容二三人,有靠背,倚坐其上,甚舒适,苦力一人,立排后,手持长干,干端有尖铁,如矛首,以之刺冰内,用力撑之,则冰排自能前进,其行颇速,然殊费力耳。乘者冒寒风,不久即觉冷不可耐,盖身体不活动之故也。吾人若效苦力所为,则自觉笨重不堪,且亦不耐其劳。故如冰排者,只可谓为冬日之一种交通器,而不能拟之游戏具之列也"③。

溜冰于开埠后传入天津,据《津门杂记》记载:"又有所谓跑凌鞋者,履下包以滑铁,游行冰上为戏。两足如飞,缓疾自然,纵横如意,不致倾跌。寓津洋

---

① 常建华:《社会生活的历史学:中国社会史研究新探》,北京师范大学出版社,2004 年,第 198 页。
② 曲:《平津溜冰场一瞥》,《北洋画报》第 425 期,1930 年 1 月 18 日。
③ 龙父:《天津冬日之游戏》,《北洋画报》第 56 期,1927 年 1 月 19 日。

人亦乐为之,藉以舒畅气血甚妙。"①并有诗一首形容溜冰之状:"往来冰上走如飞,鞋底钢条制造工。跌倒人前成一笑,头南脚北手西东。"②

民国时期,溜冰受到了一些华人市民的欢迎,被认为是一种有益身心的运动。名闺徐萱曾在《北洋画报》撰文赞许溜冰:

图 3-10 天津冰场上二女士

在冷天我觉得溜冰实在是一件有益于身体的事,身体和精神是越锻炼越好,溜冰的功效不在打球以下,也正是一种锻炼身体的好游戏。冷天坐在屋里围着炉子的人,我觉得那是太没有勇气了。

有人觉得女子们作这种游戏是太不文雅了。一个人何必文雅?文雅是弱者的表示。我们现代所需要的妇女,我相信决不是风吹得倒的"佳人"。

然而同时我们却也要注意,溜冰一类的事,不是为了出风头,为了学时髦。不要忘了这是一种正式的运动,绝不是一种无聊的交际,又何尝算得什么特别技能。③

当时天津出现了收费冰场。最为繁盛的是英国球场的人工冰场:"系临时所盖之席棚,冰以人工浇水冻结而成,甚光滑,棚内无风,颇暖,以其地交通甚便也,故人咸趋之。华人亦甚夥。"④

英国球场冰场采取会员制,"名为溜冰俱乐部",虽然"非会员不得入场",但是"会员随到随收",组织也不甚严密。单次溜冰收费一元,"阖家季票

①〔清〕张焘:《津门杂记》(卷中),光绪十年(1884)刻本,第 46 页。
②同上,第 47 页。
③徐萱:《溜冰》,《北洋画报》第 576 期,1931 年 1 月 15 日。
④龙父:《天津冬日之游戏》,《北洋画报》第 56 期,1927 年 1 月 19 日。

廿五元,单人十五,小童五元,十二岁以下者只三元;星期票系专为津门过客而设,每人三元。其冰场有铁架席棚掩盖,可壁(避)风日,故收费特贵耳"①。冰场分为一大一小两块,"小者专为儿童及初学者试习之地。然顽童辈恒于其上击踢冰块为戏,扰乱秩序,无人干涉,危险堪虞,亦憾事也"②。据自幼生活在英租界的德斯蒙德·鲍尔回忆,该冰场包括"一个冰球场、一个初学者冰场、一个花样滑冰场,还有一条40英尺宽的环形冰道"③。英国球场冰场还曾举办过冰球赛事、化装溜冰会、儿童溜冰会等活动。

旧俄国公园自然冰场"因湖水于冰而成,公园空气甚清鲜,较之在棚内,实为适宜,面积亦甚广,现归俄人经营,惟地处偏僻,所以华人多不前往焉。此场取费则较英球场廉一半"④。并"设有高矮木椅,下镶铁片"供初学者学习滑冰,"甚为初学者所喜"⑤。《北洋画报》社冯武越、张厚载等人曾前往旧俄国公园冰场溜冰。旧俄国公园内"残雪皑皑,疏林郁郁。行至冰场,则溜冰者已竞在冰上作惊鸿游龙之舞艺。笔、松二公,亦相约入场,笔则飞走之时,稳如笔立;松则奔驰之际,恍若松行。盖皆精于此道者也。一俄妇甚肥硕,旋仆旋起,再接再厉。是亦冰场之女英雄矣"⑥。

1928年1月,意租界也在意国花园开设冰场,并制定了详细的章程和保管条例。

章程:

(一)本场定名为"意国花园溜冰场";

(二)中外士女购票入场,一律欢迎;

(三)门票四角,季票五元,儿童半价;

(四)溜冰时间,上午九时至十二时,下午四时至八时;

---

①②⑤ 曲:《平津溜冰场一瞥》(续前),《北洋画报》第426期,1930年1月21日。
③ [加]鲍尔著:《小洋鬼子:一个英国家族在华生活史》,谢天海译,天津人民出版社,2010年,第69页。
④ 龙父:《天津冬日之游戏》,《北洋画报》第56期,1927年1月19日。
⑥ 聊止:《记俄园冰场》,《北洋画报》第58期,1927年1月26日。

(五)入场验票,季票不得转给他人;

(六)不穿冰鞋者请勿溜冰;

(七)衣帽物件各自留神,倘有遗失,本场不负责任。

保管条例:

(一)本场注意清洁,每日扫除二次;

(二)本场冰面平整,每周灌水二次;

(三)本场雇佣仆人,管理一切杂事。①

这几处冰场都设有电灯照明,虽晚间,也能招纳游人前来娱乐。英国球场冰场还播放音乐,为溜冰者助兴。

不愿到收费冰场溜冰者,"则以墙子河为用武之地。晚风动时,耆耆之声相闻。所用刀,皆国产,价已在二三元之上。若购自舶来者,则贵至十六七元"②。

南开大学也设有溜冰场,"零溜者,每次二角;包溜者每季三元。该场工人无薪,即以所收之溜价作为工资"③。前来溜冰者多为南开学生冬季锻炼。《大公报》曾在此举办化装滑冰会。是日"风冷如刀,雪飞如棉",但是"风雪不阻,照常开演,在池中有五六十位红男绿女奇形怪状的溜;在岸上,也有一二百老老少少伸头瞪眼的看"。溜冰者中"自以得第一奖之金桢弼君所化之卖烧饼者,为呱呱叫"。其他者如张伯苓校长之四公子张锡祜化装时装女郎。"有打'西方接引'幡而披麻戴孝者,以为大可不必。有化贾波林者觉得不免粗俗。有小孩化一日本小老头,矮得有趣。"其余如军人,如老式太太等不一而足。"全场中女性参加者只有三位,有两位是姓吴的!吴佩球全身黑色,上画骷髅,但飘飘滑来并不叫人害怕。吴佩珉全身朱红,打扮得正是小说中的青年侠客,好不漂亮。还有一位陈烨小姐,把报纸剪成了一件套袍,套在衣

---

① 《明日开幕之意国花园溜冰场》,《大公报》,1928年1月8日。
② 秋尘:《打滑出溜》,《北洋画报》第730期,1932年1月19日。
③ 《曲线新闻》(一),《北洋画报》第859期,1932年11月19日。

外,倒也别致。"①

1932年北宁路局建成宁园后,也曾举办化装溜冰会。"参加者约一百七十名,盖局外人多于局内人。来宾则以五百人计,诚一时之盛也！是会既名化装,自莫不勾心斗角,矜奇立异。"②

图3-11 20世纪30年代北宁公园冰场之一景

一些人见天津市民喜好溜冰便开设了旱冰场,以满足不能前往冰场一展身手的市民需求。最为新奇的是出现了屋顶旱冰场。苏辉根等人曾在天祥市场北便门对面聚英球社屋顶组织聚英轮鞋研究社,社中"备有新自美国购来之跑轮鞋数十双,可以随意择用。天台建筑异常平滑,晚上电灯如同白昼,茶房招待亦极周到"③。聚英轮鞋研究社每月会费一元,"为有待女界起见,特将女界入会费减半,即每月只收五角",并招募"女界中善于此道者,担任教授云"。④

二、高尔夫球

高尔夫球在《北洋画报》中被称为"高而夫球""穴球""野球""草球"等。室内高尔夫球,也因之被称为"小高尔夫""微高尔夫""小穴球""小野球"等。

---

① 化装滑冰会引文均出自《秀山堂冰刀切雪录》,《北洋画报》第588期,1931年2月12日。
② 《记北宁冰会》,《北洋画报》第737期,1932年2月4日。
③ 《溜冰组织团体征求同好》,《大公报》,1928年11月27日。
④ 《女界与溜冰》,《大公报》,1928年11月29日。

吴秋尘因天祥市场室内高尔夫球场开业时广告中有"揖让联欢"一语，认为高尔夫击球时"双手举棍，确似作揖"，"'揖让'二字传自尧舜，以迄于今，人皆乐道"，而"高尔夫之名，来自异邦，野球之名，嫌其不文，今而后盍即以'揖让'名此球，其典重华贵为何如哉！"主张将高尔夫球称为"揖让球"。①

室内高尔夫球因不占用大面积土地，几百平方米空间即可布置，而且室内高尔夫球运动售票便宜，简单易学，易于被普通市民所接受，成为一种喜闻乐见的娱乐形式。"无论老幼，咸视为最雅最易之消遣法。"②布置一家室内高尔夫球场所需"设备甚便宜，每一球盘连同障碍品，若不求其花哨，不过三五十元。球杆之制，铁厂犹为之，不必定须舶来品，每杆不过三两元。至于橡皮球则不得不购自西洋，惟市上不乏此物，可就西洋百货店中购之，现在市价，每打不过廿余元。但已较上年贵一倍矣。是以设备大规模之球场，仅须资本千元左右，若家庭中简单设置，则百数十元亦未尝不可也"③。因此室内高尔夫球在天津风靡一时，"一般摩登仕女认为时髦游戏，终日若醉若狂。争与小高尔夫球为伍"④。《北洋画报》对室内高尔夫球也是积极报道，特别是推出了三期《高尔夫球专页》，介绍了天津、青岛、北京、沈阳等地室外及室内高尔夫球发展情况。

室内高尔夫球的比赛规则与室外高尔夫球十分相似：

（一）打球人数，每组自一人至四人为限。

（二）打球者以能用最少杆数使球入洞为胜。

（三）发球必须从起点处打起，至球入洞为止。

（四）打球须照人数多少，预定先后，依次从起点处发球。

（五）每次举杆打球，无论中否，均应作为一杆。

---

① 秋尘：《闹市新闻揖让球》，《北洋画报》第 615 期，1931 年 4 月 23 日。
② 《小穴球狂潮记》，《北洋画报》第 632 期，1931 年 6 月 2 日。
③ 诛心：《小野球场设备之指南》，《北洋画报》第 648 期，1931 年 7 月 9 日。
④ 宋蕴璞：《天津志略》，载来新夏、郭凤岐主编：《天津通志·旧志点校卷》（下），南开大学出版社，1999 年，第 392 页。

（六）打球须用杆打，不许用杆推之。

（七）如将球打出棚外，须将该球拾起，置于约计该球应停止之处再击之。

（八）球止栏边，以致不能下杆时，可将该球以手略向内移置于离边一杆头之处，俾得再击，此项行为不作犯规论。

（九）二人以上打球，其杆止在离洞较远者，有先击之权。

（十）二人打，如甲方之球，止于离洞六英寸以内，挡住乙方入洞球路者，除起点发球第一杆外，乙方不得要求甲方拾起其球，让出球路。

（十一）如甲方之球，止于离洞六英寸以外，乙方得要求甲方拾起其球，以让球路。

（十二）第十、第十一两条，不适用于每组三人以上者。

（十三）二人打球，不许触及对方之球，犯者罚记两杆。

（十四）竞赛打球，若杆记录不实，一经对方证明，此项记录，应作无效。①

　　英租界达文波路的微高尔夫（Wee Golf）球房是天津第一家室内高尔夫球场，该球场位于英国菜市后身，利用货栈楼房改建。场内"各区均别以大红大绿之木槽，色彩鲜艳。壁上画浓荫万树，若在郊原。击球者视其艺之高下，而别其次数。凡十八穴，均有物为障碍，皆刻以木，若岗、若陵、若桥、若洞、若曲堤，皆球所必经路也。经十八穴而达于最后之一穴，一盘乃毕，须缴费五角"。如果顾客能在"五十次以下而完成一盘者，即不再取费"。可谓"消费不多，颇有趣致，又有益于身体之发展，洵室内新运动之一种也"。球场营业时间从"每日以上午十时起，夜十二时止，备有茶点烟酒，于栏外设茶座，则又颇似一咖啡馆也"②。该球场开业后因独家经营，生意极佳，"一时中西女士，趋之若鹜，有每日必得一过球瘾而后快者"③。张学良在津时，曾前往打球数

---

① 《小穴球狂潮记》，《北洋画报》第 632 期，1931 年 6 月 2 日。
② 《微高尔夫球房一瞥》，《北洋画报》第 583 期，1931 年 1 月 31 日。
③ 《小型穴球之狂热》，《北洋画报》第 589 期，1931 年 2 月 14 日。

次。①后来因"他家先后继起,华人多不复往,一以其空气潮湿,一以常有美兵,酗酒扰人,故不乐涉足也"②,故而曾歇业一月,重新设计新式球场。"其中最新奇之球盘,计有汽油站一所,其门用电开关,必等开时球始能过,但开关太慢,并不难打。有风车一座,车叶用手推转,亦能掩住入口,较前者为难。又带灯塔之海滨景一座,为一大斜坡,坡中断,须用力击始可过,有人称为长坂坡,最饶趣味。因之日来生意大盛。"③

英租界中街维多利亚旅馆在大厅开设球场,因面积狭小,"仅设九穴,击球者于击罢九穴之后,得从头再击,合之亦得十八之数。若微高尔夫球房,则两广室中,各九穴,花样较此为多"。而且维多利亚旅馆球场中"有多种障碍物,几令无法超越,室中热度亦过高,往往使击者汗流浃背",远不如微高尔夫球房"地广气清之宜人也"。④

随后天祥市场在其南门设立室内高尔夫球场,"距东西往来之道,绕木栅为之,作长方形,面积等微高尔夫三之一,复去其五之一设藤椅小几,名食堂,盖出售烟茶之处也"。该球场共十穴,收价两毛。"布置尚整洁,有万柳画幕为屏障,食堂木栅上则遍悬绿绸帘间内外。惟觉仄偏,且市声扰人,苦不静耳。"开幕之日顾客达600人,"女性居其半,因之大患人满,场中有三十人,便觉无隙地也。茶值不昂,每人五分耳。各层楼上游廊,正距场顶,可以下瞰,此天然之看台,则又他处不及者"。⑤

法租界六国饭店球场是在饭店空地上加盖顶棚而成。"布置颇善,球道均仿微高尔夫场,但太相逼近,又顶棚过矮,夏日恐嫌热耳",而且"六国系属旅馆性质,闺秀出入,颇感不便,故当以外国顾客为多。闻定价每位四角,将来恐未微高尔夫场之劲敌也"。⑥各球场中以其为环境最整洁,顾客最高贵,设备最为精良者,而且"空气清鲜,终日凉爽,在此酷暑中,尤为他处所不及,

---

① 《曲线新闻》,《北洋画报》第579期,1931年1月22日。
② 曲线怪:《小野球场之形形色色》,《北洋画报》第648期,1931年7月9日。
③ 《小消息》,《北洋画报》第675期,1931年9月10日。
④ 本段引文均出自《小型穴球之狂热》,《北洋画报》第589期,1931年2月14日。
⑤ 本段引文均出自秋尘:《闹市新闻捐让球》,《北洋画报》第615期,1931年4月23日。
⑥ 《小穴球狂潮记》,《北洋画报》第632期,1931年6月2日。

虽其地离居住区较远,然不能不推该场为首屈一指也"①。1931 年六国饭店球场还举办了室内高尔夫球赛,由市民公开报名参赛。"分男女两组,每组以三十二人为限,并陈列大银杯四个,以备分赠男女组第一二名优胜者。"②消息发布后,报名者甚多,"每日夜间,练习者非常拥挤,人数之多,为各球场所仅见"③。赛事历时月余,"与赛者男选手至六十名之多,可为盛极一时。得最后决赛权者为王孟麟、倪叔平两君"。决赛之日中外观众达 150 余人,"两君于九时半到场,十点半赛毕,共计四盘,王君以总数一百五十四次获第一,倪君以一百六十八次得第二"④。

图 3-12 六国饭店球场内景

华人韩慎先、朱作舟、张梅荪、朱鸿儒、翁克齐等人在永安饭店组织美记小高尔夫球场。该球场位于永安饭店三楼,"登梯即见售票券处于梯栏之旁,而领杆与球则在东厢下。东厢为休息室,设茶座,两楼及西厢则球场也"。球场各洞"点缀之美,为各球场冠,雕塑灵巧,颜色鲜艳,尤佳之点,则在富于中国之色彩,殆正所谓'以夏变夷'。含数之佳者,如第一穴之'天下第一关',第

---

① 曲线怪:《小野球场之形形色色》,《北洋画报》第 648 期,1931 年 7 月 9 日。
② 《曲线新闻》(一),《北洋画报》第 659 期,1931 年 8 月 4 日。
③ 《曲线新闻》(一),《北洋画报》第 665 期,1931 年 8 月 18 日。
④ 《六国球赛》,《北洋画报》第 691 期,1931 年 10 月 17 日。

四穴之'四牌楼',状形之美者如'襄阳炮'、'桃源洞'、'云梯''蚁穴'俱古雅可喜,最后之十八穴名'寒山寺',一红墙古庙,外栽丛树,玉狮一对,排列两旁,最美。但不知命名之意何在? 其以天热而名曰'寒山',人便觉其凉爽耶? 抑即借'姑苏城外'之名以名此穴耶?"开业后"往打者颇多,价与微高而夫等,人五角,似觉略贵"。况且面积较小,"人多则周转便觉不灵,房顶又稍低,虽有风扇旋于顶,犹不能止汗之不流也。"①美记小高尔夫球场"对于球盘结构为力求完美起见",曾刊登广告向社会"征求新奇图案,以资改善。"②美记小高尔夫球场为推广高尔夫球,招徕顾客期间还对在校生给予优惠。"本场为优待学界,提倡有益运动起见,自即日起凡各学校学生不论何处学校,只须有校证、校服足以证明者,来场购票一律照码对折,但打球时间仅以上午九时至下午六时为限,逾时仍按原价办理。"③

日租界芙蓉街日本幼稚园旁也开设室内高尔夫球场,"场址不大,占一大楼下之房三间,曲折而不觉偏仄,沿墙设藤椅石几三五,不售茶点,只卖冷饮料而已"。"球场共九穴,每次收费二角。"球场设计"极雅洁,障碍物角度布置,颇具匠心,无特别装饰,简单中独具日本风味。球盘中满铺绿色锯末,一望如浅草平铺,与野球之"野"字(西人称球场,辄曰 Green,意即绿也)极相符合,因绿色更烘托出一"静"字,为与他场最不相同,亦最细心处。有两球盘,于转角处,铺碎白石,击球者力小不及转角,力大者则辄滚入白石,球入石堆,以出框(每穴之框也)论,须取回另打。但善打者只需轻轻一击,便可中的,白石并不为害,因此石堆,便觉另有周折之趣,亦各球场所不及"。各洞木框上"均有墨纸标语,上书标准数目,使球客可以一目了然"。该场"球杆并非外货,却系本市华人所造,则又可特记一笔者也"。④

---

① 《美记高而夫》,《北洋画报》第 639 期,1931 年 6 月 18 日。
② 《美记小高夫球场征求图案启事》,《北洋画报》第 641 期,1931 年 6 月 23 日。
③ 《美记小高尔夫球场特别启事》,《北洋画报》第 662 期,1931 年 8 月 11 日。
④ 本段引文均出自秋尘:《芙蓉街日本室内球场参观记》,《北洋画报》第 673 期,1931 年 9 月 5 日。

三、交际舞

交际舞是西方文化的产物,由西方民间舞蹈演变而来,进而发展成为西方社会的社交和娱乐形式。交际舞传入天津的渠道大致有两条。一是随着天津被开辟为通商口岸以及租界的划定,越来越多的外国人开始移居天津。他们在闲暇时会举办各种名目的舞会,一些受邀参与西方舞会的中国人(官员、买办、翻译等)由此领略了交际舞的风采。交际舞也由此传入了天津华人社会,并影响了一部分青睐西方文化的中国人从事这项活动。二是留学西方的中国人在回国之后,也将交际舞带回了中国。

到了 20 世纪二三十年代,交际舞风行于天津,成为天津中上阶层热衷的社交活动,一些团体常常组织舞会,特别是化装舞会,联络会员感情。天津留美同学会于新年时多举办恳亲舞会。1927 年 1 月,天津留美同学会举办化装跳舞大会。"华人跳舞,除留学界外,能者甚鲜,是以华人组织化装跳舞会,更属罕见。"《北洋画报》认为此举"洵称盛事"①。而天津工商文化界人士所组织的群一社、基督教青年会会员组织的联青社也多次在大华饭店、西湖别墅等处举办舞会。

《北洋画报》作为一份根植于天津城市文化的画报媒体,对于交际舞积极推介。不仅直观地介绍了大量的交际舞讯息,更在某种程度上见证了天津交际舞的繁荣。《北洋画报》会向读者介绍外国新式舞蹈。如"癫狂舞",该舞名为"却理司顿 Charleston,乃美国发明的一种交际舞,现在也盛行到中国来了;其实是抄袭黑人的跳舞,丑陋异常,殊不雅观,妇女舞之,更觉轻佻可耻"②。而"花冷夕跳舞",据称"系美国最近所发明,其舞法与'狐步舞'(Fox Trot)及'两步舞'(Two Step)颇相类"③。

随着各种中外舞会的累日举办,越来越多的天津市民接触到了交际舞,并越来越沉浸其中,爱舞之人日众,市民舞兴日浓,所谓"婆娑蹈舞夜登场,

---

① 记者:《留学同学化装跳舞大会纪》,《北洋画报》第 55 期,1927 年 1 月 15 日。
②《美国新式之癫狂舞》,《北洋画报》第 65 期,1927 年 2 月 26 日。
③《新式跳舞》,《北洋画报》第 66 期,1927 年 3 月 2 日。

图 3-13　巴黎舞场化装舞会上三舞女

一曲薰风送汗香"①。于是常设性的有固定营业时间的跳舞场开始出现，一些饭店、商场、娱乐场所也纷纷开辟舞场供舞客娱乐。

1927 年 2 月福禄林大饭店开业，专营广东风味饮食，楼上中餐有燕翅菜席，楼下西餐有英法大菜，另设有跳舞场，装饰绚丽豪华，每晚饭后接待舞客。厅内音乐悠扬，灯红酒绿，男女翩翩起舞，以致门外围观拥挤。当时舞场只有外国人跳舞，中国人很少参加。而福禄林开办舞场，中国人也愿一试。"自跳舞场开幕消息传播后，津门仕女，每夕联袂而至者极众。"②随后，国民饭店、天津饭店、起士林、利顺德饭店、卡尔登饭店、大华饭店、西湖别墅、光陆电影院、回力球场等都曾附设舞场。据 1936 年《北洋画报》记载：

津市之有舞场，远在十三四年前，而始于平安饭店（按：即今国民饭店旧址）。后平安饭店被焚，继有天津饭店（中街宝德饭店旧址，早已不复存在）、起士林楼下（夏日迁楼上屋顶）、利顺德。惟各舞场皆为附设性质，旋设旋止。后起者为大华饭店屋顶、国民饭店、西湖饭店等。同时小规模之舞场，则有福禄林（永安饭店之旧址）、梦不来兮及特一区之露天舞场 Jasi-Garden（"加斯戛登"，并无中名）。光陆亦一度设舞场。此时

① 冯文洵：《丙寅天津竹枝词》，1934 年，第 28 页。
② 《福禄林跳舞场记》，《北洋画报》第 65 期，1927 年 2 月 26 日。

为一大阶段，即舞客多为贵公子、名闺，及缙绅阶级，纯为交际舞。此后中原巴黎舞场开幕，首置舞女，遂为"交易舞"之滥觞矣。此五年前事也。继巴黎而后者，为新明楼头之月宫，规模较小，旋改组为卡尔登，营业仍无起色，遂停止。同时日人在寿街设金船舞场，则以日舞女为号召。再后特三区①之天升，义（意）租界之福乐丽相继开幕，为十年中之鼎盛时期，前岁冬天升奉令停业。未几，福乐丽又以赔累倒闭闻。今春天升复业，但不久又奉令停业。卡尔登旧址又改为樱花。特一区又有加利奥加、北平舞场等数家，新近天升又复业，光陆电影院楼头新设一圣安娜舞场，再加以回力球场原有之宴舞厅（无舞女，须自带舞伴）。日租界除金船、樱花外，尚有日人开设之较小舞场二处。现在舞场家数如此。

　　津市最早之舞客，犹能记忆者为胡光镖、风流寡张燕卿、唐宝潮夫人、黄大黄二小姐（旧外交部司长黄介卿之女，母为西班牙人）、周大周二小姐（周自斋之女）、苏佩秋、张燕卿夫人（龚三小姐）、王喜顺（周自斋夫人）、朱作舟夫妇、沈小姐、张少帅夫妇、朱光沐、张三小姐（前王慕文夫人）、北平名妓林小凤、小凌波、小小凌波。②

　　起初这些舞场还是要求舞客自带舞伴，仅聘请舞者在舞客休息时表演跳舞助兴。之后渐渐开始雇用舞女为男性舞客伴舞。为了保持舞客的新鲜感，各舞厅的舞女经常流动。混迹于天津各舞场的舞女国籍多样，既有中国人，也有俄国人、日本人。"一·二八"上海事变后，上海舞女大量来津伴舞。

　　1933年，北平市市长袁良鉴于热河失守，平津沦为前线，为整肃社会风气，颁布禁舞举措："北平市所有之华洋人等设立之舞场……自八月五日起，以后永远不准雇佣中国舞女，违者即予禁止营业。"③于是北平中国籍舞女"其稍具姿色舞艺较佳者，纷纷离平"④。天津因临近北平，于是许多北平舞女

---

①　1924年中国政府收回天津俄租界，设立特别第三区，简称"特三区"。
②　均夷：《十年来之天津舞场》，《北洋画报》第1422期，1936年7月7日。
③　《曲线新闻》，《北洋画报》第966期，1933年8月1日。
④　林：《平市舞女演大起解》，《北洋画报》第1014期，1933年11月21日。

流向天津。禁舞尚未实施之际,已有北平舞女延聘至津,"北平舞女李爱莲等四人,闻平当局将禁止中国舞女伴舞,失业危机在即,遂应天津中原公司楼上巴黎舞场黄经理之聘,于上月二十八日来津"①。此后大批北平舞女转入天津舞场。巴黎舞场还为新聘自北平的舞女大开欢迎会,"自北平禁舞后,所谓舞星,不能立足,纷纷来津,平市为业驱雀,巴黎遂纳其较佳者,闻星期六夕该场特开盛会,专为欢迎由平来之明星数颗云"②。北平舞女来津,促进了天津舞业的发展。"胡曼丽、笑忆实为巴黎开山之祖。初舞技均欠佳,及平袁市长禁舞,舞女相继来津。著名者为王宝莲、董慧君、张丽丽等,后分为平津两派:平派以王宝莲为首领,津派则以胡曼丽为首领,选举舞后之时,竞争尤烈,王宝莲卒当选。后王宝莲嫁人,胡遂以老牌舞星称雄矣。最近天升重张,邀来沪上舞女不少,以邓爱娥为最美,号召力最强。"③

天津舞场虽然数目众多,"可是真为跳舞而舞的舞客们却不见得怎样多,老是那一部分人轮流在各舞场里转。所以各舞场在表面上看虽极尽其豪华设施,争奇斗胜,在骨子里却各有其外强中干的苦衷。因为如此,他们常常搬演些千奇百怪的新噱头,打动一般舞客的心弦,用以引人入胜"④。如何能在林立的舞厅中争得一席之地是舞厅经营者需要思考的问题,舞厅往往通过提升硬件条件、更新舞女、降低票价、聘请外籍乐师乐队等方式来吸引舞客。20 世纪 30 年代,日租界金船舞场盛极一时,舞客甚多,常有人满为患之感。除"布置则甚精致",舞女"悉为日人"外,而最为吸引舞客之处在于:"(一)舞场中设置之地板最平滑,为津市冠,音乐亦佳。(二)饮品特别便宜,即如一茶,在福乐丽售每杯六角,巴黎售四角,而金船则售二角。酒亦较福乐丽、巴黎为廉。(三)舞票一元可购四张,较福乐丽、巴黎之一元二张、三张者,亦为便宜。且金船独无开香槟坐桌子之恶例,职是之故,金船之舞客常满。"⑤

---

① 《曲线新闻》,《北洋画报》第 967 期,1933 年 8 月 3 日。
② 金羽人:《楼头观舞记》,《北洋画报》第 969 期,1933 年 8 月 8 日。
③ 均夷:《十年来之天津舞场》,《北洋画报》第 1422 期,1936 年 7 月 7 日。
④ 刘炎臣:《纸醉金迷的舞场》,载《津门杂谈》,天津三友美术出版社,1943 年,第 77 页。
⑤ 《金船舞场拉杂谈》,《北洋画报》第 1003 期,1933 年 10 月 26 日。

　　各舞厅还往往举办各种专题活动来吸引舞客,最为常见的是化装舞会。巴黎舞场曾举办"儿童化装舞会",以舞女装扮成儿童为号召。"满场'儿童',跳跃嬉戏,颇饶天真活泼之致。"因此举富有兴味,故舞客拥挤。"音乐师皆化装老太婆、老太公,客人与化装儿童之舞女跳舞。"①但是在《北洋画报》的编辑记者看来,一些所谓的化装舞会,仅仅是以"化装"为噱头应付了事。"舞女化装,除少数尚可者外,余皆不谙'化装跳舞'之意义。应当手臂美者则穿露臂之衣,腿部美者则穿短裙,当晚所见者,腿之瘦而弯者,竟穿一狭短裤,是则未能藏拙。且裤最好摒而勿用,用时宜择宽大而长者,狭小者于舞时,殊不雅观;长裙短裙长袍均佳。化装跳舞,不比溜冰,宜化装高尚人物,且舞女伴舞为营业,更宜华丽,但又不可忽于轻便。当晚有人着臃肿之戏装,其不便于舞也必矣。同属一场之舞女,应全体化装,否则人不重视之而兴趣减低矣。"②回力球场宴舞厅曾举行"农家乐"化装跳舞大会:"是晚墙壁桌椅布置皆农村化,并以真猪牛鸡羊等点缀其间,未免矫揉造作,因农家不见得在屋内即养牲畜也。是晚置身其中,大有与禽兽为伍之感。"③

　　另外,舞场还会举办选美活动。梦不来兮舞场曾经选举"天津小姐"。此类选美活动往往邀请交际花、社会名媛、舞女,乃至妓女参加。选美的方式多种多样,其中一种为巴黎舞场的"购花选举"。其办法为舞场"购定价二角之花朵,为计分单位;购五元之花,即算廿五票,十元算五十票"。售花之款,六成为舞场所得,四成归得花舞女所有。在备选舞女前"置彩纸糊里之花盘一,系一纸片,上书姓名,有人为之购花者,即插入其中"④。最终以得花多少选定优胜。巴黎舞场还曾举办"大三元"比赛。"所谓大三元者,乃将人之身体区为三部,即上部之容貌与冠发,中部之体段与衣装,下部腿胫与踝节之三项比美也。"⑤三项评比分列冠军。巴黎舞场还曾举办"男子美丽比赛",由女性担任评委评选"美男子"。"女子赛美之举,在男子目光中,已属司空见惯。而男子

　　①《巴黎舞场见闻记》,《北洋画报》第 1365 期,1936 年 2 月 25 日。
　　②《巴黎化装舞》,《北洋画报》第 1309 期,1935 年 10 月 15 日。
　　③《曲线新闻》,《北洋画报》第 1550 期,1937 年 5 月 4 日。
　　④《巴黎舞场选后记》,《北洋画报》第 1425 期,1936 年 7 月 14 日。
　　⑤《记巴黎之大三元比赛》,《北洋画报》第 1553 期,1937 年 5 月 11 日。

赛美,在津市尚属仅见",虽然参选男士不多,"然为看美男子而来之美女子,亦足使男子目不暇给"。①时装赛美会也是各舞场经常举办的活动。"女人之视衣服,在平时已如第一生命,况当此时装比赛之际,其考究当更可享",参加者"均花枝招展,鲜艳夺目"。②舞场中往往座无虚席,几无隙地。

为了吸引舞客,舞场还会举行各种抽奖活动。福禄林和大华饭店舞场都曾举办过"化装跳舞夺标大会"。其办法为在"地板上绘白圆圈数十,圈中标号码,音乐止时,舞者急择一圈立其上。店中执事将轮盘旋转,出一号码,立于同此号码圈上之人,即为得彩者。彩品共十种,最大者为银杯,余则为化妆品及银器之类"③。有些活动的奖品极为有趣:"特三区梦不来兮花园舞场举行夺奖,有在公懋洋行打字之西女得一驴,社会闻人雍鼎丞君得一兔,章以吴君得两金鱼,一死一活。"④此外,各舞场每逢新年、圣诞节、感恩节等西方年节之际还会主办专题庆祝舞会,到了夏季更会在屋顶开辟"屋顶花园"供舞客跳舞、纳凉。

天津人爱舞之心也带动了舞蹈培训业的发展。在天津教授舞蹈的人"首推为英人狄来斯父女,长住裕中饭店中,早年舞客多出彼父女之传授。此外另有俄人布罗托夫、齐那可夫及常出入金船(舞场)之一日籍青年等,三人之门墙桃李,亦不在少数"⑤。舞蹈学校也是层出不穷。英租界达文波路的维高舞社,标榜"时髦新步,学费低廉,功效纯速"。永安饭店曾有美国跳舞学校,"有俄籍男女教授四人,每日有十小时之教练,闻学生以华人及日人为多,总数已达四五十名"⑥。有些所谓的跳舞学校更形似小型舞场。"永安饭店三楼跳舞学校,新设华俄舞伴数人,供人练习。每夕九时起至十二时公开跳舞,任人参加,每人收门票三角,无异变相舞场。"⑦一些舞场和舞女也加入舞蹈培

---

① 《记巴黎舞场之男子美丽比赛》,《北洋画报》第 1565 期,1937 年 6 月 8 日。
② 《圣安娜之时装比赛》,《北洋画报》第 1547 期,1937 年 4 月 27 日。
③ 愚:《福禄林夺标大会之所见》,《北洋画报》第 121 期,1927 年 9 月 17 日。
④ 《曲线新闻》,《北洋画报》第 971 期,1933 年 8 月 12 日。
⑤ 《十年来之天津舞场》,《北洋画报》第 1422 期,1936 年 6 月 30 日。
⑥ 《曲线新闻》,《北洋画报》第 592 期,1931 年 2 月 28 日。
⑦ 《曲线新闻》,《北洋画报》第 604 期,1931 年 3 月 28 日。

训业的行列。意租界福乐丽舞场在《北洋画报》刊登广告:"欲留青春,请学跳舞。福乐丽舞场附设跳舞学校,教授新式交际舞。"①名舞女王冰莹亦在《北洋画报》大做广告:"兹有名舞星水艳仙子王冰莹女士及西女士,专教授家庭团体狐步、旋转、汤沽(探戈)等等舞,请驾临至法中街十七号房接洽为荷。"②在外国人主办的舞蹈培训机构中,教师同学员之间往往存在语言障碍,于是中国人自办的舞蹈培训机构应运而生。位于法租界西开教堂前电灯房对面的摩迭尔跳舞学院即有华人教授跳舞。其广告中说:"欲学标准之跳舞姿势及新奇步伐士女们,速请到敝学院一试。本校是中国人设立的跳舞学校,言语畅达,讲解明白,使学者容易心领意会,并有简章备索。学费普通班每月五元,速成班每种课程六元,时间日夜均可。"③最为新奇的是新新电影院曾"于正片之后,加演著名跳舞家毛雷氏教授雀儿斯动舞"。观者极为踊跃,可见津门市民爱舞之心。片中对于舞蹈的教授"确是得法,加以电影上再三映演,详细说明,初学者观之,殊易于领悟"④。

一些富裕的中国人多聘请私人舞蹈教师。"回力球场之兄妹舞蹈家莱古萨,合同满后,近受某华妇人之聘,授家庭跳舞,每日酬洋十元。"⑤另有"某要人夫人,近延跳舞教师数人,每晚练习于各舞场"⑥。这类私人舞蹈授课往往能快速提高学习者的舞技,"某工程师近由某律师介绍一俄籍跳舞女教师,学习跳舞,进步颇速"⑦。

交际舞作为一种休闲方式进入天津市民的生活,也引来了一些非议。本来"跳舞这件事,若在外国,也许是被认为交际手段之一种,和握手鞠躬一样的平凡,也没人去提倡,也没人去禁止。但是一到了我们贵国就不同了,跳舞这把戏,不特在道学先生认为是离经叛道的劳什子。即使是镀金镀银的先生

---

① "福乐丽舞场广告",《北洋画报》第 574 期,1931 年 1 月 10 日。
② 《学交际跳舞者注意》,《北洋画报》第 869 期,1932 年 12 月 13 日。
③ "摩迭尔跳舞学院广告",《北洋画报》第 1323 期,1935 年 11 月 16 日。
④ 斑马:《电影教授之雀儿斯动》,《北洋画报》第 127 期,1927 年 10 月 8 日。
⑤ 《曲线新闻》,《北洋画报》第 1292 期,1935 年 9 月 5 日。
⑥ 《曲线新闻》,《北洋画报》第 1301 期,1935 年 9 月 26 日。
⑦ 《曲线新闻》,《北洋画报》第 1556 期,1937 年 5 月 18 日。

们,也是和'钻狗洞'视为同类的"①。

当时天津舞场中确实存在一些负面因素。"福禄林、国民大饭店举办跳舞以来,风气大开,盛极一时,开通者固视此为高尚娱乐,而别有用心之徒,则侧身其中,以遂其拆白之欲。"②一些营业性舞厅中舞客与舞女之间,难免发生各种情感纠葛,舞女出卖色相乃至肉体的情况也是屡见不鲜。舞女不但"舞姿亦多妖冶者,耸臀摆腰,颇尽肉感之能事",而且"衣叉开至股腰间,舞时双腿掩映,确实动人"。况且"今之舞女,不独多为娼妓之改业者,而其行为,亦属娼妓之变相。若一入院,即掷三角三分三,而欲搂抱一妓女,不可得也。惟舞场中能之"。③天津还有所谓"夹百害"舞厅。"西方之'夹百害Cabaret,乃合酒馆舞场而一者也,有时舞女而兼卖淫焉。在吾国商埠中,此类营业,亦不在少数,称之曰舞场。"天津此类场所"有'跌落猛脱 Delmonte','卡尔登Carlton','福禄里 Frolio'等。惟其中以'跌落猛脱'为最著名,盖每夕均有舞台歌舞节目十数种,为他处所无,裸舞占大半,舞女亦多姿色,故人咸趋之若鹜。且舞且歌,通宵达旦。入场券仅售一元,酒水则索价甚昂云"④。

天津一些社会名流由此认为跳舞会引发社会道德的败坏,不利于世道人心,于是发起"打倒跳舞运动",想以禁舞来重整社会风气。《北洋画报》指出:"跳舞这件事情,说起流弊,当然免不了有,不过这是个人人格的问题,并不是社会上的风化问题。社会上风化之坏,亦不是单行禁止跳舞便可以好得了的",因此"个人的种格高尚,跳舞也似乎于风化没有多大关系","况且天津这个地方,华洋杂处,洋饭店林立星罗,跳舞场也有好几处,打算一例禁止,恐怕没有这等势力!"⑤

正如《北洋画报》所料,天津市民并没有响应这些社会名流的"打倒跳舞运动",反倒是舞兴更浓。福禄林名为应禁舞社会名流所请,停业12天,实则

① 《春天与禁舞》,《北洋画报》第 1366 期,1936 年 2 月 27 日。
② 诛心:《打倒跳舞之运动》,《北洋画报》第 88 期,1927 年 8 月 18 日。
③ 金羽人:《楼头观舞记》,《北洋画报》第 969 期,1933 年 8 月 8 日。
④ 《天津之"夹百害"》,《北洋画报》第 307 期,1929 年 4 月 18 日。
⑤ 二板:《关于禁止跳舞的几句话》,《北洋画报》第 90 期,1927 年 5 月 25 日。

闭门装修。"场内粉饰，全改白色，于夏日甚觉适宜，即秩序亦显然较佳。"①因此福禄林"为休息式之停舞数日外，与跳舞运动之本身初未发生丝毫影响，且以气候的关系，各处露天跳舞且踵兴而日臻昌盛，斯更为'禁舞运动'暗淡之现象矣"②。主张禁舞的名流"费纸费笔费唇费舌费寿，被打的不倒，打的反倒了"，《北洋画报》"奉劝喜欢打倒的人，这样大热天气，还是少惹点闲气，多吃点'爱死可力磨(Ice cream，冰淇淋)'多少是好"。③

天津市民不但喜欢跳舞，而且乐于观看各类歌舞演出。天津作为拥有九国租界，华洋杂处的商贸重镇，吸引了不少外国人来津从事歌舞演出。"西人之业斯者，以华人对于歌舞之倾向，景然风从，乃亦远涉重洋，投吾所好。"④

外国歌舞团的演出充满了异域风情，吸引了天津中西观众，其演出一般较为叫座。1927年俄国斯拉伯安斯基(Slaviansky)歌舞团来津，顾维钧曾前往观看⑤。1928年4月，英国班华德歌舞团来津在天升戏院演出《玛丽报主》，"前排票价五元，可谓昂极，而卖座竟在九成以上，观客西人最多，华人寥寥无几。西人全穿晚间礼服，西妇皆袒胸露臂，珠光宝气，璀璨耀目，可谓西装赛艳大会"⑥。同年10月，平安电影院聘来美国百老汇路著名两舞女，"并谓曾在《月宫盗宝》及《风流寡妇》等片中，加入演舞"⑦。1929年5月，夏威夷十人歌舞团来津在蛱蝶大戏院演出，"其舞均属土风舞，且多先导以歌舞，歌声柔媚可听，极能表现岛人无忧无虑之生活状况，地方色彩特重，是决非一般西人所可模仿而得者。夏威夷提琴，本已盛行新大陆，土人奏之，更觉地道，无怪西人鼓掌如雷"⑧。

有一些外籍人士长居天津专门从事歌舞演出，天津较为知名的外国舞

① 《小消息》，《北洋画报》第93期，1927年6月8日。
② 钟吾：《禁舞运动之现在与将来》，《北洋画报》第94期，1927年6月11日。
③ 非打：《打不倒以后的几句风凉话》，《北洋画报》第109期，1927年8月3日。
④ 《行将来华之两歌舞团》，《北洋画报》第251期，1928年12月1日。
⑤ 班马：《听俄歌唱记》，《北洋画报》第130期，1927年10月19日。
⑥ 咏咏：《华德歌舞团初演记》，《北洋画报》第177期，1928年4月7日。
⑦ 斑马：《平安观舞记》，《北洋画报》第233期，1928年10月20日。
⑧ 《胡蝶胡珊之后又胡拉胡拉》，《北洋画报》第322期，1929年5月23日。

图 3-14 梵天阁演出照

蹈演员为梵天阁女士。梵天阁旅居天津多年,在演出歌舞之余,还从事舞蹈教学,收有众多女学生。她所擅长的舞种有"霓裳舞、玉骨冰肌舞、蝴蝶舞、璧采舞、埃及舞、西班牙舞等等"[1]。她表演的埃及舞,号称"金衣皇后舞",曾在大华饭店与都拉你可夫君(Turalnikoff)合演。"女士手臂腿足各部,均敷以金箔,衣饰备极奇丽,都拉你可夫冠作金色,高耸头顶,四肢亦赤露,状殊俶诡,舞台尤极新奇。梵天阁女士,身轻如燕,手足又极矫捷,颇具飞腾之姿。最后一种舞态,系都拉你可夫君抱其双足,而女士翻身仰折,几可及地,腰腿工夫,洵极熟练。总之此幕舞蹈,女士忽偃卧,忽蹲伏,具见腰脚之灵敏,与舞蹈之变幻。"[2]

外国人的舞蹈表演给人耳目一新的感觉,为一种有别于中国传统舞的新鲜事物,但是某些人的表演却是夹杂了色情的挑逗。曾在天津表演跣足舞的丝丽娜(Marie Celene)姊妹(《北洋画报》曾译为赛勒奶姊妹)"舞蹈之技术,确精炼,腰腿上功夫,大可与梵天阁抗衡。每次舞毕,四座掌声轰然",但是演出时"四肢胸背皆赤,不独脚也。有一次舞态最猥亵,不堪入目,不知我国警察亦曾见及否"。[3]即便如此,《北洋画报》对于丝丽娜姊妹的跣足舞也给予了近于吹捧的评价:"跳舞本为美丽的一种艺术,而跣足舞赤露四肢,更于舞蹈之际,表现人体美与肌肉美,故为跳舞中之最美丽者。丝丽娜女士,花容月貌,玉骨冰肌,其姿容之佳,近来在津埠奏技之舞女,均莫能及。加以腰脚熟练,身手灵活,故其舞蹈精湛,亦远在近顷所见一班舞女之上。"[4]

1928 年,一支俄国歌舞团在明星电影院演出,"舞女除妙处方寸之地,略

---

① 《本埠消息》,《北洋画报》第 100 期,1927 年 7 月 2 日。
② 斑马:《再观梵天阁舞记》,《北洋画报》第 109 期,1927 年 8 月 3 日。
③ 斑马:《梦不来兮夜花园中之一夕》,《北洋画报》第 114 期,1927 年 8 月 20 日。
④ 斑马:《观跣足舞记》,《北洋画报》第 120 期,1927 年 9 月 10 日。

为遮掩外,两乳亦赤露垂荡,乳头且以胭脂作一红点。舞蹈时,乳亦摇动不已。观者亦为之心旌摇摇矣。但其貌殊不佳,舞亦平凡,或此为最新式之一种乳舞欤"。该团还有一种金身裸舞,"其实亦可称全身裸舞。盖全身敷金,甚至下处,亦成黄金窟。而除黄金窟有黄带子封锁外,其余直是一丝不挂,故称为全身裸舞,未始不可"。一些人对该团的演出"趋之若鹜(鹜),则皆裸之力也,舞云何哉"①。

民国时期,在外国歌舞演出的带动下,一些中国人也开始组成歌舞剧团从事歌舞演出。见于《北洋画报》的中国歌舞团体有明月歌舞团(明月歌剧社)、梅花歌舞团、集美歌舞团、冷燕社等。

1930年5月,黎锦晖率明月歌舞团由北平转道来津演出于皇宫、春和两院。明月歌舞团首次来津演出获得了观众的欢迎。"各曲歌词谱,均黎锦晖氏手制。大半为儿童剧,剧中角色,不外以桃李蜂莺为象征。歌词皆用国语,而唱来婉转动听,不呆板,不艰涩,不俗俚。歌者皆少女,呖呖珠喉,清脆悦耳。童心、童音、童剧,三者美备,形成一至美之世界。团中诸歌舞家似以黎莉莉、王人美、薛玲仙三女士为尤娴熟,舞姿歌调,并臻化境。"②黎锦晖还在北洋饭店接受了《北洋画报》的采访,对明月歌舞团的发展和艺术审美进行了说明。

《北洋画报》对明月歌舞团颇为称颂,认为"中国歌舞之萌芽,不能不承认生自明月歌舞团。中国新兴歌舞之创造者,不能不属诸黎锦晖"③。明月歌舞团对于中现代国歌舞的发展具有开启之功,"吾国人士对于歌舞发生欣赏之情趣,实自《葡萄仙子下凡》始,至《毛毛雨》而热情益狂。一时歌舞之社,先后竞起"④。针对有些人对明月歌舞团"辞句近于浮荡,而姿势失诸轻佻"的批评,《北洋画报》指出:"只须翻开一本有音韵之文学,无处不是言情。言之不足,歌以咏之,由来有自,是讵可以罪歌舞团耶。"⑤明月歌舞团并非没有缺点,《北洋画报》希望评论者"应从建设方面着想,庶歌舞艺术,得以渐次茁

---

① 斑马:《明星裸舞记》,《北洋画报》第188期,1928年5月16日。
②《介明月歌舞团》,《北洋画报》第474期,1930年5月20日。
③⑤ 秋尘:《明月歌舞于开明》,《北洋画报》第513期,1930年8月19日。
④《行将来华之两歌舞团》,《北洋画报》第251期,1928年12月1日。

长。若仅出之以讥讽,则失批评之本意矣"①。

1930 年 9 月,明月歌舞团取道天津前往辽宁,应春和大戏院经理高士奇之邀,在津演出四日,此时明月歌舞团已更名为明月歌剧社。《北洋画报》于 9 月 4 日特为之刊发《明月歌剧社来津表演专页》。鉴于前次来津被人指责演出浮荡、轻佻,因此明月歌剧社此次在节目选择上较为审慎。可能被人"认为稍涉轻亵者,均摒而不演"②。同时,演出节目题材多样,或歌人间之爱,或歌革命之勇进,或歌生活之美满。"幽婉悲壮,徘徊激昂,各极其妙。含义不同,情趣自异,较之前次来津,半歌情爱,稍失偏于一方面者,大有进境",能够使观众"得到多方面之兴感,明月歌剧社是诚不能仅以所谓'靡靡之音'视之也"。③明月歌剧社演员充满青春活力的表演,引发了观众无尽的感叹。"无限深情婉转歌,回肠荡气客愁多。青春已去风流藐,忍泪吞声唤奈何。"④同年 10 月,明月歌剧社第三次来津,《北洋画报》对明月歌剧社此次来津极为重视,刊发了两期专页进行报道。此次黎锦晖偕夫人"标准美人"徐来同来,众人力邀徐来登台演出《毛毛雨》。在津期间,黎锦晖曾往南开大学同张伯苓会晤。

1931 年 7 月、1932 年 8 月、1933 年 8 月,集美歌舞团、梅花歌舞团、冷燕社先后来津,《北洋画报》也为之刊发专页,并对其演出进行了追踪报道。

休闲娱乐是城市社会发展的必然产物,是城市文化的重要组成部分,其中蕴含着城市社会与文化变迁的意义和影响。《北洋画报》努力发掘休闲娱乐的社会意义, 以此推进现代城市休闲娱乐文化的建设和健康生活态度的养成。冯武越及《北洋画报》的报人们所试图构建的是一种充满西方文化的现代生活方式和价值观。民国时期,随着商品经济的发展和西方文化的影响日深,天津市民无论在消费行为还是在消费意识上都发生了变化,消费主义已经在天津城市社会生根。而《北洋画报》以自身的报道直接或间接地营建

---

① 秋尘:《明月歌舞于开明》,《北洋画报》第 513 期,1930 年 8 月 19 日。
② 凌波:《重见明月记》,《北洋画报》第 520 期,1930 年 9 月 4 日。
③ 秋尘:《秋来明月满春和》,《北洋画报》第 520 期,1930 年 9 月 4 日。
④ 清谿老人:《听黎丽丽、王人美、薛玲仙歌》,《北洋画报》第 521 期,1930 年 9 月 6 日。

了都市人的文化艺术观念及其社会心态。《北洋画报》的背后,蕴含着天津城市文化艺术生活的消费主义面貌, 它引导并改变着市民的生活方式和休闲娱乐方式,进而影响并改变着天津人的价值取向和消费心理,使民众逐渐接受了西方的物质文明和精神文明。总体而言,《北洋画报》中所展示的西化物质消费和休闲娱乐方式丰富了天津市民的物质生活和精神生活, 提高了他们的生活质量,使市民告别了某些传统陋习和落后的生活方式。

第四章 《北洋画报》与艺术

《北洋画报》以"时事、艺术、科学"为办报宗旨，因此对绘画、摄影等艺术十分重视。《北洋画报》创办之初便声明："本报对于国粹美术，拟竭力提倡，兹已搜集古今名人书画以及古物之原照片百数十件，皆为罕见及名贵之品，按期尽量登载，可为吾国文化放一异彩。"①《北洋画报》的这个宗旨也是同冯武越喜好书画、摄影有一定关系。其实冯武越早年游历欧洲时，便对摄影艺术有所了解。同时，他对书画颇有涉猎，"武越本工程界出身，不擅美术，迩年因病，遵友好之劝，习作书画，以资静养"②。冯武越善画松，曾师赵松声，故又字"松弟"。天津名士方地山对武越之松评价极高，认为其功力在袁克文之上："昔寒云为我画松，人皆笑之，余独赏其气韵好。今观武越所画松，气韵亦自好，画理已胜于寒云矣。"③据称，冯武越的画作"气韵幽闲，曾以汉代石砖造型图像写入漫画，古趣新意，兼而有之。书法秀劲，无造作矫揉之态"④。而且冯武越同众多画家交好，对于画坛事业尽心竭力，民初即结识徐悲鸿夫妇于瑞士，并且在《北洋画

图 4-1 徐悲鸿、黄二南、刘老芝为《北洋画报》合作之画

---

① 《编辑者言》，《北洋画报》第 9 期，1926 年 8 月 4 日。
② 适盦:《志武越画松》，《北洋画报》第 1018 期，1933 年 11 月 30 日。
③ 适盦:《志武越画松》，《北洋画报》第 1018 期，1933 年 11 月 30 日。
④ 沈平子:《徐悲鸿的 1931 年冀鲁之行》，《中央美术馆》，2014 年第 1 期。

报》登载徐悲鸿多幅作品。①1931 年 5 月,徐悲鸿途经天津,曾往《北洋画报》社访问冯武越,冯武越等天津文化人士也给予了徐悲鸿热情的招待。②《北洋画报》五周年纪念专页上还登载了徐悲鸿所画冯武越像(第 651 期,1931 年 7 月 16 日)。

第一节 《北洋画报》与天津画坛

《北洋画报》"提倡鼓吹"绘画艺术的主要方式有登载绘画作品、刊登画家往来动态、报道绘画团体信息、发布画展消息以及为画家或绘画团体刊发专页。《北洋画报》通常在第 3 版刊登古今绘画作品,这一习惯一直延续到停刊。除了刊登古今书画作品,《北洋画报》还以大量篇幅对画家、美术团体进行报道,正如《北洋画报》自言:"虽不能阐发艺术真谛,裨益学者。然提倡鼓吹,不敢有后于人。"③

一、关注天津画坛

自清代中叶以来,天津就成为中国北方书画艺术重镇,这里不仅人才辈出,更重要的是,发达的城市经济为名人字画营造了广阔的市场。津城藏龙卧虎,懂画爱画的行家不乏其人,因此也吸引了大批画家来津开办画展。张大千就曾先后六次来天津永安饭店等地开办个人画展。1927 年秋,北平国立艺专教授、著名西洋画画家钱铸九(钱鼎)来到天津,在大华饭店举办了画展。广东画家黄少强、赵少昂来天津办展,冯武越正在北平养病,闻讯即至,并为之大力揄扬。

《北洋画报》深感"吾津为华北商业之中心,而社会人士缺乏美术之观念,故甚形枯寂"④。因此除了着眼于外地来津画家,对天津本地的美术团体,

---

① 参见越:《记徐悲鸿》,《北洋画报》第 294 期,1929 年 3 月 19 日。
② 参见秋尘:《悲鸿过津记》,《北洋画报》第 629 期,1931 年 5 月 26 日。
③ 记者:《说几句提倡艺术的话》,《北洋画报》第 359 期,1929 年 8 月 17 日。
④ 《美术界之佳音》,《北洋画报》第 260 期,1928 年 12 月 22 日。

如城西画会、绿蕖美术会等也格外关注,不仅及时报道这些美术团体的活动信息,而且会编辑专页,用整个版面对其进行宣传。

(一)"城西"和"绿蕖"

天津城西画会为名画家陆辛农(陆文郁)所创,成立于1928年3月,地址在城西北角广智馆。陆辛农"早年即有画名于津门,故画会初成,来报名者甚众。惟陆氏以为画学一门,贵求实际,不尚空淡(谈),非仅登讲台授讲义所能济事,故定学额仅止二十名,以为传一人得一人也。所授为国画正宗,如花卉、山水、人物诸门"①。授课时间为星期三、六及星期日下午。

城西画会刚刚成立,《北洋画报》随即为之刊文宣传,详细说明办学情况:"聘李珊岛、陈缘督、铁衫道人、陈恭甫、陆辛农诸名家担任教授。暂设国画普通科,学员不限男女,以对于绘画知识经验之深浅分为三级,依级月纳二、三、四元之学费。教授时间为每星期三、六及星期日下午,暂以三年为限,会址暂设天津广智馆内。"②自《北洋画报》介绍城西画会之后,"各界人士拟报名入会学习绘事,而向本报询问地址及章程者,日有数起。可见吾津热心美术者大有其人"③。《北洋画报》一方面声明城西画会的地址,一方面又承诺代送城西画会章程。

图4-2 城西画会合影(前排中立者为陆辛农)

---

① 宋蕴璞:《天津志略》,载来新夏、郭凤岐主编:《天津通志·旧志点校卷》(下),南开大学出版社,1999年,第364页。
② 《美术界之佳音》,《北洋画报》第260期,1928年12月22日。
③ 《如是我闻》,《北洋画报》第261期,1928年12月25日。

1929 年 2 月 16 日,《北洋画报》第 281 期刊发城西画会专页,对城西画会开办缘起和开班教授的办法，以及画会中诸位画家的情况进行了介绍。正是因有了《北洋画报》的宣传,城西画会开班后,报名者颇为踊跃。"城西画会开班后,学员原定廿人,现已多至廿四人,以地狭不克录收者甚多。学员内颇有能者,足征天津本有人才,特无人早为提携耳。"①只可惜城西画会成立后不久,原本的三位导师中"陈恭甫君,以教育事繁,不克兼顾;李珊岛亦将以事离津,同行辞职"②,只剩陆辛农独力支持。③陆辛农迎难而上,不但学员增多,而且"又立习字一科,凡学员皆须练习,陆君亦自写字交众传观,以资相互砥砺",同时陆辛农"又自编画谈,每星期一发篇讲说"。④所以其他画会的学员往往有转学城西画会者。城西画会一周年时还举办了会员和导师陆辛农的画展,以扩大社会影响。但是毕竟陆辛农一人独木难支,师资的匮乏使得城西画会未能在天津画坛取得更大的成就,并于 1932 年停办。⑤

《北洋画报》报道最多的天津绘画团体是绿蕖美术会。该会由苏吉亨(曾任天津群一社社长)等人组织成立,初名绿蕖画会,始创于 1928 年。"当时只于李捷克、苏吉亨诸君七位同志,组织了一个研究艺术的小团体,叫做眠龙画会,以后因为加入初学的会员很多,所以便改作绿蕖画会了",绿蕖取义"清高而一尘不染",希望"牺牲精神和金钱来为沉寂的天津艺术放一线的曙光"。⑥绿蕖画会初创时只有 8 位指导、36 位会员研究国画和油画,以河东中学校教室为活动地。成立了第一届暑期画会及星期会。1928 年 8 月 27 日,开第一届作品展览会,计中西画作共 200 余幅。此后绿蕖美术会暑期班开设时间是每年 7 月 1 日至 9 月 1 日的每天上午 6 点至 11 点。"除研究中西画外,

①《如是我闻》,《北洋画报》第 303 期,1929 年 4 月 9 日。
②《如是我闻》,《北洋画报》第 331 期,1929 年 6 月 13 日。
③另据陆惠元:《陆辛农先生年谱》记载,城西画会"开办月余,因收入不多,李、陈二人便提出作罢。后征得全体学员同意",由陆辛农"个人负责教学任务,继续下去"。载天津市文史研究馆编:《天津文史丛刊》1989 年第 10 期,第 176 页。
④《曲线新闻》,《北洋画报》第 373 期,1929 年 9 月 19 日。
⑤参见陆惠元:《陆辛农先生年谱》,载天津市文史研究馆编:《天津文史丛刊》第 10 期,第 178 页。
⑥刘佑民:《绿蕖的过去和现在》,《北洋画报》第 359 期,1929 年 8 月 17 日。

并于球场中,备有各种运动器械,借助兴趣。"①

1929 年 8 月 22 日,绿蕖美术会在大华饭店举办第二届作品展览,中西画作 129 件,出品者 34 人。该会参展画作"不拘一格,取径不限中外,以唯美为原则,以融会为手段",具有"超脱不羁之精神",被认为"当能开画界之新纪元"。②当时会员已 60 余人,截至年底时会员已达 120 余人。又借河东中学校礼堂为工作室。为求融会中西、启发文化,绿蕖美术会还添设昆曲、摄影、书法三科。

1930 年,绿蕖美术会为求得进一步发展还呈请天津市教育局要求立案。天津市教育局以"该会组织完善,且于本市美术教育之进展,大有裨益"③,于是批准立案,并拨给活动经费。该会指导教师共 6 人,会员 140 多人。同年 6 月,在河东中学校开第三届画展,共计出品 300 多件。闭幕后,主办陕灾书画展览,并受陕灾急赈会及市政府之委托,协同中西女校、女子师范的一部分学生,到北戴河组织陕灾募款书画展览会。赴北戴河 60 多日,募得赈款数千

图 4-3　绿蕖美术会合影

元,但使得该年度的暑期班完全停顿,会员涣散,昆曲、摄影等组,也无形中止。同年秋,天津市教育局补助临时费 200 元,会员亦每人负担捐款 10 元,于 11 月在粮店后街新建会址,并举办第四届画展。美术会同时借天津市立师范学校,展览会员收藏,前后共 4 日,展出 30 多人的作品 200 多件。同年,绿蕖美术会还吸纳德国画师贝兰瑟夫④为名誉会长。"开本市中德爱好艺术合作之途径,诚一可纪之事,并闻有多人将执弟子

---

① 《曲线新闻》,《北洋画报》第 490 期,1930 年 6 月 26 日。
② 王小隐:《纪绿蕖画展》,《北洋画报》第 337 期,1929 年 6 月 27 日。
③ 《曲线新闻》(二),《北洋画报》第 433 期,1930 年 2 月 13 日。
④ 贝兰瑟夫任职于某洋行,但精于绘画。

礼,从学于其家。"①

1931 年暑期,绿蕖美术会在日租界福岛街设立分会,会员 87 人。下半年受九一八事变、"天津事变"影响,活动几乎完全停顿,会员到会者只四五人。1932 年春,渐渐恢复活动。此后绿蕖美术会逐步恢复、发展,至 1936 年,苏吉亨携画作 200 余件,到南京举办画展。

绿蕖美术会能坚持数年,关键在于组织者的苦心经营。绿蕖美术会的创办者"立志要作一点美术事业,浸润浸润十数年来死灰槁木的天津社会",因此对会务极为热情。苏吉亨"对会务寝馈不忘,有魄力,有胆气,有创造的本领,合(和)百折不回的精神。他尝向朋友说:'吾宁牺牲一切,决不轻易中道而废。'所以该会几番变化,都被他设法摆脱过去"。李少轩"延揽人才,艰辛擘划,劝捐觅地,不辞劳怨"。正是在会员的不断努力下,绿蕖美术会获得了较快的发展。"不到三年的工夫,不但把绿蕖二字传播的遐迩皆知,居然也有了永久的会址,固定的经费,还出了余暇,为一般逢灾遇难的苦同胞办赈捐。这种猛进的精神,真值得人钦佩。"②

《北洋画报》对绿蕖美术会的领导者进行了高度评价:

> 绿蕖美术会这块老招牌,在天津的美术界上,的确有他不可轻视的价值,他们这一群人,真够得上"不含糊"三个字,不管环境如何,人数多少,年年总是这么干!
>
> "天津"和"美术"四个字,我总觉得不大容易联串在一齐,在这儿,大家都在各人忙着各人的买卖,忙着各人的逍遥自在,有几个肯谈什么美术?又有几个肯去过那饥不可以为食、寒不可以为衣的艺人生活?也只有他们几位,肯这样干。③

因此,《北洋画报》对绿蕖美术会十分推崇,也积极为之宣传报道,曾为

---

① 秋尘:《记贝兰瑟夫画师》,《北洋画报》第 549 期,1930 年 11 月 11 日。
② 本段引文均出自《谈绿蕖》,《北洋画报》第 546 期,1930 年 11 月 4 日。
③ 秋尘:《一个老美术团体》,《北洋画报》第 831 期,1932 年 9 月 14 日。

其刊发画展专页6次,会员同乐会专页1次。1934年,绿蕖美术会第十届展览会时,《北洋画报》发表《绿蕖的六岁》一文,对绿蕖美术会进行了总结:

> 在沙漠似的天津,想播下一些艺术的种子,使它开花结实,这实在是万分困难的事。但艺术的爱好是人类天赋的根性,并不能因环境的恶劣而根本泯灭的。并且生活在沙漠上的人,他的生活越干燥,他的艺术的冲动愈强烈。如果把种子播在沙漠上,只要殷勤的去灌溉,也会渐渐滋长起来。
>
> 绿蕖美术会是在六年前成立的,它把艺术的种子撒在这干燥的天津市。他们不畏烦难的去灌溉它培植它。一年一年的经过了这长的时间,他们只是勇往直前的去前做,才获到今日的成绩。虽然现在的成绩,只是他们努力过程中的一瞥。如果他们始终一贯的干下去,我相信有美化了天津的一日。①

(二)女性画人及画会

中国女性从事绘画艺术源远流长,被认为是闺秀才女的特征。民国时期,因社会风气大开,从事绘画的女性更是层出不穷。《北洋画报》既以弘扬艺术为己任,因此对于女性画家极力提倡。

《北洋画报》在创刊之初便登出了女画家张湘婉的画作润格广告:"我国四千年来,巾帼中善绘花卉者,固不乏其人。然观其所作,率皆秀润有余,神味不足,求一完全佳幅,殊属凤毛麟角。"而张湘婉精研绘画多年,其画作"笔法秀健,天趣别饶,得秋风晨露之思,有潇洒出尘之致,洵可宝也"。张湘婉现居天津,《北洋画报》"乐为尊扬,爱刊画例,以公同好,庶不负女史所学。且彰吾神州之文明美术焉"。润格为"中堂:三尺,五元;三尺五寸,六元;四尺,八元;横幅同"。第128期(1927年10月12日)封面人物为女画家关紫兰,第2版又有由美归国女画家杨令莆的照片。

---

① 《绿蕖的六岁》,《北洋画报》第1144期,1934年9月22日。

　　《北洋画报》除了报道这些女画家之外，对以蓬庐画社、天津中国女子绘画刺绣研究所以及撷芳社为代表的天津本地女性绘画团体也给予了特别的关注。

　　蓬庐画社由天津著名画家陆辛农于1923年创办。"社址即在陆氏家中，专收女弟子，学额十人以上。时间为星期一二四下午三半日。来者皆名媛闺秀"，至1931年左右，"凡授五十余人。得名者如山阴章亚子，碣石张兆械，津门展树光、任文华、孙淑清，沧州王敏，苏城魏梅君、章元晖，皆蜚声沽上"。①

　　中国女子绘画刺绣研究所由天津知名画家龚礼田夫人陈乐如（又名陈祖鹏）创办。陈乐如"浙江湖州陈公贵生之女，承其家学，自幼即喜弄笔。稍长，益喜涉猎，积月累岁，颇有所得"②。

图4-4　龚礼田、陈乐如夫妇合影

与龚礼田结合后，二人于1923年同赴日本留学，对日本的画会组织印象深刻，决定归国后建立类似组织，以促进中国绘画事业发展，于是有中国女子绘画刺绣研究所之设。

　　1929年6月，适值研究所首届学生毕业，于是在大华饭店进行毕业展。"有条轴、屏幅、册页百余种，扇面百余种，琳琅满目，美不胜收"，观者踊跃，"女界占大多数，老太太扶杖携孙而往者，日有数起。各女校结队参观者亦有数处"。③此次展览获得了社会的好评，《北洋画报》还刊登了毕业展中的一些画作。陈乐如及诸位毕业生"谦抑为怀，不以一得自封，欲为更高深之研究，乃于展览闭幕翌日之夕"，组织成立撷芳社，"以为互相切磋，益资深造之

---

　　① 本段引文均出自宋蕴璞：《天津志略》，载来新夏、郭凤岐主编：《天津通志·旧志点校卷》（下），南开大学出版社，1999年，第364页。

　　② 龚礼田：《中国女子绘画刺绣研究所小史》，《北洋画报》第688期，1931年10月10日。

　　③《如是我闻》，《北洋画报》第333期，1929年6月18日。

地"。①该社以陈乐如女士为社长，祁彦荪女士、罗绮女士为正副文牍，王蕙田女士、胡振华女士为正副会计，并聘请李子畏为名誉社长，冯武越、王小隐、龚礼田为顾问。撷芳社社址仍设于中国女子绘画刺绣研究所内，"每星期三六开会一次，延请名师指授绘学"②。

　　1929 年 11 月，《北洋画报》同撷芳社联合举办菊花绘画摄影作品展。《北洋画报》认为此次展览有两点值得关注："从来菊展亦多矣，然而合菊花、绘菊及菊花摄影于一处而展览者，则当以本报与撷芳社此次合办者为其嚆矢。是又不但在津为然，想就全国言，亦属破天荒之举，是其可注意者一。津门艺术，向称沉寂，年来自各画会相继成立于先，本报与同业辈鼓吹提倡于后，于是始见些微生气。然而美术界自立门户，不相为谋，合作精神，异常缺乏。惟本报以提倡艺术为职志，超然立于各派之外，故能联合各派之作家，共同展览其作品，此亦津门艺术界之创举，而堪以注意者二也。"此次展览分为菊花、撷芳社菊画、菊花摄影、撷芳社外菊花作品四部分。观众"为观画影而来者有之，为赏菊而来者有之，每日观众逾千人"③。1931 年，中国女子绘画刺绣研究所第三届毕业成绩展时，《北洋画报》为之发行专页。至 1936 年，该所有毕业生七届，其中许多人毕业后都进入撷芳社进行深造。

　　(三)外国画人

　　《北洋画报》亦把关注的目光投向了旅津的外国画家。"旅津白俄人中，不乏风雅之士，故每年均有画展举行。"1929 年画展中以何尔洼将军夫人及其弟之作品，最受人欢迎。其画作"多为水彩大幅，且均描写北平山色及渤海水景之类，笔法奇劲，渲染轻清，洵足为吾国山河生色也"。《北洋画报》记者在参观画展后感叹于"白俄人于乱离之际，犹能致力美术，以维持文化为己责。比之徒知破坏者似较胜一筹，此吾人于参观画展之余，不能不致其钦佩之意耳"④。

---

① 梦天：《撷芳社成立记》，《北洋画报》第 334 期，1929 年 6 月 20 日。
②《美术界消息》，《北洋画报》第 336 期，1929 年 6 月 25 日。
③ 记者：《破天荒之菊花画影联合展览记》(上)，《北洋画报》第 399 期，1929 年 11 月 19 日。
④ 妙观：《俄画展记略》，《北洋画报》第 313 期，1929 年 5 月 2 日。

二、推介岭南画家

《北洋画报》的两任主持者都是广东人，或许是出于乡谊之情，《北洋画报》对于岭南画家十分提倡，积极为之鼓吹宣传。最早出现在《北洋画报》上的岭南画家是李子畏。李子畏原籍广东，自幼旅居北京，1928 年来津，在大华饭店举行画展，所带之画顷时售去大半，于是在 1929 年再次来津举办画展。《北洋画报》第 262 期(1929 年 1 月 5 日)编辑《李子畏国画展览专页》，为推介岭南画家之先声。

1932 年春，冯武越南游岭南，回到了阔别 23 年的家乡，也拉近了与岭南画坛的关系。冯武越南下后陆续在《北洋画报》发表《南游杂记》，介绍返乡的所闻所见。《北洋画报》第 796 期(1932 年 6 月 25 日)发表了《南游杂记》(十六)，讲述了访问岭南画派大家高奇峰的经过，并配发了《岭南名画家奇峰专页》。专页中刊登了由叶恭绰撰写的《岭南名画师高奇峰传》。

冯武越通过高奇峰的介绍，认识其弟子赵少昂，并对赵的艺术水平大加赞扬，认为赵虽然"出奇峰先生之门，而为先生之高足，然度量独宏，所见甚远，于树立党派，攻排异己，辄鄙夷之，故能周旋于艺术界中保守、折衷、欧化诸派之间，而尽得其长，再以之灌输于一己艺术之中，于是特放异彩。是盖明乎艺术无界限之深意，又深得其益者，诚可法也"[1]。冯武越对赵少昂的发展前景十分看好，认为假以时日，或能超过其师高奇峰。《北洋画报》第 816 期(1932 年 8 月 11 日)编发《岭南画家赵少昂专页》。专页上特别声明："凡有爱好赵君作品而欲求绘者，本报笔公(冯武越)愿任介绍，以画沟通南北文化之责。"

1932 年秋，岭南画派领袖高剑父游历南亚归国，冯武越赴其寓所访问。冯武越对高剑父十分敬重。"高氏自壮年即矢志革命，故在艺术上，亦在在能打破一切'成规'，完成创作，为中国艺术上辟一新途径，而使举世敬仰。"[2]

---

① 笔公:《南游杂记》(三十)，《北洋画报》第 816 期，1932 年 8 月 11 日。
② 笔公:《南游杂记》(三四)，《北洋画报》第 842 期，1932 年 10 月 11 日。

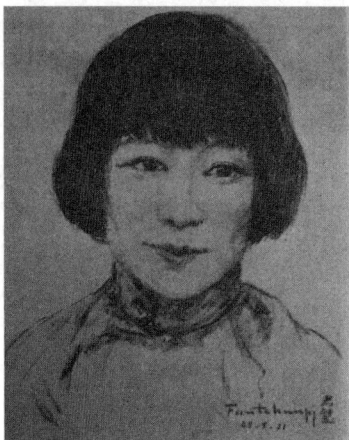

图 4-5　岭南女画家张坤仪画像

《北洋画报》第 842 期（1932 年 10 月 11 日）为高剑父专刊。"剑父先生的作品，虽昔曾刊载，但这次我们为沟通南北艺术，作有系统的介绍，所以又刊行这特刊。"①该期封面人物即为高剑父，第 2 版为《高剑父西游宣扬文化专页》，第 3 版为《高剑父作品专页》。如此高规格地为某人出特刊，在《北洋画报》的历史上是绝无仅有的。

这几次《北洋画报》对岭南画派的报道，不但使天津读者了解了岭南画派，也使得岭南画派一些年轻画家意识到了《北洋画报》在北方，特别是在天津的重要地位。他们希望能通过《北洋画报》这个平台，将自己的画作推广到北方。黄少强在印行画集前，先嘱《北洋画报》为之刊行专页。于是《北洋画报》第 861 期（1932 年 11 月 24 日）刊行《岭南画家黄少强专页》。高剑父、高奇峰兄弟亦在专页上撰文推介黄少强。《北洋画报》第 891 期（1933 年 2 月 7 日）又为高奇峰女弟子张坤仪设《岭南女画家张坤仪专页》。

正是因为《北洋画报》的积极推介，岭南画派渐为天津读者所熟悉，特别是曾刊发专页的赵少昂和黄少强的作品，"见之者无不惊异赞赏，叹为仅见。以是欲得二君之画者，踵相接"。于是冯武越与二人商议，"请作笺面条幅五十件，寄津展览"，在大华饭店举行二人作品展览，"岭南画展，在北方举行，实为创见，亦宣扬艺术之盛举也"。②

二人在天津的画展于 1933 年 6 月 17 日至 19 日举行，观众十分踊跃，"三日中名流淑女，交相踵至，极一时之盛。而尤为可感者，则为市内艺术团体之热心参观，记忆中如女师艺术副系、女子图画研究所、绿葇画会、撷芳画社等均结队前来，细加研究，赞美不置。预料将来北方画风，或竟因此番南国

---

① 秋尘：《上马杀贼，下马绘画》，《北洋画报》第 842 期，1932 年 10 月 11 日。
② 小蓬：《黄少强、赵少昂画展》，《北洋画报》第 946 期，1933 年 6 月 15 日。

新兴艺术之影响,而有一种转变",而且观者还踊跃购买二人画作。"至于此番展览之目的,纯为谭、冯二君欲介绍其乡邦之新兴艺术于北人,其初不在售品,所以标价极廉,只望敷衍开销而已。不意购者十分踊跃,条幅半数售出,扇面于第一日即销去大半,致使后至者失之交臂,太息不置。于是主持者乃一面标出定绘办法,一面去电两画家,请其速写百篓寄来,俾作第二次展览。第三日应允再展之复电公布后,要求早日通告者,实繁有人,可见津门人士对此折衷派之艺术之热心欢迎矣。"①冯武越邀请天津名士方地山观赏二人画作,方地山作诗以应:"画鬼怪易犬马难,不在肥瘦浓淡间。此中在在有真意,欲辨忘言可以观。"②8月26日,第二次画展开幕,"第二日即将陈品一半售出"。天津艺术团体"如天津艺术学校及撷芳画社,均有多人前来参观,来宾达三百人"③。

1934年,赵少昂、黄少强应冯武越之邀,"北来平津,展览其作品,并求教于北地名家,以期在学艺上有所增益"④。12月6日至10日,二人在天津举办画展,《北洋画报》第1176期(1934年12月6日)印发《岭南画家黄少强、赵少昂作品展览会介绍专页》。《北洋画报》对二人北来予以高度评价,认为将有利于天津文化艺术的发展:"客岁夏季笔公曾征集二氏画件,在津开会展览,极博好评。今二氏漫游来津,展览近作,使北地画家对岭南艺术收切磋观摩之效。则二氏不远千里而来,诚有利于吾北国者矣。"⑤

三、介绍特色画家

《北洋画报》毕竟是一家自负盈亏的媒体,虽然以弘扬艺术为宗旨,但还是要考虑报刊的营销情况。所以《北洋画报》十分注意介绍一些极具特色的画家,试图以此为卖点吸引读者。

---

① 记者:《黄赵画展志盛》,《北洋画报》第950期,1933年6月24日。
② 大方:《武越以黄少强、赵少昂所画示我漫赋以应》,《北洋画报》第960期,1933年7月18日。
③ 《曲线新闻》,《北洋画报》第978期,1933年8月29日。
④ 《画家赵少昂之北来》,《北洋画报》第1139期,1934年9月11日。
⑤ 小蓬:《介绍黄赵画展》,《北洋画报》第1176期,1934年12月6日。

（一）指画李石君

《北洋画报》较早介绍的特色画家是指画家李石君。指画在中国绘画史上占有重要地位，是中国传统绘画技巧中的一种特殊画法。指画以指代笔，使用指甲、指肚、指背及掌等部位作画。有时在指甲内藏少许棉絮，以蓄水墨，使作品呈现出朴拙、挺健、简明、大方的风格。李石君勤力指画多年，"术随年进，比且益臻神化"。所作花鸟山水等"栩栩欲生，别开画派"，使人"骤睹之几以为摄影"。《北洋画报》认为其画作"不特脱尽指痕，即水墨亦几浑化无迹，在三王吴恽外，洵足自成一家，中国画术之大改革，将自先生始"。并将其指画誉为"空前绝后，中外古今唯一之神品。以故世称仙笔，亦号指圣"。①

（二）怪画家萧松人

怪画家萧松人因其画风独特也受到了《北洋画报》的关注。1929年11月9日至11日，萧松人将在福禄林饭店三楼皇宫厅举行画展，7日《北洋画报》即在《曲线新闻》栏中以短消息进行预告。该消息对萧松人的介绍极为吸引人眼球，称他是"美术界革命青年画家"，被人"叹为得未曾见之大胆叛徒"，他的作品"实足惊倒群众，而为中国美术开一新纪元"。②辟第395期（1929年11月9日）第3版为《松人作画专刊》，为之宣传。第399期（1929年11月19日）还登载《萧松人画展评语选》。萧松人的画展"好像向岑寂万分的天津美术界放了一个炸弹，轰动了许多熟睡的民众，引起了无数的批评……他那个炸弹总算是响了！"《北洋画报》认为萧松人的画作极具革新精神，"反对他的也只有谩骂而说不出所以然，他的画的不好处始终没人所得出来"。③通过《北洋画报》的宣传，"革命画家""艺术叛徒"萧松人一时在天津引起轰动，画展后不久即在津开办画室，招收学生。此后萧松人还在天津举办了多次画展，《北洋画报》也都进行了报道。

（三）舌画家黄二南

《北洋画报》报道的最具特色的画家是舌画家黄二南。黄二南的经历富

---

① 本段引文均出自《记指画家李石君先生》，《北洋画报》第162期，1928年2月15日。
② 《曲线新闻》，《北洋画报》第394期，1929年11月7日。
③ 《萧松人画室》，《北洋画报》第404期，1929年11月30日。

于传奇色彩，早年肄业于山东高等学堂，
后赴日本留学，学习美术。他和李叔同一
同就读于日本上野美术学校。"凡西洋画
法，无不精诣"，自谓当时已能用舌作画。
时值清末，"朝政紊乱，而北方风气窒塞，
顽固尤甚"，黄二南参与创建"春柳新剧
社，意在以革命思想，输于中下级社会，志
甚伟也"。民国建立后回国，"曾服务教育，
农商各部，嗣转鲁豫为军人，授旅长职"。
退出军界后，无意从政，每日以书画自遣。
"昔年所学油画、水彩，画固极娴妙，然君
以皆非国粹，置不复作。见藉（籍）载喷墨画法，世无所传，乃简练揣摩，创为
舌画。"[1]

图 4-6　徐悲鸿为黄二南所作画像

吴秋尘曾详细记载了黄二南以舌作画的过程：

　　画之先，铺素纸，或素绢于长案上，四角绾之以钉，恐其动也。瓷皿
二，盛自磨古墨，色不甚浓，一盛高白干，味极烈。黄君去长衣，先进酒一
大口，咽之，复吸墨汁入口，量与酒埒。既吸墨，便俯首纸上，吐之若不经
意，初仅见不成规矩之墨线而已，或竟片片点点漆黑一团，不知所画为
何物，但见头摇案上，墨出舌底，不一瞬间，若花若叶若干，若人物山水，
无不一一如生，且富神韵，而深浅浓淡笔笔不同，诚所谓墨生百彩。有笔
在手者，当愧不如也。其作画虽只用一舌，而全身实皆与有力：腕之一支
一屈，足之一进一退，须之一拂一扫，唇之一翕一阖，莫非笔致，是固一
整个的自来水笔也。[2]

黄二南对于他的舌画极为自负，"要画不用笔之画，必先能画用笔之画，

---

[1] 本段引文均出自次修：《传黄二南》，《北洋画报》第 607 期，1931 年 4 月 4 日。
[2] 秋尘：《黄二南挥舌求志录》，《北洋画报》第 585 期，1931 年 2 月 5 日。

图4-7 黄二南舌画作品《竹石》

绝无不会用笔,而先能用舌者。用惯舌指,再用笔就太舒服了"①。他认为以舌作画较之笔作画更具优势:"国画用笔尚中锋,以右手持笔,虽如何端正,亦不如其舌之确为中锋。因舌居于中部,不似手之不偏左即偏右也。又谓毛笔作画,时偏于硬,时偏于软,至于彼之舌,则欲软则软,欲硬则硬,因时致宜,无不如意。"②他还曾调侃道:"卖笔的当然恨我,因为我舌可以画,指可以画,不用舌指,泼墨时杯盘亦可画,摸起什么来,用什么画,单单的就和卖笔的过不去。"③

实际上,舌画虽有噱头的成分,但画起来很难。黄二南指出难点在于:"一是墨含在嘴里,不能出气;二是眼擦在纸皮,看不见;三是脑袋摇起来,要头晕。这真是气功之一种,快趁年青画画,老了便没法画了。"而作画前喝烧酒,"不是闹名士派,一为壮壮气,二为去去毒,此酒一喝,毒跑了画来了"④。起初黄二南的舌画"本只限水墨,不设色,以色有毒也。顷经其友人李搏九大夫,为配制不毒之色,丹黄青绿,可以任意舔用,此则又一大进步也"⑤。

黄二南的画作曾在天津美术馆展出,博得好评。后在美术馆表演挥舌作画,博得一众爱好美术者之注意。后到《北洋画报》社进行公开舌画表演,《北洋画报》也积极为之报道。《北洋画报》第607期(1931年4月4日)即有《舌

---

① 秋尘:《黄二南挥舌求志录》,《北洋画报》第585期,1931年2月5日。
② 缺:《黄二南在平展演琐记》,《北洋画报》第763期,1932年4月9日。
③ 秋尘:《黄二南挥舌求志录》,《北洋画报》第585期,1931年2月5日。
④ 秋尘:《黄二南挥舌求志录》,《北洋画报》第585期,1931年2月5日。
⑤ 秋尘:《为二南二次专页写》,《北洋画报》第760期,1932年4月2日。

画家黄二南专页》,第 760 期(1932 年 4 月 2 日)有《二南舌画专页》,第 1494
期(1936 年 12 月 22 日)有《黄二南在察省助赈画展专页》。黄二南为《北洋画
报》历史上所少见的三次刊发专页的画家。

　　通过一番宣传,黄二南名声大噪,其作品"求之者日众",但因"舌画易伤
精气",所以黄"常以画病,其作品之价益高"。[1]而且一些外国人也为黄的舌
画所吸引。有德国人雷兴博士邀请他"赴平在万国美术院举行展览,来观者
多欧美人士,将使天下之人,为之咂舌"[2]。更有人委托他"作画一百件,往欧
美出售,每件价格为二十元,共可得二千元之数"[3]。

第二节　《北洋画报》与摄影艺术

　　在近代的艺术门类中,摄影常常处于被人忽视的境地。然而随着科学技
术的发展,摄影从 20 世纪 20 年开始几乎成为一种前沿艺术,并昂首于文化
艺术之林。冯武越早年游历欧洲,很早便接触到摄影。在京津居住多年的冯
武越深感北方摄影之幼稚,在创办《北洋画报》期间,他积极倡导摄影艺术,
为天津乃至华北摄影艺术的发展起到了一定的推动作用。

一、推动天津摄影艺术发展

　　1927 年 5 月 11 日,在《北洋画报》创刊一周年之际,为"为纪念周年,提
倡艺术,联络同志,建设北洋最初摄影会起见,特发起美术摄影悬赏大竞赛,
征集摄影界最近最佳之作品,刊之报端,决之公选"。并发布简章对竞赛规则
进行了详细的说明。

美术摄影春季悬赏大竞赛简章

　　一、应征照片,种类不拘,为人物风景时事均可,惟复影图画古物等

---

[1] 《舌画扇子"上市"》,《北洋画报》第 641 期,1931 年 6 月 23 日。
[2] 秋尘:《为二南二次专页写》,《北洋画报》第 760 期,1932 年 4 月 2 日。
[3] 《曲线新闻》(一),《北洋画报》第 757 期,1932 年 3 月 26 日。

记载式照相,无美术照相性质者,概不录取。

二、应征照片,尺寸大小不拘,惟蓝色及紫色不能制版刊登,概不录取。

三、应征照片,以个人自摄者为限,必须另纸开明何时何地所摄,所用镜箱种类,为原照抑为放大等项,以免假冒等弊。假冒被人指出时,虽中选亦当除名。

四、每人投寄照片最多以六张为限,每片一张,附寄邮票一角,作为手续及通讯等费用。来件并注明人名住址,加盖印章,缺一虽佳不录。

五、收件截止日期:六月五日。单子本日起即可投稿。

六、如照片由邮递送,必须用纸皮衬加,或用硬纸筒装好,挂号寄至本报竞赛部,否则如有损失,本报不负其责。

七、本报于收件以后,随时将片交审查委员会(由津摄影专家组织之)审查,如认为有发表之价值时,随时制版刊出。

八、刊载之件,暂不记名,只编列号数,以作日后公选时投票之用。

九、拟定预选最佳片二十张,但因随到随选,未能确定,刊登截止期为六月十一日。

十、全数刊出以后,由众投票公选,以得票之多寡,分为甲等三名、乙等六名、丙等十名。

图4-8　方山美术摄影作品《墙子河的深秋》

十一、中选者除各得奖品外,甲等三名得加入未来之摄影会为终身会员,入会费及常年会费均不须缴纳。乙等丙等共十六名,亦得加入该会,免收入会费。此会于竞赛终止后,即行召集会议,进行组织。

十二、为公开起见,本报征求与赛者对于下开二项之意见,请于来件时附带表示,本报当遵从大多数之意见。

(甲)决选应用公开投票式,抑开会展览及另组委员会决选为宜?

(乙)未来之摄影会,拟定名为北洋摄影会如何?如有更佳之称谓,乞不吝赐教。

以上两项,与参与竞赛者有直接关系,请勿忽视。①

由简章可以看出,冯武越试图通过悬赏竞赛的方式,将天津乃至华北地区的摄影爱好者组织起来,组成摄影社团。

竞赛消息发布后,《北洋画报》收到了不少参赛照片,但审查委员会检视后认为许多照片缺乏价值,"以致合格者至今不十件"。《北洋画报》认为"此虽华北摄影技术幼稚之现象,然亦因本报限期过短之故,以致精于摄影者不获相当时间以造成美术作品,因此本报特将竞赛收件限期延长"。②

对于一些欲参赛者关于"何为美术摄影"的问询,《北洋画报》也做出了说明:"摄影家时有来函质问何为美术照片者。此种问题,颇难作定义的答复。本报刊登中外美术摄影照作品,不只一次,读者似宜得到一种观感,是以竞赛简章中亦为规定何者为美术作品,何者始必有中选之望。近数期既有预选及模特儿之美术照片刊出,则摄影者可借作模范矣。除函请求说者来明而外,不明此旨,而以普通精美照片寄来者,不知凡几,是徒费手续费而已。"③

同时,为了增加竞赛的公信力,《北洋画报》决定将从预选中脱颖而出的照片"择地展览,俾本埠人士,得以实地研究各片之程度,而作公选之标准,

---

① 《美术摄影春季悬赏大竞赛》,《北洋画报》第 86 期,1927 年 5 月 11 日。
② 本段引文均出自《关于美术摄影竞赛重要启事》,《北洋画报》第 92 期,1927 年 6 月 1 日。
③ 《关于美术摄影竞赛重要启事》,《北洋画报》第 92 期,1927 年 6 月 1 日。

盖制版刊登,不能将原作佳处,尽情表现,常致遗憾也"①。

最终此次摄影竞赛"费时数月,征集照片百数十种,审查结果得二十八件,是为经过预选之作品"②。《北洋画报》从第89期开始陆续登载参赛投稿照片,每幅照片都进行了编号,有些还配发了审查委员会的评语。第109期登出了竞赛选票,"选举者以之剪下,在小框内用,或阿拉伯数码字(即123),将应选为第一之照片号码书入,照片号码已见所登各照片下,即预选第几号之号码是也"。填写之后,"加盖本人图章,以公选印花贴一明信片上(或用信笺信封亦可)",寄至《北洋画报》。③

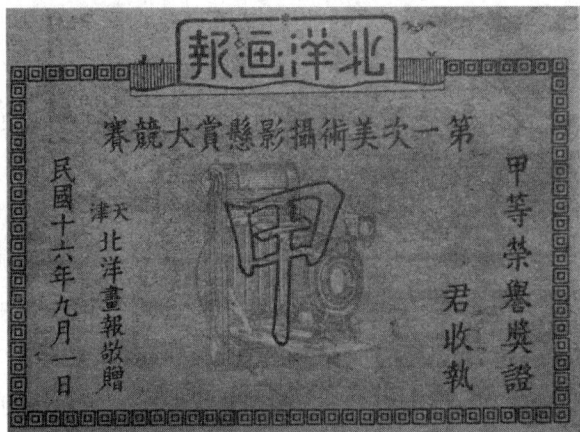

图4-9 《北洋画报》美术摄影奖状

1927年8月4日至11日,摄影展在大华饭店举行。"连日观者络绎不绝,对此二十余件之作品,颇能引起兴味。盖'画意''诗情'为人人心中夙具之天真,自然有多少契合之点,似与普通照相馆前,伫观'纷红骇绿'之倡优摄影,总有多少不同之意味也。吾国知有摄影术,颇有悠久之历史。而'摄影艺术化',乃确为最近之趋势,宜加提倡者,《北画》之举行此次展览,固亦此物此志耳",同时展览处备有簿册,"观者批评之用,连日评语甚多,颇有洞见

---

① 《关于摄影竞赛又一启事》,《北洋画报》第93期,1927年6月8日。
② 忆婉《记美术摄影竞赛展览》,《北洋画报》第112期,1927年8月13日。
③ 本段引文均出自《美术摄影竞赛影片公选章程》,《北洋画报》第109期,1927年8月3日。

之言"。①赛后《北洋画报》推出了《美术摄影专号》。"读者尽得于尺幅之中,领略若干幅有美术摄影之兴味,互相观摩,以资切磋。"②

趁摄影竞赛之机,冯武越试图组织成立北洋摄影会。北洋摄影会不设会长,由冯武越任总干事,负责协会各项事务。"凡摄影竞赛列名,及专号刊有作品诸君,俱得为本会会员。"③并邀请外国摄影名师加入。其中"作品曾经中选及预选之诸君,均列为基本会员",而仅入选专刊者为名誉会员。"以上两项会员,概不纳入会费及第一届年金。但名誉会员,以一年为限,期满仍须另缴会费。"

图 4-10 《北洋画报》特约摄影记者李先生

但又以"时局不靖,设会立社,易招误会,故正式成立,尚需稍缓。会员不拟招募,除基本会员以外,但如有同情此会而愿加入者,亦所欢迎"④。北洋摄影会的成立得到了会员的支持,来函表示赞成,"并时以佳作寄来,足以表示会员之努力"⑤。所有会员惠寄作品,先后择优借《北洋画报》发表。

北洋摄影会"设新闻部,以示于美术摄影外,更提倡新闻摄影之意。《北画》有登载此类照片之优先权,如同时有出品愿以寄中外报章发表者,本会愿尽介绍之职。会员中有愿加入新闻部者,请来函声明。《北画》对于会员出品,酬金从优。新闻部征求会员担任特约摄影记者,所有物质上各种难题,本会能代为解决而予以相当之援助,以示提倡"⑥。这又让人觉得冯武越组织北洋摄影会的初衷并不单纯,似乎也是想收拢一些摄影人士为《北洋画报》所用。

1928年,冯武越以北洋摄影会名义组织春季美术摄影展览。"际兹灿烂

---

① 忆婉:《记美术摄影竞赛展览》,《北洋画报》第 112 期,1927 年 8 月 13 日。
② 记者:《美术摄影专号之使命》,《北洋画报》第 138 期,1927 年 11 月 16 日。
③ 记者:《美术摄影专号之使命》,《北洋画报》第 138 期,1927 年 11 月 16 日。
④《北洋摄影会之发起》,《北洋画报》第 138 期,1927 年 11 月 16 日。
⑤《北洋摄影会举行春季美术摄影展览》,《北洋画报》第 187 期,1928 年 5 月 12 日。
⑥《北洋摄影会之发起》,《北洋画报》第 138 期,1927 年 11 月 16 日。

春光,宜人景色,正摄影家施展能力之良机。本会会员在艺术范围内应甚活跃,宜有特殊佳作,贡献于社会。因之本会发起春季美术摄影展览,征集会员与非会员最近之作品",并举行摄影展览,"以尽我会提倡摄影艺术之责"。此次摄影展览,"不取前次《北画》公选制度,只由本会邀请名家组织评判委员会,审定优劣,颁给纪念奖章,以资鼓励。将来展览竣事,并拟将去岁《北画》竞赛时本会基本会员之作品,以及美术摄影专号中名誉会员之作品,连同此次展览会陈列作品,合刊一纪念集,用志本会之工作"①。

1928 年 7 月 6 日,摄影展览在中原公司三楼光学部举行,展出摄影作品达百件,"公开展览,概不收费,并求批评"②。原定 8 日撤展,但因"头三日观众达万数千人"③,故而延期数日,"由七月六日至十二日共一星期,观众达二万余人"④。展览后,《北洋画报》出版《北洋摄影会美术摄影专号》(第 219 期,1928 年 9 月 8 日)登载参展作品。

北洋摄影会的成立确实在一定程度上起到了活跃天津及华北摄影界的作用。1929 年,会员张建文在《北洋画报》登载广告"敦请国内摄影同志参加国际摄影展览大会"⑤,会员张子赫"独资创办明明照相馆于北平东安市场,由美国够(购)到弧光灯及一切用具"⑥。冯武越妻弟赵道生以经营大华饭店知名,后与友人合资经营大华照相器材公司。该公司布置幽美,陈列丰富,所聘技师摄影经验丰富,"非徒博微利者可比",而"招待顾客,尤为周至,宜乎门庭若市,应接不暇也",除出售摄影器材外,"以冲晒照片为其主要之营业,因设备之精良,故出片最速而最美"。⑦

《北洋画报》除报道自身组织的摄影活动外,对于天津本地的各种摄影展也给予了充分的重视,从这些报道中可以看到时人对如何才能使得摄影

---

① 《北洋摄影会举行春季美术摄影展览》,《北洋画报》第 187 期,1928 年 5 月 12 日。
② 《北洋摄影会春季美术摄影展览》,《北洋画报》第 200 期,1928 年 6 月 30 日。
③ 《据说》,《北洋画报》第 202 期,1928 年 7 月 11 日。
④ 《北洋摄影会启事》,《北洋画报》第 206 期,1928 年 7 月 25 日。
⑤ "中缝广告",《北洋画报》第 360 期,1929 年 8 月 20 日。
⑥ 《曲线新闻》(二),《北洋画报》第 376 期,1929 年 9 月 26 日。
⑦ 白藕:《有一个大华》,《北洋画报》第 534 期,1930 年 10 月 7 日。

拥有艺术性的一些看法。1930 年"双十节",赵澄在大华饭店举行个人作品展。虽然展出照片数量"多至百数十种,以量言,已可谓为大观",但"以质言,则又略嫌太滥。选择不精,乃其大病。且限于经费与地位,陈列方法乃不得宜,若干幅大小不同之照片挤在一起,悬软铁线上,如晒衣然,殊不雅观"。《北洋画报》对于赵澄的摄影技术进行了中肯的评价:"在今日摄影幼稚之我国,自足称道,其搜求佳景之苦心,尤堪嘉许。然而赵君对于配光摄影,又似不甚注意,于其所取多属外景,绝少静物与人像,可以见之。而关于人工制作,美术手续之完成,赵君亦不讲求。原来美术摄影于摄影之外,所应讲求者,尚有数要点,底版与印片均应加以修理,此其一;放大尺寸适宜否,此其二;剪裁必工精,然后乃能饶有画意,此其三;最后则装裱亦关重要,此其四。惟赵君作品之合乎此数要点者至少,故纵有佳作,亦因忽视而被埋没,殊可惜",而且展览票价甚昂,"以致问津者无人,则社会环境使然,未足为赵罪也。"①

1930 年至 1937 年,天津美术馆每年至少举行一次摄影展。1930 年 11月,谭林北前往参观天津美术馆摄影展,谭林北认为照片的优劣"可从技术、美术、创造三点判别之:技术包括配光手术,简称摄影法;美术包章法、鉴赏;创造乃独出心裁之谓。假如仅以名胜之区,用优良摄影技能,以美术眼光取景,所得之佳片,不得谓为摄影名作,以各国摄影社每年选出之片,可以为证",虽然此次展出佳片不少,但"多数出品,来自他处,可见津地摄影之沉寂"。②此后天津美术馆还曾举办过多次影展,《北洋画报》也都进行了报道。③1934 年,天津美术馆第四届影展时,还邀请上海黑白影社参加。④《北洋画报》还为之刊发专页。1933 年,天津美术馆还"附设摄影研究会,招考男女学员,教授关于摄影之学理及技术,如透视学、美学、摄影学原理、放大印象

---

① 妙观:《赵澄美术摄影展览》,《北洋画报》第 539 期,1930 年 10 月 18 日。
② 林北:《天津美术馆之影展》,《北洋画报》第 557 期,1930 年 11 月 29 日。
③ 参见《曲线新闻》,《北洋画报》第 919 期,1933 年 4 月 13 日;《天津市立美术馆续征美术摄影广告》,《北洋画报》第 961 期,1933 年 7 月 20 日;《影展说明》,《北洋画报》第 964 期,1933 年 7 月 27日;《曲线新闻》,《北洋画报》第 977 期,1933 年 8 月 26 日。
④ 参见《曲线新闻》,《北洋画报》第 1100 期,1934 年 6 月 12 日。

术等。修业期限定为二年毕业"①。

二、介绍国内外摄影动态

时值《北洋画报》创刊前后,刘海粟在上海美专首开使用中国女性人体模特并展出人体素描的先河,引起国内轩然大波。"自海粟倡模特儿写真以来,一般人有称之为艺术叛徒者。"②冯武越因对艺术素感兴趣,对此不会没有了解。《北洋画报》在第2期上指出使用中国女性人体模特早已有之:

西人P君本奥地利人"居华亘十四年,长于摄影术,旅津助某照相商为业,未能独立,近将去而归故乡,不复依人篱下矣"。在华期间P君"尝自出重资饵吾国美女多人,使为模特儿,先后摄得裸体之影九十余帧,香艳庄严,兼而有之,殊不涉秽亵。至布景之优美,用光之当,尤其余事,迥非常见者之所可比拟于万一"。照片中女性"有挽髻者,有垂辫者,有短发者,姿首佳丽,固不待言,而其尤足令人生爱者,则躯体曲线之丰美,竟出吾人意料之外。盖常人咸以为中国女子躯体之发育,远不逮彼欧西女子,作是论者殆未得吾国之美妇人耳,苟获睹此,当自知其所见之不广。即P君亦言中国妇女,诚有美躯体者,不过访寻殊非容易耳云云。影中姿态,有合掌低眉者,有盘膝趺坐着,有伏者,有卧者,倚者,立者,不一而足,殆非笔墨所能尽形容者矣。P君为余言,此番归去,将选影中之尤佳者数十人,刊印成集,以供同好"。③《北洋画报》在创办初期的前两年(1926、1927)似乎是出于对刘海粟的声援,经常刊登西洋人体摄影及人体绘画照片。其中题为《葡萄仙子》④《顾影自怜》⑤的几幅"世界摄影名作",特意表明为"武越藏"。

1928年《北洋画报》刊出了"培克汉姆氏(Perckhammer)杰作中国人体美术摄影"《庄严》《荷香》(第201期,1928年7月7日)、《三光》(第208期,

---

① 《曲线新闻》,《北洋画报》第996期,1933年10月10日。
② 索隐:《画苑琐话》,《北洋画报》第73期,1927年3月26日。
③ 本段引文均出自莲:《观西人所摄中国裸影志》,《北洋画报》第2期,1926年7月10日。
④ 《葡萄仙子》,《北洋画报》第21期,1926年9月15日。
⑤ 《顾影自怜》,《北洋画报》第69期,1927年3月12日。

1928 年 8 月 1 日)、《花与温存》(第 231 期,1928 年 10 月 16 日)、《身法》(第 234 期,1928 年 10 月 23 日)、《色即是空》(第 238 期,1928 年 11 月 1 日)、《插花滋味可曾经》(第 241 期,1928 年 11 月 8 日)等以中国女性为模特的人体摄影照片。第 251、268 期登载的《若有所思》《妙莲华》的照片说明,进一步指出了这组照片为奥国培克汉姆(Perckhammer)所摄,似乎培克汉姆即是上文提到的奥国 P 君。

11 年间,《北洋画报》中的人体摄影名作比比皆是,刊登西洋、中国人体摄影近 200 幅,作品中模特体态优美,具有一定的艺术性,拓展了中国人的摄影艺术视野。但当时毕竟世风未开,《北洋画报》中的人体摄影作品也引来一些卫道士的非议。1931 年 12 月,有匿名"DDPL"者,致《北洋画报》一英文信,"责问何故屡登裸体妇人照片,并谓若不即为停登,当于本报不利"。《北洋画报》认为此事视为创刊五年来未见之事,并予以强硬回应:"本报所在街段之两端,各有警士岗位,相距不过五十码。馆内手脚亦众多,此外并有法律顾问为我辈保障,本租界内有工部局,本市有各级法院,有何见教,请前来一露好身手。"①

《北洋画报》刊载人体摄影的理念是同冯武越的美术观相呼应的。他曾在《北洋画报》上发表《裸体画问题》一文,指出:"至如裸体画一物,在研究艺术者之目光中,只见其曲线之美,绝无淫邪之念可言。其视为海淫之具者,适足以见其心目之不正而已。然吾非谓裸体画中无海淫者,凡其体态不正、不属艺术的描绘,或将阴处暴露,故示邪淫者,均为海淫之类也。……吾报毅然刊登裸体画片,完全为介绍世界美术起见,绝无海淫之意,自信选材非常慎重,类皆世界名作,为欧西各国所公然刊行发售,及足资国内美术界之借镜者,明眼人自能鉴别之也。"②

《北洋画报》关注于国外摄影技术的发展,向读者介绍新近摄影技术动态。第 177 期报道了在上海举行的全国摄影展览会。"会场中所陈作品,共有

① 《关于人体美照片》,《北洋画报》第 720 期,1931 年 12 月 22 日。
② 笔公:《裸体画问题》,《北洋画报》第 63 期,1927 年 2 月 19 日。

二百余件,日人及外人之加入陈列者,亦有十余幅。琳琅满目,美不胜收。其中分人像、静物、风景、孩童四部。"而且作品中有"模特人数幅,观者咸止步欣赏,爱不忍离,且有距画仅数寸而观者。其热心曲线美,可谓极矣"。综观全部作品"成绩斐然可观,足见我国人士摄影术之进步矣"①。

第 62 期介绍了基依欧夫人(Mme Albin Guillot)利用科学方法拍摄出的极具日本浮世绘风格的摄影名作。第 478 期将新奇的感光画摄影"首先以之介绍于国人"。感光画的发明者为"门雷氏 ManRay,故名之曰 Rayogram"。其拍摄方法"不借镜头、镜箱以及干片胶片之助,直接将物品置之感光纸上,利用光线之角度,及其明暗,以印物影于感光纸上,故名曰'感光画'"。门雷的作品《北画》迭有刊载,惜国人不甚注意及之,其能本此法以作画者,迄未之见"。②

《北洋画报》对于摄影,特别是艺术摄影的提倡,一方面契合了"提倡艺术"的办刊宗旨,将被时人忽视的摄影视为城市文化艺术的重要组成部分;另一方面也满足了社会中上层群体追求摩登的生活格调。

从某种程度上说,绘画艺术在早年是文人的闲情雅趣,是一种游离于大众之外的文人文化;而新兴的摄影更是富裕阶层才能体会的新潮艺术。民国时期的一些报纸虽然开设了美术专刊、副刊,介绍绘画和摄影艺术,但是单凭文字难以将画作和照片的意境之美传递给读者。而《北洋画报》上的一幅幅画作和照片,却能清晰地将绘画和摄影艺术的美感传递给读者,也就使得二者从"小众"走向"大众",进而发挥了文化推广的作用。

---

① 本段引文均出自《参观全国摄影展览会记》,《北洋画报》第 177 期,1928 年 4 月 7 日。
② 《感光画》,《北洋画报》第 752 期,1932 年 3 月 15 日。

第五章 《北洋画报》与天津戏曲

民国时期,天津不但是北方重要的工商业城市,更是南北经济、文化交流的重要枢纽。天津城市的发展,带动了娱乐业的繁荣。其时,戏曲作为津城最普及、市民最热衷的一种消遣方式,获得了极大的发展。《北洋画报》以"时事、艺术、科学"为宗旨,戏曲特别是京剧作为当时最为普及的艺术形式,尤为受到《北洋画报》的关注。戏曲广告、戏曲消息、戏曲评论几乎每期都有刊载,可以说《北洋画报》对天津的戏曲演出情况进行了全景式的报道,从中可以一窥天津戏曲演出业的风貌。

第一节 《北洋画报》的戏曲资料解读

《北洋画报》在第166期设立《戏剧专刊》收纳戏曲内容。《戏剧专刊》出版至第747期时暂停,仍"照最初办法,仍以剧讯、剧影随时插登时事版中,所谓'混合制度'是也"[1]。此举受到了许多读者的反对,于是第820期恢复《戏剧专刊》。截至《北洋画报》终刊,《戏剧专刊》共出版422期。《戏剧专刊》的发刊词中提出要"以艺术之眼光,褒贬伶人;以改进社会之宗旨,批评剧本",希望能够促进戏曲艺术的改良与发展。因此"凡于戏剧有研讨之兴趣,有改良之愿望者,以及伶人有关于剧艺上之意见,必当尽量容纳,以公究讨。俾吾国戏剧,日趋于辑熙光明之域"[2]。《戏剧专刊》于第820期恢复时又提出要"新旧剧并重,对于剧艺持研究态度,力避捧角恶习,持论务求严正"[3]。

---

① 《本报恢复剧刊》,《北洋画报》第819期,1932年8月18日。
② 游天:《开场白》,《北洋画报》第166期,1928年2月29日。
③ 《复刊开场白》,《北洋画报》第820期,1932年8月20日。

《北洋画报》的报道对象涵盖了戏曲的方方面面,为民国戏曲史研究提供了丰富的资料,归纳起来主要包括梨园掌故、戏曲常识、演出信息、演员宣传、戏曲批评等,其中尤以戏曲新闻和戏曲理论文章为重。

一、戏曲新闻

《北洋画报》设有《曲线新闻》《剧讯》《剧界琐闻》等栏目发布戏曲新闻,并且配发各种专题报道,使读者能及时了解艺人动态、演出情况。戏曲作为当时的流行文化,梨园名角受到了大众的追捧,因此《北洋画报》对知名艺人的报道极为重视。梅兰芳、尚小云、程砚秋、荀慧生、杨小楼、余叔岩、马连良、谭富英等京剧名角的新闻时常见于报端。这些名角在天津演出时,《北洋画报》还会通过发行专页、配发剧评进行宣传。1928 年 4 月,荀慧生出演于明星戏院。《北洋画报》于 3 月 28 日在《剧场消息》栏目进行了演出预告。4 月 4日,又在《戏剧专刊》上辟专页刊发《荀慧生号》,刊登《荀郎曲》《荀慧生有整理旧剧之功》《荀慧生之五出戏》等文章及荀慧生所绘山水画,进行宣传造势。4 月 11、18 日,又先后刊载《明星荀剧记》《荀慧生之〈香罗带〉》等剧评对荀慧生的演出进行揄扬。

《北洋画报》会对一些重要的演出进行追踪报道。1928 年韩世昌访日,《北洋画报》登出了《韩世昌过津东渡记》(10 月 6 日)、《韩世昌与日本之光荣》(10 月 13 日)、《大连韩信》(10 月 20 日)、《韩世昌自日本西京南禅寺寄》(10 月 27 日)、《韩世昌抵东后之舆论》(11 月 3 日)、《韩声震三岛》(11 月 3日)等连续报道。1929 年 12 月,梅兰芳启程赴美,在津登船前,天津各界举行欢送会。1930 年 1 月 7 日,《北洋画报》登载了《欢迎名伶梅兰芳赴美专页》,以图文并茂的形式对此事进行了报道。梅兰芳途经日本时,受到日方欢迎。《北洋画报》又及时刊登专门从日本发回的《梅兰芳渡美过东三日记》(上)(2 月 8 日)、《梅兰芳渡美过东三日记》(下)(2 月 11 日)两篇报道。2 月20 日的《梅兰芳与"樱国淑媛"》一文对梅兰芳在日大受欢迎进行了评论。此后又刊发《梅兰芳喝汤之电报更正》(3 月 22 日)、《海外梅讯拾零》(3 月 29日)、《口传梅讯》(4 月 26 日)等报道介绍梅剧团赴美的相关消息。4 月 19 日的《梅兰芳抵达纽约之盛况》一文,对梅兰芳抵达美国后美方的反应进行了报道。

针对当时一些人对梅兰芳赴美的非议,《北洋画报》也进行了回应。《梅兰芳赴美成败论》(5 月 17 日)一文认为:梅兰芳赴美的成败在于,能在美演出之暇"多事研求,日后归来,对于国剧,有所贡献,则此行为不虚耳",并不在于"发洋财与受洋人拍马也"。《梅兰芳誉满法兰西》(5 月 31 日)转载了法国媒体对梅兰芳访美的报道,指出梅兰芳虽然未曾来法,"而已博得法国最大日报之好评,他日更进一步,中华文物之声光,或将由此一举,而复振于全世界也"。梅兰芳回国时,《北洋画报》也积极刊发各种消息。

民国时期,戏曲女艺人受到大众的追捧。《北洋画报》刊登了大量关于戏曲女艺人的新闻,从对艺人台上表演的评价,到对台下生活的关注,可以说其关注是全方位的。关于女艺人的新闻报道侧重于细节描写,多着重于女艺人的扮相、姿色。其中透露出的是大众对于从事娱乐业女性的好奇与偷窥的乐趣,以及对女体和女色的揣测与遐想。试举几例:"女伶杜丽云常偕女伴游于中山公园,装束入时,挺胸露腿,极招人注目,皆许为平中女伶之最标志者"①;马艳云"冰肌玉骨,清丽宜人,环视今之坤伶旦角,盖无其匹,一辈男儿,甘心拜倒,有以哉"②。有些描写甚为露骨:"女伶冯素莲近来曲线美大为扩张,有三大之美誉:即乳大、臀大、腰大云。"③女艺人的家庭纠纷也成为报道的对象,甚至连外出购物、游玩,乃至生病都收入报端。

女艺人的感情生活常与社会名流权贵或著名男艺人有关,因此最能引发读者的兴趣。

对章遏云婚姻全景式的关注,更将女艺人的感情生活展示在大众面前。章遏云的婚讯"各报宣传甚力"④。在其结婚前就风传,"人谓其将下嫁北平最要人何某,婚事已有成议",但另有消息说"其将嫁津中倪七(倪道杰)。至于

---

① 《曲线新闻》,《北洋画报》第 812 期,1932 年 8 月 6 日。
② 天行:《记明星义务戏》(上),《北洋画报》第 129 期,1927 年 10 月 15 日。
③ 《曲线新闻》,《北洋画报》第 435 期,1930 年 2 月 18 日。
④ 《曲线新闻》,《北洋画报》第 505 期,1930 年 7 月 31 日。

究竟嫁谁,尚容'再探'"。①当章遏云正式同倪道杰交往后,报刊媒体更对二人的行踪进行了细致描述:"章遏云昨偕倪七爷到中原公司购大衣皮甬(桶)一件,金钢戒指一只,银像架四个,不下数千元。"②

女艺人的热恋能够吊起读者的胃口,婚变更能激发读者的关注。章遏云为求得与倪道杰分手,在二人乘车途经"法租界兆丰路大律师李景光门前"时,她"跃车呼救,倪之保镖者出枪示威"。其中一人"即出手枪瞄准云面,竟欲开放,幸而门口来有巡捕,始将手枪夺下"。章遏云在《北洋画报》上发表的声明更唤起大众对她的同情。"云(章遏云自称)自嫁倪,至今已有一年",但是"感情日坏,云种种痛苦,精神上,身体上,已不堪受。后想已嫁于他,只好逆来顺受。岂知倪强暴成性,不知觉悟,终日无理取闹,待云不如婢仆!我母因看不过此种情形,忍气而去。自我母去后,虐待更甚,一切自由剥夺殆尽,门口及院内,日夜有举枪之人看守,似此情形,不能与之共同生活。"而"倪敢于大庭广众之中,竟图开枪打人,其强暴可知"。章遏云"因恐外面不明真相",故而"特据实告知,恳求念云孤苦,为我援手"。③

《北洋画报》同时还积极向读者推介女艺人,助其成名。《北洋画报》先后推出《冯素莲专页》(1929 年 4 月 9 日)、《雪艳琴特刊》(1929 年 7 月 20 日)、《章遏云专页》(1929 年 9 月 5 日)、《双菊专刊》(1929 年 11 月 28 日),《(张)蕴馨特刊》(1933 年 9 月 30 日)、《陆素娟来津公演专号》(1936 年 5 月 2 日)为来津演出的女艺人进行宣传。1930 年 5 月 3 日,《北洋画报》举办"四大女伶皇后"评选。"津报界久有女伶四大名旦(章遏云、雪艳琴、胡碧兰、马艳云)之选,惟不过一时流行,初未经正式公选,且近年女伶勃兴,人才辈出,亦难使已成名者固步自封,后进者向隅兴叹。故本报乘剧刊百期纪念之机会,行女伶四大皇后之公意选举,一以觇顾曲者人望之谁归,一以励女伶界艺术之进步。"④此次菊选有别于以往菊选按得票多少排列座次,而是指出"四大女

① 《章遏云嫁谁?》,《北洋画报》第 361 期,1929 年 8 月 22 日。
② 《曲线新闻》,《北洋画报》第 567 期,1930 年 12 月 23 日。
③ 本段引文均出自藕:《珠尘劫》,《北洋画报》第 660 期,1931 年 8 月 6 日。
④ 《四大"女伶皇后"选举》,《北洋画报》第 467 期,1930 年 5 月 3 日。

伶皇后"选举虽然四后票数不同，但是"四人
票数之多寡，非即足为四后次第之标准"，因
为四人 "各有所长，断不能按票数遽分高
下"，所以"四后皆为皇后之一，固无正宫东
宫西宫之别也"。①

通过《北洋画报》的宣传，不少女艺人获
得了巨大的声誉。而女艺人也可借此声誉，
在演出时同男艺人各领风骚，进一步扩大了
女艺人的演出空间。

二、戏曲理论

《北洋画报》除刊登戏曲新闻之外，还刊
载了大量戏曲理论批评和剧评文章。这类文
章作者多为张厚载、沙游天、哈杀黄、王小隐
等浸淫戏曲界多年的剧评家、报人，因此《北
洋画报》的戏曲批评少了几许学究气，更加
贴近戏曲发展的实际情况。

图 5-1 杨小楼《灞桥挑袍》
饰关羽剧照

（一）重视剧本，呼吁剧本改良

《北洋画报》提倡"以改进社会之宗旨批评剧本"。因为"戏虽小道，然关
于社会教育匪浅"，所以编演戏曲不能"只求情节离奇，布景新异，音调动
听"。②单纯满足观众感官的愉悦。但是艺人出于吸引观众的考虑，剧本往往
"不顾其情节荒淫，轶出正规，五光十色，珠翠琅珰，只求举座为满，欲壑已
足，遑向其旨宗惩劝与否？曲意逢迎，其情可哭，而揆之本旨，实属可痛"③。
《北洋画报》认为戏曲"既表演于一般平民之前，当以贡献平民社会为原则"，
因此戏曲应该反映平民阶层的生活。但是"试观今日名伶所排之新戏，大都

---

① 记者：《女伶皇后大选之后》，《北洋画报》第 488 期，1930 年 6 月 21 日。
② 十三郎：《秋云室谈戏》（一），《北画副刊》第 115 期，1927 年 8 月 24 日。
③ 十三郎：《秋云室谈戏》（二），《北画副刊》第 116 期，1927 年 8 月 27 日。

描写妃嫔宫闱阀阅闺阁荒淫秽乱之事迹,动以'华贵''富丽'相号召",这种戏曲的演出,"不过使观众艳羡企慕,使渐趋于荒淫秽乱之途而已"。①

民国时期,新编戏层出不穷,其中固有精品,但粗制滥造者也为数不少。"编演新戏,最大通病有二,场子凌乱松懈,前后不能照顾,一也。不重情节,编上几句新腔,添上几下舞蹈,舞剑舞绸。或至于西洋跳舞,一打电光,便算新奇出众,可以加价,可以胜人,戏价加矣,愚者被蒙矣。然戏剧至此,亦难免破产矣。"②《北洋画报》希望新编戏能够尊重戏曲传统,并多编排能激发观众爱国热情以及导人忠义勇武,启迪人智的剧目。"在积极方面,应当使戏剧克尽其指导社会之责,在消极方面,也应当不使之导观众于歧途。"③

《北洋画报》特别重视传统戏的整理,认为从晚清开始虽然戏曲受到社会的重视,但是"多偏重于伶人之扮相端丽,嗓音圆润,而对于最主要之剧本,数十年来,并无有人彻底改革,致剧中情节错乱,词句俚俗。其他迷信鬼神之事实,触目皆是。此种剧本,深入民间,一般无识民众,脑筋中嵌入不良印象,小之可导人于不善,大之可危及社会安全,其流弊诚有过于小人书者。故改良剧本,实为研究戏剧者当务之急,至演员艺事优劣,又其次焉者也"④。《北洋画报》刊登了许多讨论传统戏剧情节的文章。这些文章多从剧情的整体性出发,探讨如何使传统戏的戏词和剧情合情合理。有些文章从史实的角度出发,希望剧情能和史实贴近,从而能起到传承中国历史文化的作用。

(二)抨击捧角中的不良现象

不可否认,《北洋画报》上发表过不少具有捧角性质的文章,但是《北洋画报》对于捧角的弊病也有清楚的认识。

第一,捧角干扰了剧场内正常的观剧秩序。艺人登场时,捧角者往往极度热烈地鼓掌叫好。特别是女艺人登台时,"虽庸材凡响,而手掌唇皮,亦必

---

① 游天:《戏剧是平民的》,《北洋画报》第192期,1928年5月30日。
② 游天:《荀慧生之〈香罗带〉》,《北洋画报》第180期,1928年4月18日。
③ 蜀云:《破除迷信的基础》,《北洋画报》第856期,1932年11月12日。
④ 晋史:《改良剧本之要图》,《北洋画报》第1448期,1936年9月5日。

勇猛事。其所企者何耶？不外邀美人一盼而已。但往往力竭声嘶，而彼美置若罔闻，或附和同音，无分彼此，岂不冤哉！其不冤哉！"①

《北洋画报》对剧场中一些捧角家的行为进行了揶揄：

> 天鹅蛤蟆欠思量，别有痴情说捧场。长坐龙须呼母妹(喝彩者不曰"好吗"，即曰"好嗲"，若谐音则好妈好妹也；"龙须"即台前最近坐位)，高攀骥尾认郎娘(对伶人不称曰"某郎"，即称为"某娘"，乍听几疑有骨肉之亲)。小生打倒消闲气(捧坤伶者，怠无不妒扮小生者之艳福，昔有人谓小生应在打倒之列)，盗贼行藏窥下装(剧罢赴后台窥坤伶下装，行踪诡秘，有如盗窃)。偶自狂号得一顾，姓名忽觉暂时忘(拼命狂号，大喝其采，无非欲得美人一盼；偶得青睐，立刻喜心翻倒，足使自忘名姓)。②

第二，捧角会阻碍艺人追求艺术上的进步。在《北洋画报》看来，捧角虽然能使艺人成名，但是如果艺人沉溺于捧角者的吹捧，便会阻碍艺术的进步。"至受捧之角，每至居之不疑，浸假而忘其为揄扬矣。稍假词色，偶设酒食，便已为曲尽其道，至艺事之切靡，则大都言不及此，即或偶然谈到，亦复如春风之吹马耳；故捧角之文滋多，伶艺转而不进。"③艺人"不图艺术之进步，只求顾客之捧场"④。长此以往，戏曲艺术前途堪忧。

第三，干扰正常的戏曲评论。因为捧角者对心爱的艺人极其维护，所以许多捧角者的剧评溢出正轨。"自捧角之说兴，艺员地位日高，而捧者尊之惟恐不及，几若神圣不可侵犯，曰某郎某娘某老板，则盛誉不去口。至人格若何若何，不曰慷慨，即曰高洁，艺之如何，反置而不论。或则恶其为人，则并举其艺而抹杀之，概以'不是东西''什么玩艺'等词，笼统骂倒，然倘使其

---

① 邵隐：《捧角家必具有伸缩力》，《北洋画报》第318期，1929年5月14日。
② 云若：《戏咏特种捧角家》，《北洋画报》第269期，1929年1月15日。
③ 王小隐：《岂独伶人也哉》，《北洋画报》第257期，1928年12月15日。
④ 尝胆：《速雪剧界之国耻》，《北洋画报》第202期，1928年7月11日。

而犹有一长,可供视听之娱乐,则其人必径置清议于不顾,而操笔者之权威坠矣。"①

捧角者在报刊上发表的戏曲评论多"好其所好,恶其所恶,颠倒黑白,欺人自欺。此辈胸有成见,意在笔先,不惜曲为解脱,扩大宣传"。某些捧角者"渐乃视评剧为其职业,而有啖饭之道,此由评戏尚能解决吃饭者也。伶人演戏,有时须假报纸为之宣传,遂挽友好请托诸编辑记者与评戏家之前,置筵款待,杯酒言欢,而后好者固好,劣者亦好,此则非鸭子鱼翅,即鸡绒鲍鱼在作祟矣。此种文字,亦近违心,盖因吃饭而评戏也。文人无聊,自古已然,于今为烈!"②某些捧角者甚至"朝秦暮楚,一饭可移其志向,睚眦遂变其论调"③。

(三)树立正确的剧评观

自从报刊媒体兴起之后,许多人通过报刊发表戏曲评论。一时间评剧家如过江之鲫,剧评也是泥沙俱下。《北洋画报》希望能够树立正确的剧评观,将戏曲评论规范化。红蛾曾发表文章将戏曲评论分为四种:"曰戏剧理论、表演技艺、现实评论、伶官轶事。"具体来说"理论所以使知戏剧之旨奥,举新旧剧是非之处,均得而批评之,阐发之。表演技艺则在演说剧中一切动作,然必于唱做念打,敲吹拉弹,桩桩不遗乃可。若单在伶人个人身上著论,不及于文武场面,亦不足贵。评论文字,要在就实演各戏,从伶人艺术上为剀切之指正或发挥。私见不可存,好自说好,坏自说坏。至于伶官轶事,则须注意其平生对戏剧之贡献,若个人舞台笑话,或空泛之某人如何好,究属无益于歌坛。每见迂腐者流,动谓程长庚如何规矩,谭鑫培如何率脆,意以今之伶不及古人为憾。殊不知即使与程谭一样,亦不过十九世纪末叶玩艺,名曰复古,何殊退步?戏剧为进取的艺术,奚必以回复到两根台柱,一个吊顶之舞台为典型哉。评剧者自认清可耳"。④

《北洋画报》认为戏曲评论的重点"在戏剧本身之价值,伶人之艺术;若

---

① 《梦天谈剧》,《北洋画报》第 211 期,1928 年 8 月 11 日。
② 红蛾:《评戏吃饭与吃饭评戏》,《北洋画报》第 1308 期,1935 年 10 月 12 日。
③ 红蛾:《评剧与捧角》,《北洋画报》第 1096 期,1934 年 6 月 2 日。
④ 红蛾:《评剧与捧角》,《北洋画报》第 1096 期,1934 年 6 月 2 日。

本身家世,殊无重要。有人且炫以详知梨园掌故、伶官琐事为能,其忽略评剧之本旨,实甚可笑"①。戏曲评论"应该就这戏剧的本身上来下断语,来估量他的意义如何,感染之力有多么大。这是基础,这是最根本的一段。至于演员的演技,只是用来完成这'动的艺术'的'动'的。虽然用这可以戏中人物再现于观客之前,而由'一个忠实的演剧者,应该绝对服从剧本'这一句话来看,可以知道演员并非真的根本,这是很显明的"②。

(四)辩证看待戏曲流派

民国时期,中国戏曲,特别是京剧出现了许多流派。"挽世伶人程度日进,渐知取长舍短,终乃分门别类,自成一格。"③戏曲流派"有以唱工相似为标准者,有以剧目相似为标准者,有以念做相似为标准者。虽所宗之派别不同,要皆以能得某派之精髓,方为合格"④。多种流派的形成是戏曲昌盛的反映,但是也出现了一些弊端。

《北洋画报》反感于艺人以"某派正宗"标榜的现象,"今日一般后起伶人,重视派别,宛如生命。无论其唱做之优劣,必先于衔上加以'某派亲传',或'某派老生'以为号召。但究其实际,则仅能演某派之剧目,或仅有一二唱做相似某派,如是既以此派名之,亦诚浅薄也"⑤。这些流派的模仿者多"亦只唱工略似耳。故新艳秋以略哑之嗓,偶习砚秋之腔,遂为一般人附会谓为绝似;昔金友琴歌来响亮略肖梅王,亦有一般人誉为坤伶中之兰芳。其实牵强之论,虽为定评。谭鑫培以后,习须生者,无不惟谭腔是趋,顾真肖谭者几人?至谭派各戏,亦自甚多,若强为分派,则有靠背、衰派、念工、做工、唱工之不同,今伶人每就个人之特长,随意取舍,于是谭派老生中,亦不免有各门各类之别"⑥。有些人甚至"或与'某某派'貌似神离,或根本不与某某派发生关系"⑦。

---

① 红蛾:《评戏吃饭与吃饭评戏》,《北洋画报》第 1308 期,1935 年 10 月 12 日。
② 外:《怎么养эт捧角风气》,《北洋画报》第 1427 期,1936 年 7 月 18 日。
③ 墨农:《论唱戏之派别》,《北洋画报》第 1227 期,1935 年 4 月 6 日。
④ 金晓岚:《伶人之派别》,《北洋画报》第 1516 期,1937 年 2 月 13 日。
⑤ 金晓岚:《伶人之派别》,《北洋画报》第 1516 期,1937 年 2 月 13 日。
⑥ 墨农:《论唱戏之派别》,《北洋画报》第 1227 期,1935 年 4 月 6 日。
⑦ 红蛾:《取法乎上》,《北洋画报》第 1397 期,1936 年 5 月 9 日。

图5-2　陆素娟剧照

《北洋画报》认为"艺术绝对不是止于模仿而能成功的"，诚然"没有一个人生下来便是一个天然的艺术家，但是模仿只是他预备成功的一个初步，而决不是他的目的。我们试翻开东西各国的艺术史来看，试问有哪一位艺术家是止于因袭模仿而成功的？每一个人有每一个人的灵魂、思想、中心意识，所以人与人的表现是不能相同的。模仿别人即是放弃了自己来替别人作傀儡，作不完善的印板。这算作艺术吗？何况这些作傀儡的，作印板的，还以傀儡、印板程度的高下来自豪！这真是旧剧界的大悲剧！"[①]并进一步指出："夫派别之说，不特于伶人之艺无丝毫裨益，且反有因派别之故，固步自封，一无进展。所谓画虎不成反类犬者也。"[②]因为"盖各人天赋有别，嗓音高者决不能使之低，清脆者决难使之暗哑，身材有胖瘦高矮之分，适于瘦者之动作未必宜于胖，合于高者之举止未必尽合于矮者"[③]。《北洋画报》希望戏曲艺人能够从自身条件出发，不要拘泥于所谓流派能走出自己的艺术道路。"且伶人之成名，固不在乎派别，如马连良曾学谭鑫培，程砚秋曾师荣蝶仙，杨小楼曾师俞菊笙，梅兰芳曾师陈德霖，而今日皆能自立舞台名盛一时，实非以派别相号召。要之，只须能自努力，勤奋不怠，即可自成一家，又何用派为！"[④]

《北洋画报》所刊载的戏曲资料对民国戏曲界进行了多方面的报道和全景式的展示，展示出戏曲作为当时的流行文化所拥有的风貌，使读者能够更为全面地了解民国戏曲活动情况。其中所体现出的戏曲观和戏曲改良思想，

---

① 曼优：《关于"某派正宗"之拉杂感》，《北洋画报》第905期，1933年3月11日。
② 金晓岚：《伶人之派别》，《北洋画报》第1516期，1937年2月13日。
③ 乙威：《谈艺员之派》，《北洋画报》第1433期，1936年8月1日。
④ 金晓岚：《伶人之派别》，《北洋画报》第1516期，1937年2月13日。

又使得我们对当时的戏曲理论界有了更进一步的认识。

第二节 《北洋画报》与戏曲女艺人的明星化

报刊作为民国时期大众传媒的最主要形式，打破了以往口耳相传的戏曲艺人宣传格局，将艺人纳入由报刊编制的空间中，在戏曲的现代化转型中发挥了不容忽视的作用。报刊与艺人的联姻，造成的一个不同寻常的后果，就是艺人的明星化。

戏曲女艺人作为民国新兴的社会群体，其演出获得观众的欢迎，成为大众瞩目的焦点，更是受到各类报刊的关注。从台上的表演，到台下的生活，女艺人的一举一动都成为大众关心和津津乐道的报道题材。较之男艺人，报刊媒体在女艺人的明星化过程中扮演了更为重要的角色。在明星化过程中，女艺人的形象也得到了重新塑造。本节拟通过对报刊资料的分析，探讨报刊媒体在女艺人明星化和形象塑造中所起的作用。

一、报刊媒体的捧角

对于女艺人来说，拥有天分和美丽，完成各种演出技艺的训练，并不意味着能通向成功。正如一位女艺人的母亲所说："女孩子唱戏不容易，有好师傅教，唱得好，如果没有人捧就红不了。"[1]"捧角"这种说法到民国时期才出现。[2]参与捧角活动之人常被称为"捧角家"。他们常常以赠写诗文、撰文赞美、听戏叫好、组团结社、酒宴交际、金钱赞助、编写剧本、上号菊选等方式去"捧"自己所喜欢的艺人，助其成名。可是这些传统的捧角行为，虽然能使女艺人成名，但此种得来声名的覆盖面相对有限。而一旦女艺人进入了报刊媒体，其声名很可能会遍及报刊的发行覆盖面，而女艺人也在报刊媒体的宣传中成为明星。

---

① 许姬传：《天津十年》，载天津市政协文史委编：《天津文史资料选辑》第 38 辑，天津人民出版社，1987 年，第 186 页。
② 参见冯小隐：《顾曲随笔》，《戏剧月刊》，1929 年第 1 卷第 11 期。

图 5-3　章遏云

"明星"概念源自 20 世纪初美国好莱坞电影工业,卓别林(Charlie Chaplin)等人组成"联美影片公司",首创以演员为中心的制片制度,建立以媒体宣传将演员包装为明星的电影行销策略。因此,艺人的明星化是与媒体密不可分的,离开了媒体,艺人也就不称其为明星了。民国时期,利用报刊媒体捧角成为最主要的明星炒作方式。

明星的"风光"就在于不断被媒体炒作,不断在媒体"曝光",捧角家积极投书报刊为自己追捧的女艺人造势。福芝芳初露头角,是在北京新世界唱倒第三出,"有一般大学生组织了一个留芳小集,天天到新世界去捧场",福芝芳的母亲"把那帮人敷衍得很周到,报纸上天天可以看到捧福芝芳的诗词文章,所以福芝芳在新世界除了金少梅,她渐渐就混成角儿了"。①在一些报刊上经常能见到为女艺人开辟的专刊或专页。《北洋画报》先后推出《冯素莲专页》《雪艳琴特刊》《章遏云专页》《双菊专刊》《(张)蕴馨特刊》《陆素娟来津公演专号》。②不少报人也积极投身于这场"造星运动"中。天津《天风报》主持人沙游天对孟小冬非常推崇,尊孟小冬为"小宗冬皇帝,俨然庙号,可谓推崇备至"③。"冬皇"之名,一时风行景从,南北各报都仿《天风报》的写法,数十年不衰。④

报刊参与的"造星"行为,也煽动起了大众的参与。由报刊公开举办的"菊选",按照投票数为艺人排名,更是成为具有狂欢性质的公众活动。由《北洋画报》主办的"四大女伶皇后"评选活动是民国时期影响最大的一次女艺

① 唐鲁孙:《古都梨园三大名妈》,载丁秉鐩著:《菊坛旧闻录》,中国戏剧出版社,1995 年,第 508 页。
② 《北洋画报》,1929 年 4 月 9 日、7 月 20 日、9 月 5 日、11 月 28 日、1933 年 9 月 30 日、1936 年 5 月 2 日。
③ 《曲线新闻》,《北洋画报》第 672 期,1931 年 9 月 3 日。
④ 参见丁秉鐩著:《菊坛旧闻录》,中国戏剧出版社,1995 年,第 341 页。

人菊选。1930 年 5 月 3 日,《北洋画报·戏剧专刊》出版第 100 期。该期除了刊登一些纪念性文章之外,同时发布了进行"四大女伶皇后"评选的公告。此次菊选有别于以往按得票多少排列座次,而是指出"四大女伶皇后"选举虽然四后票数不同,但是"四人票数之多寡,非即足为四后次第之标准",因为四人"各有所长,断不能按票数遽分高下",所以"四后皆为皇后之一,固无正宫东宫西宫之别也。"①在一些地方社会"名人"评选中,女艺人也名列其中。1928 年天津《商报》进行了天津百名名人选,"业于双十节增刊中揭晓,当选第一名严修,第二杨以德,第三张伯苓,徐世昌、段祺瑞则第六第七。名坤伶马艳云列第十二,在商震之下,卞白眉之上。溥仪尽列第十八"②。

不可否认,菊选的结果可能包含着捧角家们和报刊从业者的运作,但较诸"剧评""上尊号"等捧角方式更能反映艺人在大众心目中的地位。菊选通过报刊这种公共媒体将对女艺人的追捧推向更为广阔的社会空间。

通过报刊的"造星"活动,不少女艺人获得了巨大的声誉。而女艺人也可借此声誉,在演出时同男艺人各领风骚,进一步扩大了女艺人的演出空间。

二、报刊媒体塑造女艺人形象

通过媒体宣传,明星的个人魅力与专业表现并驾齐驱,他们的私生活和公众活动一样受人注目,他们幕后的个人表现甚至被当作其台上表演之延伸,同样受到普罗大众的凝视。因此,区别于传统捧角,报刊在女艺人明星化的过程中需要塑造其舞台之下的形象。在女艺人形象塑造上,报刊着力最多的是凸显女艺人充满才艺以及道德高尚。尽管此类文章多由记者或捧角者捉刀代笔,但是也能从中解读出女艺人乃至其支持者对女艺人形象的某种期待。

民国时期,艺人"欲要成名,于其歌唱之外,尤须工书善绘,潮流所趋,大有非此不能走红之势"③。于是一些报道努力塑造女艺人工书善画的"才女"

---

① 记者:《女伶皇后大选之后》,《北洋画报》第 488 期,1930 年 6 月 21 日。
②《是是非非》,《北洋画报》第 231 期,1928 年 10 月 16 日。
③ 尺园旧主:《名伶之书画热》第 971 期,《北洋画报》,1933 年 8 月 12 日。

图 5-4 胡碧兰剧照

形象。李桂芬"肆力书法,每演戏迷传,亦如时慧宝之当场写字。笔力矫健,虽未必铁画银钩,究属难得"①。而杨菊芬专工花卉,"有持扇求画者即当场挥毫,上款均为某某方家正之,下款菊芬涂鸦云"②。有些文章特意突出女艺人所具备的才艺是幼年养成的。容丽娟"生而聪颖,四岁即能诵章句,上口朗朗,为戚友所称扬,咸谓他日此儿长成,可作崇家阿英矣"③。

同时,一些报道也试图改变以往人们心目中女艺人充满江湖气的印象,刻意突出女艺人无"伶人习气"。杨菊芬"风雅宜人,尤称绝俗。以故瞻风采者,几忘其为伶人也"④。章遏云"有书卷之气,歌涵山水清音,端庄婉淑,决不类梨园中人"⑤。"闺阁"气质也为报刊所重视。雪艳琴"谈吐高明,丰采如玉山照人,其端庄流丽,不减(章)遏云,而闺阁气息且有过之"⑥。金友琴更是"心胸旷达,秀外慧中,深居简出,言笑不苟,匪特毫无伶人习气,即闺秀中亦罕其俦。暇时学刀试剑,习图画,娴算术,书法赵文敏(即赵孟頫),笔姿韶秀,刺绣鞋袜靡所不能,又精烹饪,能为父母助"⑦。报刊上还往往有记者、文人以女艺人名义发表的诗词,表明女艺人"聪明会读书"。

女艺人孝悌的故事也屡屡见于报端。胡碧兰母亲病重,她"日夜侍疾,每

---

① 意马:《李桂芬与苏兰舫》,《北洋画报》第46期,1926年12月15日。
② 《剧界杂讯》,《北洋画报》第361期,1929年8月22日。
③ 云岩:《坤伶容丽娟小史》,《北洋画报》第10期,1926年8月7日。
④ 逸凡女士:《杨氏双菊小传》,《北洋画报》第403期,1929年11月28日。
⑤ 云若:《恭谈章遏云》,《北洋画报》第367期,1929年9月5日。
⑥ 梦天:《听雪小记》,《北洋画报》第211期,1928年8月11日。
⑦ 刘莲:《金友琴传》,《戏剧月刊》第1卷第5期,1928年。

夜睡眠,至多不过三四小时,人多称其纯孝"①。一些女艺人现身舞台也成为"孝"的表征。绮鸾娇"赤贫无以为生,遂业优,以赡其父母"②。雪艳琴"堂上有母,比肩兄弟姊妹亦多,事亲能孝,即骨肉间,更无闲言,足见天性过人。居常寡言笑,好静坐,接物待人,和蔼可亲,从无骄傲气,故同行人咸称道之"③。即便女艺人在守孝期间演出,报人也予以同情的态度。新艳秋的父亲故去不久,为生活所迫,"也就不能不'破礼'出演。这个例子不算是她开的:梅兰芳、尚小云都是在重丧中就出演了。这里也有他们不得已的苦衷,便是他们只管要孝顺,却有一大群靠他们生活的人们,吃不起停工不干,因为饿是不好挨的"④。

多才多艺和孝悌形象的塑造,从某种层面上讲,突出的是才女和孝女的某些特质,试图摆脱传统观念中女艺人无知无识的印象,从而提高她们的社会地位。而热心社会慈善或公益活动,在社会生活中扮演积极的角色,更塑造了女艺人急公好义的形象,从而引起大众对女艺人的好感。

举办或参加各种筹款义演,是构建女艺人热心公益形象的主要方式。1916年底,北京男艺人为安徽灾区义演,"坤伶各名角闻之大发慈悲之心,不让男伶专美于前,拟亦联合同界者演唱两日略尽义务",而且"其应需车费等项皆由自备,所收戏价悉归赈款,均尽纯粹义务。再如刘喜奎、鲜灵芝向不同台演唱,此次因系筹赈亦竟消除意见,同登剧场"。⑤

报刊媒体还借刊登女艺人有关赈灾的"自述",将自身言说展示在大众面前。《大公报》上曾发表章遏云对陕西旱灾的捐款信,此文虽有别人代笔之嫌,但该文塑造出章遏云热心公益、孝敬母亲的形象;同时具有一定文采,才女的形象又跃然纸上。

> 敬启者,此次陕省灾情奇重,侧闻贵会义粟仁浆,源源不绝。遏云以一介庶女,厕身艺界,痌瘝之抱,不敢后于他人,涓滴之微亦应有所尽

①《曲线新闻》,《北洋画报》第769期,1932年4月23日。
②楔云:《绮鸾娇小史》,《北洋画报》第133期,1927年10月29日。
③悼香室主:《雪艳琴小传》,《北洋画报》第347期,1929年7月20日。
④乐天:《平伶访问一瞥》,《北洋画报》第835期,1932年9月24日。
⑤《坤伶大发慈悲心》,《晨钟》,1916年12月7日。

力。日前回平,为恻隐之心所驱使,即矢一愿自动发起邀集同志,组织一团义务演剧即以所得奉助赈需,明知杯水无益车薪,仁在冤禽终思测海。不意入夏以来,胃疾时作,病榻淹煎,心目眩晕,老母复病,汤药挟将,斗室呻吟,非复人境,诸医珍视,虽有起色,但非旬日所可复元。昏瞀之中,轸念灾地,二竖肆虐,私愿未酬,仄席终宵,几同负疚。兹将勉具大洋百元,籍(藉)了心愿,送请贵会(指陕灾急赈募款委员会),代汇灾区,凑同散放。滴杨枝之露,愧救苦于闻声,生火宅之莲,祝沉灾之早澹。临书悱恻,不尽饮迟,专肃奉达,至希查收,给复为荷,此致北平陕灾急赈募款委员会,章遏云谨启云。①

一个时代对女性形象的想象与塑造,往往折射出这个时代男性对女性的要求,乃至社会对女性在这个时代中的期待。从以上这些言论中可以看出,戏曲女艺人因为从事的是传统戏曲的演出,也就成为中国传统女性的对应物,在报刊中被塑造成中国传统女性形象的代言人。

综合考察报刊的报道会发现,关于女艺人才艺的材料往往发表在《北洋画报》等一些俗称的"小报"上,而关于女艺人热心公益、义演赈灾活动的报道多出现在《大公报》等主流媒体。这似乎也显示出女艺人及其支持者在塑造女艺人形象的活动中,注意针对不同的媒体发布不同的消息。通过向主流媒体发布关于女艺人参与赈灾、慈善活动的信息,使女艺人得到主流社会的认可;而且也可以借助主流媒体庞大的销售渠道,将女艺人富有社会责任感的形象,向更为众多的读者推广。

三、报刊媒体操控女艺人

尽管报刊媒体有一定的开放性,任何人都可以向报刊投稿,但是在报刊媒体组织中,存在着从记者、主笔到报刊所有者的各层次的信息"守门人"。报刊媒体给予读者的信息,实际上就是这些守门人给予读者的信息。所以

①《章遏云关心陕灾》,《大公报》,1930 年 7 月 10 日。

"捧角—造星"的权力是掌握在这些报刊从业者手中的。

刘髯公在天津创办《新天津报》，其副刊"《游戏月谈》栏中之剧评，左右着在舞台上演出的男女艺人"。因为编者"薛月楼、何怪石辈皆对戏剧、曲艺素有研究，每对某艺人之演出评判，皆中要害"。因此来津演出的男女艺人，要在登台演出前到《新天津报》馆来拜会刘髯公、薛月楼。然后二人便在报上宣传该艺人演艺的高超，以招徕观众。如赶上艺人业务不好，上座率不高，刘髯公还可以代购"红票"①使剧场满座，以此来吸引观众。②

图 5-5 马艳云

报刊媒体十分清楚自身在女艺人明星化过程中所起的作用。《北洋画报》曾不无炫耀地说："试看全国的书画家、文学家，以及歌女伶人，有几个未曾和《北画》发生过关系的？有几个不是无名者因《北画》而成名，有名者因《北画》而益盛？"③正因为报刊对女艺人成名可起推助作用，所以某些报刊从业者和"剧评家"视在报刊上发表捧角文章为有利可图。

某些"评戏者渐夤缘而有相当位置，乃可于报端好其所好，恶其所恶，颠倒黑白，欺人自欺。此辈胸有成见，意在笔先，不惜曲为解脱，扩大宣传"④。故而有些人，藉此要挟女艺人，以图获利。"捧角家之权威无上，爱则欲其生，恶之则欲其死，渐乃视评剧为其职业，而有噉饭之道"⑤，乃至"要到钱就捧，要不到钱就骂，这几乎是把捧角当作一种买卖看待"⑥。有些报人甚至将"剧评"作为猎艳的工具。"有某坤伶者，色艺均佳，出演于津沽某舞台。有当地某小

---

① 即艺人赠送给他人演出入场券。由捧角者购买，再赠与他人的入场券，也可称为"红票"。

② 本段引文参见董孟豪：《天津的〈新天津报〉》，载全国政协文史委编：《文史资料存稿选编》（文化），中国文史出版社，2002 年，第 73—74 页。

③ 云若：《北画十年》，《北洋画报》第 1422 期，1936 年 7 月 7 日。

④ 红蛾：《评戏吃饭与吃饭评戏》，《北洋画报》第 1308 期，1935 年 10 月 12 日。

⑤ 红蛾：《评戏吃饭与吃饭评戏》，《北洋画报》第 1308 期，1935 年 10 月 12 日。

⑥ 秋江：《小补之斋随笔》，《戏剧月刊》，1930 年，第 2 卷第 11 期。

报主笔见而艳之曰:(此天生尤物,吾必设法以猎之,而膏吾吻也。)于是于其报上竭力揄扬之,送花篮,赠匾额,更设宴以款之,申函以约之。"①报刊媒体的这种权力,从某种层面上说,也加深了女艺人,尤其是有一定知名度的女艺人的痛苦。正如一位未出名的女艺人所说:"像我们这种角色,虽不受人捧,但也不挨人骂。像她们出名的人那才真叫苦痛呢,对于阔人政客以及报馆里的新闻记者,稍一失礼,就得遭人的唾骂。"②

处于报刊操控中的女艺人也并非单纯的被动者,她们也清楚地认识到报刊媒体的作用,"多与报界近,以收鼓吹之效"③,主动拉拢报人,以期好评,从而成名。女艺人"招待新闻界,其目的在乎联络感情,希望捧场",而赴宴者"也不管好坏,只要饱了肚皮就算。什么艺术,什么人格,都被白兰地醺得沉醉不醒"。④有些报人甚至"朝秦暮楚,一饭可移其志向,睚眦遂变其论调"⑤。在这种情形下,报刊造星又成为一种交易。《春明外史》中的女艺人谢碧霞就按月给予敲金报馆的柳上惠一定报酬,由柳上惠在报刊上发表诗词进行吹

图5-6　雪艳琴

捧。⑥有些女艺人甚至牺牲色相来获得报刊媒体的好评。某坤角"深明乎潮流所趋,及评剧家扬抑之魔力",而某小报主笔借酒宴之机"乘醉以要之,某伶真可儿哉,以为既已庄严之色象示人,又何惜乎此后天之臭皮囊。且对方亦尚年少翩翩,幸非老丑,慨然金诺。但与主笔约,此后出演津门一天,必日为文章以颂之,若缠绵一夕,必连出专刊三日以报之,约法三章,双方签字,好事遂成"⑦。

---

① 张北江:《评剧家应有三种知识》,《戏剧月刊》,1929年,第1卷第12期。
② 蒋逸霄:《津市的职业妇女生活(五五续):一个女伶的身世谈》,《大公报》,1930年10月5日。
③ 百之:《雪艳琴北平办报》,《北洋画报》第350期,1929年7月27日。
④ 瑟瑟:《南腔北调》,《大公报》,1930年3月22日。
⑤ 红蛾:《评剧与捧角》,《北洋画报》,1934年6月2日。
⑥ 参见张恨水著:《春明外史》(上卷),江苏文艺出版社,2003年,第304—306页。
⑦ 张北江:《评剧家应有三种知识》,《戏剧月刊》,1929年,第1卷第12期。

处于媒体影响和操控之下的女艺人，也试图自己创办报纸掌控媒体。雪艳琴曾在北平出版《艺光报》，以报导游艺消息为主，开艺人办报之先河。该报"游艺一栏，消息亦翔实新颖，且毫无崇己抑人之偏论，故颇为阅者欢迎"①。当雪艳琴在游艺园登台演出时，《艺光报》为其发行特刊。

民国时期，女艺人重新现身戏曲舞台，受到大众的接纳和欢迎。为了迎合大众需求，报刊媒体积极对女艺人进行报道，从而扩大销量，实现经济利益。于是，女艺人成为了报刊媒体借以推销自己的"卖点"。女艺人也借报刊媒体之力，成为了公众人物，实现了明星化和自我形象的重新构建。善于行销个人魅力的女艺人，不但积极拉拢报人，往往也精于计算自身的公众形象，努力塑造良好的舞台以及社会形象。对于女艺人来说，成为明星及塑造自身良好形象，能够吸引更多的观众，进而提升身价。从某种程度上说，报刊与女艺人取得了"双赢"。

第三节 《北洋画报》中的天津义务戏功利化

民国时期，义务戏是一种极为常见的筹集善款的方式。京剧作为最受天津观众喜爱的剧种，在当时的天津义务戏演出中占有重要的地位。许多官方机构或民间组织通过举办义务戏来募集社会各界的捐助，以各种名义举办的义务戏层出不穷。本应以彰显公益、服务社会为本意的义务戏，开始染上功利的色彩。

一、义务戏主办方的功利化

清末民初，京剧界往往自发举办义务戏，以彰显艺人群体的社会公益心。民国初年的天津，由京剧艺人主办的义务戏并不鲜见。1917年海河流域发生水灾，天津、河北等地灾情严重。尚和玉、李吉瑞、薛凤池、李桂春等人先后在升平舞台、东天仙戏园组织义务戏，将所得门票收入捐给灾区。李吉瑞、

---

① 百之:《雪艳琴北平办报》,《北洋画报》,1929 年 7 月 27 日。

鲍祝三等人也曾在天津义演为新城县募集教育基金。从 20 世纪 20 年代开始，由京剧艺人自发主办的义务戏逐渐减少，义务戏主办方的构成日趋多样化。义务戏的主办方大致可以分为军政机关、慈善机构、社会团体、京剧票房、学校，乃至个人。

（一）军政机关义务戏

民国时期，天津市一些军政要人时常促成义务戏以筹措经费。天津市政府或政府所属机构多在冬季主办冬赈义务戏，用来筹措冬季救济贫苦百姓以及街头流浪游民的款项。另外，天津驻军也时有组织义务戏之举。1929 年，傅作义在天津发起筹建农工军警医院义务戏。演出时舞台上"悬蓝地白字之横幅额大书'诸君于娱乐时，勿忘穷苦同胞的痛苦'字样，全场气象，为之一新"①。这场义务戏"由军警宪各机关人员协同办理，故秩序极好，成绩甚佳，对于各角招待亦极周密，所有各角平津往来，均有专车分批迎送，各角均表示非常满意"②。

（二）慈善机构义务戏

慈善机构也将义务戏视为筹集善款的有效途径。20 世纪 20 年代，杜笑山兄弟所运营的南善堂（八善堂③）是天津最为活跃的慈善机构。"每年办一次大型义务戏，以演员阵容强、票价高、场次多、上座率高为特点。每次连演四五天，地点在新明大戏院，当时北京名角几乎都被邀来献艺。"④例如1926年 2 月，邀请梅兰芳、杨小楼等人来津演出义务戏，将所得收入用于赈济贫苦百姓。同年，八善堂为兴修大红桥浮桥及两岸堤坝再次邀请梅兰芳、杨小楼等人演出义务戏。此外，在遇有各地重大自然灾害发生时，天津社会各界往往组成临时赈灾团体来募集救灾物资和善款。陕西旱灾、辽西水灾以及黄河水灾时，这些赈灾团体先后组织多次义务戏筹集救灾资金。

---

① 《春和义务戏谈》，《大公报》，1929 年 5 月 16 日。
② 《春和义务戏谈》（二），《大公报》，1929 年 5 月 19 日。
③ 1925 年末，杜氏兄弟把南善堂与公善堂、北善堂等 7 家善堂合并，组成八善堂，仍由杜氏兄弟掌控。
④ 从鸿逵：《二十世纪天津京剧的一鳞半爪》，载天津市文史研究馆编：《天津文史丛刊》第 7 辑，1987 年，第 138 页。

(三)社会团体义务戏

一些社会团体有时也希望通过组织义务戏来解决运营经费。天津广智馆由林墨青创建,"林氏痛国势之衰弱,恨教育之颓唐,所以组织这个广智馆。他因为限于经济,个人能力又有限"①,便邀请孙菊仙演唱义务戏。天津总工会因"两月以来,提花失业的工友,已达三四百人。他们谋事不成,归家不得,流离失所,生活断绝,实在可怜极了",所以组织义务戏,"筹款设立工厂,来救济这一般苦工友们"。②

(四)京剧票房义务戏

一些票房还经常自发组织义务戏。天津电报局国剧社"历年借座春和、北洋等院,独力举办冬赈、黄灾、水灾等募捐义务戏,每次成绩均在千元左右,颇著声誉。并曾膺模范、树德等学校之请,在青年会、国泰等处表演筹款义务戏,热心教育,尤有足多者焉"③。九一八事变后,天津票界也积极组织爱国义演。1932年永兴国剧社二周年纪念戏中,便"以所收入票价,提出二成,捐助救国基金,以备购买飞机之需;虽二成之数有限,而报国之意可嘉。近日吾国航空事业,颇有幼稚,欲讲国防,亟应提倡航空。永兴剧社,于玩票之际,而能注意及此,真可谓娱乐不忘救国者矣"④。

(五)私立学校义务戏

民国时期,一些私立学校经常通过主办义务戏来募集资金,用以兴建校舍、购置器材、补助办学经费。这类学校由私人出资设立,因此时常有经费紧张的状况发生。英租界树德学校"为邢撷秋女士所创办,二年以来,颇著成绩,惟该校自成立迄今,除沈少兰氏每月补助少许及收得极少数之学费外,一切费用,均由邢女士私人垫补,二年来几有衣饰典质一空之概",于是邀请天津名票刘叔度、陈寄豪等人演出"义务戏两晚,以票价收入,充该校经费"。⑤慈善

---

① 《看老乡亲去》,《大公报》,1929年9月5日。
② 《总工会义务戏》,《大公报》,1929年9月26日。
③ 《津电国剧社概况》,《北洋画报》第1454期,1936年9月19日。
④ 笔:《玩票与航空》,《北洋画报》第845期,1932年10月18日。
⑤ 《名票定期演剧为树德学校筹款》,《大公报》,1928年12月22日。

义务学校"为故绅李君星北所创办,十余年来校务颇为发达。惟该校定章向不收费,学生所用书籍文具,亦由学校供给。近年以来市面萧条,募捐匪易,校中亏款颇多"①,也只得筹办义务戏来筹集善款。

(六)个人组织义务戏

一些社会知名人士常将组织义务戏募捐视为急公好义之举,于是有些人便以个人名义组织义务戏。1930 年初,陕西旱灾消息传到天津,《商报》创办人叶庸方和电影明星王元龙同时分别发起陕灾义务戏。叶庸方邀请杨小楼等名伶助阵,王元龙则广邀名票加盟。两场义务戏不但同日开演,而且第一日所演剧目同为《长坂坡》,第二日也同为《战宛城》。"此两台大戏,目的相同,主剧相同,日期相同,可谓巧极。"②1935 年 1 月底,黄康明敏女士主动致函《益世报》社,希望《益世报》协助她为贫民举办义务戏。2 月 1 日,义务戏在北洋大戏院上演,"所得票款,除开销外,悉数捐助冬赈,此种热诚,殊堪钦佩"③。

民国时期的义务戏从艺人自发的公益行为转变为官方或各种社会团体、组织的筹款行为,使得义务戏在慈善的意味上蒙上了一层功利的色彩。正是因为这种功利性,使得从 20 世纪 20 年代中期开始,天津义务戏呈现泛滥之势,各种名目的义务戏层出不穷。主办方、艺人、观众往往陷于相互交织的矛盾之中。"近来义务戏之滥,亦为前此未有。团体筹生活费唱义务戏,欢迎要人筹搭彩牌楼费,亦唱义务戏。甚至开设报馆,创办私塾,亦有藉名而唱义务戏者。伶人应征,实有不胜其烦之苦。但与其如此之变相苛索,终不如直接拒绝之为干脆。否则富户强买包厢受其害,警察劝销红票受其忙,伶人变相需索,既遭识者之讥,演毕收支相抵,团体亦无实利可言,结果仅饱主其事者数人之私囊耳。"④

---

① 《又有义务戏》,《大公报》,1930 年 4 月 29 日。
② 白藕:《两台赈灾戏》,《北洋画报》第 479 期,1930 年 5 月 31 日。
③ 《记冬赈义剧》,《大公报》,1935 年 2 月 7 日。
④ 《菊国四老与老乡亲》(续),《益世报》,1930 年 11 月 5 日。

二、艺人与义务戏主办方的博弈

在一般社会人士看来,义务戏的本意是筹集善款,"演员本身舍应享权利而纯尽义务,盖凡为国民,若遇社会公益,胥有此天职也。梨园行为职业之一种,登台时表演其艺术,为其应有之义务,得包银戏份之代价,因其有义务乃享此权利也。遇有筹赈或因其他公益需款,表演不需代价,故谓之演义务戏"①。

艺人出于襄助社会慈善公益的目的参加义务戏演出本为责无旁贷,但是愈演愈烈的义务戏之风,使得艺人应接不暇。如果对义务戏的邀请来者不拒,势必会影响正常的商业演出,艺人收入将大受影响。可是拒绝义务戏演出,又有可能被舆论攻击为缺乏社会公益心,而大受指责。于是在承接义务戏演出时,艺人们不得不要求组织者给予一定的报酬。有些艺人甚至试图通过索要较高的报酬,或是提出种种接待条件,以此摆脱义务戏组织者的骚扰。即便有些名艺人个人免费出演义务戏,但是对于他们的配角、琴师等底包人员,还是要给予酬劳,以免影响其生计。因此,一些义务戏演出变得与商业演出无异。主办方通过支付报酬约请艺人进行义务戏演出,演出后统计票房收入,扣除包括艺人报酬在内的各种开支,余下盈利部分才是义务戏筹款所得。但是在报酬问题上,主办方和艺人也是时有矛盾产生。

1929年4月,张家口万全县红十字会"鉴于各地哀鸿遍野,嗷嗷待哺"②,邀请梅兰芳、程砚秋、杨小楼等人,在新明大戏院举办义务戏三天,募集赈款。"此次义务,梅兰芳个人并不索要戏份,但以配角场面,赔垫不起,不得不略争点缀,即此一项已达一千一百元以上矣。杨小楼个人亦取同样态度,但其下手场面更多,开销亦不相上下云。"③主办方出于对演出盈利的乐观态度,对于各艺人的演出报酬并未拒绝。孰料因为售票收入过少,组织方无法如约兑现演出报酬。4月18日的演出"以杨小楼未到,临时回戏,此种情形,

---

① 桐花:《义务戏之名辞问题》,《中华画报》1卷54期,1931年9月7日。
② 《红十字会演戏筹赈款》,《大公报》,1929年4月5日。
③ 《游艺界中我闻如是》,《益世报》,1929年4月13日。

为戏界之大忌,至小楼未能赶到之原因,外间均传说系包银汇平太晚之故。究竟如何,虽不必深究,然办事者之未能布置妥帖,则固不能为讳也"[1]。义务戏结束后,所邀艺人"为休息及赶唱各园址戏"陆续返回北平,"津中则各派有专人坐索,一似从前军阀时代之各省军驻京办公处,每日派人赴财部侯(候)款也。统计所欠各伶戏份,乃在一万八千金之谱,此外尚有戏院租价,应偿诸新明经理李凤仙,亦在六七百元之数,加之事前借款三千,实达两万以上,虽区区数字关系,不亦大可骇耶"[2]。

为了追讨报酬,耿斌福代表梅兰芳、杨小楼、马连良、程砚秋、新艳秋、王少楼等人向法院提起诉讼。不料"外间颇以此事为梅兰芳所主动,以致各报亦均以梅标题"[3]进行了报道,一时引来社会关注。梅兰芳不得不登报声明,否认主动控告指示。"兰芳向来对于各项演剧应得酬金例由承办经手人过付,从无直接向延演者领取之事。此次天津中国红十字会万全分会聘请演剧应得酬金,自当由承办经手人耿斌福、李春林负责付给。至于因该会欠资涉讼亦自当由耿、李二人办理,所有以兰芳名义向法庭提起债务诉讼事,前未经同意断难承认。"[4]同时梅兰芳的友人在接受《大公报》采访时也指出:"梅与此事,并不相干,缘梅上次在新明演戏,系由其管事人李春林与红十字会方面接洽,梅对于该义务戏之真相全然不知,酬金等事,亦均由李春林、耿斌福接洽。以故梅前次阅津报载有杜某代表梅等,向法院控诉红十字分会一节,大为诧异。盖梅果欲追索酬金,亦只能向李春林、耿斌福接洽,再由李向红十字分会诉追,决无自行直接派遣代表向法院诉追之理。"[5]至此,梅兰芳"退出债权人,王少楼亦以所欠只百余元,不愿追究,其余诸伶仍追诉不已"[6]。该案开庭两次,便无下文。

义务戏演出的功利化,使得义务戏的组织日趋复杂。特别是一些带有官

---

① 《新明义务戏杂讯》,《大公报》,1929 年 4 月 21 日。
② 《新明义务戏之纠纷》(下),《益世报》,1929 年 4 月 27 日。
③ 《新明义务戏涉讼余波》,《大公报》,1929 年 5 月 31 日。
④ 《梅兰芳启事》,《大公报》,1929 年 5 月 30 日。
⑤ 《新明义务戏涉讼余波》,《大公报》,1929 年 5 月 31 日。
⑥ 《梅兰芳不愿打官司》,《益世报》,1929 年 7 月 26 日。

方色彩的义务戏,在组织过程中主办方和艺人往往处于博弈之中。东北易帜后奉系势力重新深入天津,天津先后举办了两次为东北方面筹款的大型义务戏,从中可以一窥端倪。

1929年11月,天津对俄外交后援会发起义务戏筹款慰劳东北战士。梅兰芳、杨小楼、尚小云、程砚秋都在邀请之列,但是他们鉴于上次万全县红十字会事件,对于此次义务戏多存观望。后援会先与北平梨园公会接洽,梨园公会称"诸伶拒唱义务戏由来已久,非得有力者怂恿,殆无登台之望;至于该会则虚有其名,不能发号施令,莫若亲与诸伶接洽"。于是后援会代表"往访梅兰芳等。梅遣其门人李裴叔出见,对来意极表赞同,然对于出演,则托词现正准备放洋,不克分身。代表以谈无结果,要求亲见梅面,乃不可得,拂袖而去。更访他伶,有伪称外出而不见者,有虽见面而仍婉辞拒绝者"。代表们在北平逗留两星期无果返津。因事关东北方面,时任天津市长崔廷献竟行文北平市长张荫梧,请求协助办理。张荫梧"立召公安人员会议,责以限于两小时内,各应商得该管区内诸伶同意出演义务戏,不得违抗。乃诸员奉命去后,仅一小时许,咸来复命,谓均已应允,于是演戏之局始定。惟余叔岩托病不来,闻亦曾受检验无讹云。程艳秋初亦托病,上车时使梁大贵到站临时请假,后台提调延少白君(北平第六区署长)拟去电话公安局请查,梁急止之,曰容往再商。延因派警同往,须臾程乃衣布袍匆匆上车。但程言明实在抱病,第一夕决不登台,故到津时即宣告失踪,日凡三迁其居处。且几曾登车回平,为人所止。其张皇之状,颇出人意外也"①。从中可见艺人对于参演义务戏的无奈。

1930年,辽宁发生水灾,张学良夫人于凤至与张学良胞弟张学铭在沈阳发起协赈会募集救灾资金。10月,奉系臧启芳在中原大战后就任天津市长,奉系势力完全控制天津。天津官绅商各界组成辽灾急赈会,积极组织义务戏为赈济辽宁水灾筹措资金。艺人们鉴于形势,更是一遇接洽便主动要求参演。正在天津春和大戏院演出的尚小云"为辽灾决留津一日,小翠花、谭富英、侯喜瑞等全班留津",并加入胡碧兰助演,10月23日晚"全班艺员均演双

---

① 知止:《记外交后援会义务戏之始末》,《北洋画报》第401期,1929年11月23日。

出,所有收入,涓滴归公,前后台概无开支"①。春和大戏院为示支持,免收当日场租。同时,急赈会派东北文化社王小隐前往北平约请梅兰芳、杨小楼等人来津演出义务戏。梅、杨等人应允个人"决不受报酬,纯粹义务",仅"来津之配角须有相当点缀,班底亦须稍有开销"。②其后孟小冬亦在明星大戏院演出辽宁水灾义务戏。天津辽灾急赈会"为酬谢义务演剧各伶及捐用院址各剧院,请市政府秘书许亦粟君手书横额十二份",赠予"梅、杨、尚小云、小翠花、谭福(富)英、孟小冬、胡碧兰、华慧麟、冯素莲、鲜牡丹各伶及春和、明星两大戏院"。③

三、观众与义务戏主办方的矛盾

正因为义务戏演出的功利化,组织方需要向艺人支付相当数量的演出报酬,使得义务戏的开销上涨。组织方为了能够盈利,往往以提高票价为手段,但是高企的票价又非一般观众所能接受。即便票友演出的义务戏票价较低,但频繁的义务戏演出也让观众难以招架。于是义务戏组织方往往向社会各界摊派戏票。具有官方色彩的义务戏票摊派起来尚显容易。1930年10月23日,尚小云出演辽宁水灾义务戏,"全部八百张票,由省市各机关共同分配,计省府与第二军部任四分之一,市府及所属各机关任四分之一,不属省市各机关与民众团体任四分之一,下余四分之一留春和备临时出售"④。之后的梅兰芳、杨小楼义务戏,"三日共有包厢五十一个,事先已售出十一个,所余四十个分交银行界及政军长官购买,散座共一千二百四十余,由会请省市两政府协助销售"⑤。辽宁水灾急赈委员会向内河航运董事局"送上戏票七百张,又包厢十七个,即请查收,分送驻津各机关暨贵府直辖各属,酌量分配",且"因时期促迫,祈扫数派送,万勿退回为幸"。同时,天津市长臧启芳也将部

---

① 《辽灾与游艺》,《益世报》,1930年10月22日。
② 《辽灾义务戏》,《大公报》,1930年10月28日。
③ 《戏剧消息》,《北洋画报》第556期,1930年11月27日。
④ 《辽灾与游艺》,《益世报》,1930年10月22日。
⑤ 《辽西水灾义务戏》,《大公报》,1930年10月29日。

分市政府手中的辽宁水灾义务戏票分派给内河航运董事局,"即祈赐予接洽,克日分配,所收票价,请直接送交会中可也"。①

起初为了彰显公益心,收到义务戏票的单位或个人,对于这种邀请并不拒绝,但是随着义务戏的日益增多,纷至沓来的戏票又让人难以招架,于是有些单位或个人不得不对义务戏票加以推辞。树德小学为推销明星戏院义务戏票致函华北工业协会,称:"素仰先生热心教育赞助公益,特呈入场戏票八张,敬希拨冗惠临,俾能集腋成裘,借以维持树德之进行,玉成善举,不独本校之幸,亦社会之福也。"华北工业协会仅"留楼下前排券两张,计洋三元,余退还"。②

梅兰芳、杨小楼领衔的辽宁水灾义务戏,因名角荟萃,票价较高,于是急赈会多方派人推销戏票。天津总商会也被分得大量戏票,于是便向所属各协会分派。芦纲公所为此致函总商会:"贵会函送辽宁水灾义务戏之票二十张计洋八十八元,当即收讫。自应全数留用。嗣又由运署送到戏票甚巨无法分售,惟有函祈贵会推情,准将所送四日之票七张计洋二十八元随函送。"③天津纱厂同业公会也回信称:"昨准大函并辽宁水灾义务戏券二十张嘱为销售等。因惟敝会各纱厂经各机关送销,业已承领多张",只能勉力"留六元券四张,四元券八张,计共洋五十六元。相应检同四元戏券八张一并送清"。④

戏票如果销售不佳,就无法保证演出收入,于是组织方不得不使出浑身解数竭力推销。

四、报刊媒体对义务戏的评论

随着义务戏的功利化和日益频繁,报刊媒体对于义务戏的评价也是陷

---

① 《天津辽宁水灾急赈委员会送义务戏票内四件》,天津市档案馆,档案号:401206800-J0106-1-000817。

② 本段引文均出自《为劝购义务戏券事致华北工业协会函》,天津市档案馆,档案号:401206800-J0128-3-010297-005。

③ 《辽宁水灾义务戏》,天津市档案馆,档案号:401206800-J0128-3-008823。

④ 《为送还辽宁水灾义务戏券事致天津总商会函》,天津市档案馆,档案号:401206800-J0128-3-008823-001。

于两难。

应该说,报刊媒体对通过义务戏来募集善款的这种行为是肯定的:

> 演剧助赈,的确是善举。在伶人们的本身上,是只能上台唱做,别无所长。于是他们用出唯一的力量来演戏换钱,赈济灾民,尽了他们义务,可谓"仰不愧于天,俯不怍于人"了。是值得被人钦佩的。观众在平日也是看戏,在赈灾的时候更勇于看戏。虽然赈灾戏有时票价高一点,但戏码及角色却也硬一点。况且观众是来捐赈的,看戏是顺带公文一角,即使多花点钱,这种消费是用在救人性命,那还有什么说的? 所以观众的共襄义举,也值得被人称赞。①

层出不穷的义务戏又让人觉得难以接受。"近来义务戏太多了,究竟是为哪一个团体或机关筹款,有时竟不标明。此外甚至有收支款项,隔了许久,还没有公布的。这种情形,似乎太滥,太失义务戏的本意,绝非社会道德的好现象。务望伶票两界,以后对于义务戏,要稍为慎重一些,一般社会,对于义务戏,也应该要稍为注重一些才是。"②同时,对于义务戏功利化的状况,报刊媒体进行了批评:"今日之义务戏,既已弊端百出,令人掩鼻。"③认为不应该通过支付艺人报酬的方式组织义务戏:"既为筹款,既为赈灾,又何必花这一笔大钱,去请他们。"④

义务戏功利化的状况也影响到了票友界。一些单位为求降低演出报酬支出,多邀请票友演出义务戏。"未成熟之票友,多欲藉公益而过戏瘾",于是便有"一般无业游民则利用票友之急于过瘾",以公益为名"自发其小财,假藉学校之名,收集票友之力,今日约甲组演于东城,明日约乙组演于西部"。⑤

---

① 落因:《赈灾的戏》,《北洋画报》第 1296 期,1935 年 9 月 14 日。
② 《论义务戏》,《天津商报画刊》5 卷 1 期,1932 年 4 月 19 日。
③ 《即将开演两搭桌戏》,《益世报》,1929 年 6 月 3 日。
④ 《义务戏演他干吗?》,《天津商报画刊》5 卷 6 期,1932 年 5 月 1 日。
⑤ 《野鸡义务戏》,《天津商报图画半周刊》2 卷 11 期,1931 年 4 月 5 日。

于是便有所谓"黑票友"出现。"虽名为票友,而暗地里公开的要戏份",其"拿份要钱之办法与手段,亦殊不一致。有公开的要钱,如书画家之有笔单润格者;有遮遮掩掩,以底包跟人开销,向承办人娄索,而尝鼎一脔者;甚亦有借办义务揽堂会,而浮开冒报,于中取利者"。①甚至组织票友演出一次义务戏,"所得实惠,反有不够开销者,真是荒天下之大唐"②。一些报刊媒体希望票友"如果要发扬替社会服务的精神而唱义务戏,应该把内容调查清楚确实,不可贸然参加。这样才能显出票友清高的地位,与义务戏对于公益一番忠实的意思"③。

报刊媒体纷纷对义务戏提出建议。《北洋画报》认为演出义务戏要注意两点:

> 一是要演剧的出于自动。不要等人来催促,尤其要有绝对捐助的决心,绝不从这里面取丝毫的代价。伶界向来以义气相结出名,平常对于公益便肯尽力,对于这国难,自然更应当努力去尽自己的责任。在票友更应当免除平日一切的恶习,庶几可以表现出平日以为消遣的生活,在此时也还有些用处。大爷的架子,不要在此时摆,风头的雄心,也不可在此时露。
>
> 二是表演的戏剧要极力选择,能避开许多才子佳人、神妖鬼怪的故事最好。要多演杀敌报国舍身救人的剧本。在新剧方面,自然可以临时编演,不成问题。在旧剧方面,也正有许多历史和小说的材料,足够我们引用。因为此种义剧的意义,不仅在消极的收得一部分捐款,而在积极的使观众对于国难有更深一步的认识!④

民国时期,天津的京剧义务戏的功利化色彩日趋浓重,成为一些组织和

---

① 《黑票友不如下海》,《益世报》,1929 年 6 月 6 日。
② 《谈春和西开义务剧》(续),《益世报》,1930 年 12 月 21 日。
③ 工:《天津杂话——票友们的义务戏》,《大公报》,1932 年 10 月 31 日。
④ 蜀云:《今日舞台上的一种需要》,《北洋画报》第 886 期,1933 年 1 月 21 日。

个人向社会筹措资金的工具，甚至让人发出了"筹赈亦将成灾"[①]的感叹。为了能使以筹款为目的的义务戏顺利开演，主办方使出浑身解数招徕参演艺人、票友。而主办方支付演出报酬的行为，使得一些义务戏演出与日常商演无异。主办方极力向社会各界推销戏票的行为，又引发了观众的不满。但是，更应该注意的是，许多义务戏的盈利都做到了财尽其用，被用在赈济灾区、救济贫民、辅助教育等方面。义务戏的确在一定程度上为天津的慈善公益事业做出了贡献。

戏曲成为民国时期的流行文化，报刊媒体对戏曲的关注，从某种程度上说也是为吸引读者。而画报因其图文并茂的特点，使得戏曲从活在剧场之中的舞台艺术，变成读者能信手拈来的直观描述。《北洋画报》顺势而为，不断向读者介绍戏曲界的动态，发表戏曲评论。同时，《北洋画报》也借助自身的宣传功能，发挥着"造星"的作用。尽管《北洋画报》中发表了为数众多的具有"捧角"色彩的文章，但是大量的客观独立评论也助力了当时戏曲艺术的健康有序发展。

---

① 笔公：《冬赈暨辽灾义务戏两夜纪》，《北洋画报》第 551 期，1930 年 11 月 15 日。

第六章 《北洋画报》与天津电影

民国时期,观影成为除戏曲之外天津市民最为喜好的休闲方式。有条件的家庭还会购买家庭电影放映机,不出家门便能观看电影。而且天津作为国内当时屈指可数的大都市,影院林立,拥有较为发达的电影放映业。集娱乐、文化、社会教育功能于一身的电影院,更成为市民聚会之所在,日益成为超越电影放映场所的多元空间。"天津的电影院几乎没有一家生意不好的,只要影片出色,就能卖满座。"[①]天津各报刊对于电影的报道极为重视,《北洋画报》也不例外。

第一节 《北洋画报》与天津电影业

《北洋画报》从创刊伊始便对电影给予了充分的关注。不但多选择男女明星为封面人物,影星照片、明星轶事、影坛珍闻、影片介绍、影片评论等内容更是基本每期可见,从而给读者呈现出立体的国内外影坛景象。而且《北洋画报》对其出版地——天津的电影业,特别是电影制片业尤为关注。

一、发达的电影放映业

天津影业公司的出现,离不开本地电影放映业的发达。20 世纪二三十年代,天津电影院数量众多,按新片放映之先后各分等级。

---

① 心冷:《天津电影业之调查》,《大公报》,1926 年 9 月 7 日。

表6-1　20世纪二三十年代天津电影院简明一览表

影院等级	影院名称	坐落地点
头等	平安电影院	英租界小营门
	蛱蝶电影院	英租界朱家胡同
	光陆电影院	特一区中街
二等	光明大戏院	法租界天增里
	明星大戏院	法租界廿七号路
	新新电影院	法租界绿牌车道
	河北电影院	大胡同南口
三等	皇宫戏院	日租界旭街
	新明大戏院	同上
	新中央电影院	法租界绿牌车道
	天宫电影院	法租界劝业场
	河北电影院	北马路
	天津电影院	同上
	上平安电影院	南市广益大街
	上权仙电影院	南市
	丹桂电影院	同上
	庆云电影院	同上
	东方大戏院	特二区东天仙
	天桂电影院	北营门
	皇后大戏院	特一区十号路
	中央电影院	同上

资料来源:天津市市志编纂处编:《天津市概要·杂俎篇》,天津市政府出版,1934年,第4页。

天津成为当时北方重要的电影放映集散地,好莱坞新片在上海放映后便直接运抵天津。当时,派拉蒙、米高梅等好莱坞八大电影制片厂都在天津驻有分支机构。天津的电影院与世界各大电影公司发行网建立长期联系,使得天津市民能够源源不断地欣赏到欧美电影。欧美最流行的新片半年左右就可以在天津放映。

当然天津各家影院还是存在着诸多不足之处。《北洋画报》对于一些天津影院中所存在的问题进行了报道,希望能为观众提供更好的观影环境。

首先是国产影片加价问题:

多数电影观者,对于影园开映中国产影片而每增加其观价,以为不当。盖为国产本身之价值,未能高出舶来品之上,而以钱易货,则货高者价始高。若劣等之货,而高抬其加(价),揆之事理,殊有未合,将致无人问津焉。然而其中亦另有缘由在。盖中国影片,既不及舶来品之佳,而消场亦不若舶来品之广,消场不广,所入遂微,而其所下之资本,遂不得不设法以弥补之。此中国影片之所以高抬其价也。不过吾以为中国之经营影片事业者,宜致力于艺术价格之增高,而不宜惟目前小利之是图。至今畏观国产影片者,已日见其众,使影片本身不自加改良,而仍高抬其观价,是不啻自杀而已。①

其次是影院环境不佳:

前夕偕友至光明社观电影,入院后即觉酸气刺鼻,不久均感头痛,不得已相率引退。查其原因,实因该院乃用煤炉,加以观客气味,炭酸甚重,实属有碍卫生。外国戏院有用喷香水消除气味之一法,在中国还讲不到,惟是安装吸气电扇,常换新鲜空气,似属应有之举,深望有公众卫生之责者,加以改良为是。②

尽管当时的天津影业有诸多不足之处,但市民的观影热情日益高涨。天津庞大的电影观众群体对电影明星具有很大的吸引力,电影业原本在上海非常兴盛,但是有些上海的女明星为了增加收入,常常奔赴各地演出作为自己的副业,并且已经形成一种风气。"电影业原盛于沪上,然近年亦寝衰,于是女星每感于业影之收入太薄,及沪居之不易支持,遂多四出鬻技",可见女星于银幕之外表演歌舞"已成为一种风气"。③许多上海明星选择来天津进行

---

① 金俊仁:《影园开映国产影片加价问题》,《北洋画报》第 46 期,1926 年 12 月 15 日。
② 愚:《中国影院中之臭味》,《北洋画报》第 55 期,1927 年 1 月 15 日。
③ 《电影女星之出路》,《北洋画报》第 447 期,1930 年 3 月 18 日。

舞台表演。

　　1926 年 8 月 5 日,杨耐梅来津表演,引起一定程度的轰动,"三日新人银幕开,现身歌舞又登台。电灯斗大花枝绕,道路轰传杨耐梅"[1]。《北洋画报》对杨耐梅天津之行进行了追踪报道。"上海新人影片公司总理任矜苹君,偕同女明星杨耐梅等一行人,于五日抵津,寓国民饭店,即开演《上海三女子》一片。杨女士并登台独歌粤曲《恨海鸳鸯》。前后四日,至九日为止",《北洋画报》"记者于八日晚在国民饭店为杨女士摄有照片数种,兹择尤佳者登之封面上,此实杨女士在津第一次所摄之照片也"。[2]此后又刊发了《杨耐梅来津记》(第 12 期,1926 年 8 月 14 日)、《杨耐梅谈〈她的痛苦〉》(第 12 期,1926 年 8 月 14 日)、《"不是生意经"》(第 14 期,1926 年 8 月 21 日)等文报道杨耐梅在津消息及相关评价。1928 年 11 月,杨耐梅应天津春和大戏院之邀,来津为其组建的"耐梅影片公司"新片《奇女子》宣传,并于"影片开映时登台歌唱"[3]。《北洋画报》第 246 期为之刊行《杨耐梅专号》,该专号占据了《北洋画报》仅有的四个版面中的两个。在登台演出期间,杨耐梅为了适应津门观众,还向天津名票刘叔度学习了京剧《起解》。[4]

二、应运而生的影业公司

　　1924 年至 1926 年间,在"国产电影运动"的推动下,天津开始出现影业公司,并有电影作品问世。作为天津本地媒体,《北洋画报》对天津本土影业公司的发展情况十分关切,对天津各影业公司、津门影人、津产影片进行了积极的报道。

北方电影公司

　　1925 年,北方电影公司创办于法租界雅林里,厂址设在西开教堂后一家

---

① 冯文洵:《丙寅天津竹枝词》,1934 年,第 28 页。
② 《社会小消息》,《北洋画报》第 11 期,1926 年 8 月 11 日。
③ 《如是我闻》(二),《北洋画报》第 245 期,1928 年 11 月 17 日。
④ 参见《杨耐梅起解》,《北洋画报》第 250 期,1928 年 11 月 29 日。

硝皮厂院内。院内用木板搭建起三尺高台,台的两侧立起纸糊的布景,是天津最早的"露天电影摄影棚"①。《大公报》记者何心冷曾前往北方电影公司参观,却感叹该公司设备的简陋和经济的窘迫:"我可以说,假使上海的影片公司要看见了他们那种情形,一定十分惊异",而且"据说公司里的演员,已经足足做了八个月的工作,可是仅由公司稍为送些夫马费,并没有固定的薪金"。②北方电影公司曾拍摄了两部电影:一部为《血手》(又名《血书》《美人手》)。导演徐光华,摄影师戴辅卿,主要演员有高丽影、戴影霞、戴素侠。影片在天津上映后,票房惨淡,观者寥寥。《北洋画报》刊发的影评指出:该片"与吾人之所期望,相去甚远。其能差强人意者,只光线一项,尚属不恶而已。至如剧本,则较善者非无之,固不必取乎此也。若言表情,则扮演主人,因乏经验,无怪其成绩之毫无可观,以后宜多加训练。"③《大公报》的影评认为《血手》"使人感觉不快的,是光线不清朗,模模糊糊,布景多半穷凑,简陋不雅",剧中有刮风一幕,"屋里的风比屋外的还大","屋里的灯、画、台布、窗帘,甚至连砖墙都一齐动了起来,知道的是风,不知道的以为是地震",演员的表演"多半是敷衍了事,从没有在艺术上注意的"。④所以该片难以卖座。

北方电影公司出品的另一部影片是《永不归》,编剧马君陶,导演马季湘,摄影师戴辅卿,主要演员有戴影霞、梅丽、希生、戴素侠、李树清等人。但拍摄过程中因经费告竭,时拍时辍,"迄未摄成,致令人有永不出来之感,近闻该公司已筹得千余元,不日即继续摄制云"⑤。该片勉强拍完后,"北方"即宣布垮台。

新星电影公司

新星电影公司成立于1926年,办公地点设在大罗游乐场内。该公司只

---

① 参见张绍祖:《天津电影业发展概貌》,载天津市文史研究馆编:《天津文史丛刊》第4期,1985年,第115页。

② 心冷:《天津电影业之调查》,《大公报》,1926年9月7日。

③ 记者:《观北方〈血手〉影片之后》,《北洋画报》第7期,1926年7月28日。

④ 一三:《〈大皮包〉的舆论》,《大公报》,1927年7月5日。

⑤ 《社会小新闻》,《北洋画报》第64期,1927年2月23日。

拍摄了《险姻缘》一部影片。导演兼男主角是徐维明,主要演员还有高凌波和李丽。1926 年 12 月 5 日,该片在天津新新戏院首映,还曾到上海放映。但是该片制作粗糙,"其表情的幼稚,举动的呆滞,排场的松慢,光线的凌糊",让观影者后悔不迭,"剧旨又不明确,总而言之,简直是国产影片的下乘",如果"以为尝试之作,本可曲谅。可是新星影片公司大吹其牛,什么'片中人才,均属名手''后来居上''青出于蓝''北方之真精神',说得天花乱坠,煞有介事。唉!羞!不要人格的羞!"①而且"导演者不但没有精细的脑筋,而且连常识都没有,结果是大失败"②。上海"某周报刊有评论",竟因该片"幼稚之故,遂谓津人无评判影片佳否之眼光。不知看片为一事,制片又为一事,未可相提并论"。③

新星电影公司倒闭后将"所有一切设置,均租于渤海公司"④。渤海公司坐落于河东特别三区六经路和八纬路转角,没有固定的摄影场。该公司曾出品滑稽片《大皮包》,这部影片的拍摄地就在公司附近的俄国花园。该片由沈哀鹃(沈浮)编剧、导演并主演。拍摄完毕后,"在天津光明社试片子",因电影院方面认为影片质量不佳,双方没能谈妥放映价格。⑤但是又有人认为该片还有可取之处:

（一）表情。编辑兼主演员沈哀鹃(即沈浮)君扮演情场失意、精神昏乱之少年,其疯狂狼狈情形,无不惟肖惟妙。得意时则万物含情,如入极美世界;失意时则嫉花忌草,尽成爱敌。要之处处皆可令人唏嘘称美,或怒恨切齿。未曾深研艺术者,岂可得此。

（二）意旨。讥刺世之种种假恋爱者,终日嬉皮笑脸,无非互相陷害,各图利己。沈君以真洁之表情,打醒假恋爱者不少。

① 子彦:《看完〈险姻缘〉以后》,《大公报》,1926 年 12 月 10 日。
② 心冷:《去年一年间看过的影戏》,《大公报》,1927 年 1 月 1 日。
③ 记者:《观北方〈血手〉影片之后》,《北洋画报》第 7 期,1926 年 7 月 28 日。
④ 心冷:《天津电影业之调查》,《大公报》,1926 年 9 月 7 日。
⑤ 参见忧庵:《可怜天津的影片公司》,《大公报》,1927 年 3 月 25 日。

（三）滑稽。以疯狂之人周旋于恋爱团里，凑合天然物理之种种巧缘，演出许多笑话，实令人捧腹。①

中美影片公司

中美影片公司成立于 1926 年 12 月 19 日，办公地点在信中公司楼上，摄影场设在陶园。中美公司是 20 世纪 20 年代天津电影业最后建立的一家制片公司。"资本号称贰拾万元，按其章程所定，每股五元，发起人占十五万，其余五万，向各方招集；但据知其内幕者言，则已收股本，较之定额，相差尚远。"《北洋画报》指出："北方人对于电影事业，非不热心，其所以不敢踊跃尝试者，皆因前此所产各小资本公司，办理未善，致失公众信用耳。"该公司设总裁、总经理、协理、总司账各一人，另有评议员三十余人，"其中最知名者，有黎绍基，闻即前总统黎元洪氏之代名。张学良，不知是否即东北张少帅，因同名氏者颇多故也。前外长曹润田、前陆长吴光新、前陆次金少曾、徐绍桢将军、前县长刘孟扬、陈祝龄、何守仁、现直隶交涉员庄景珂、现直隶警务处长丁振芝、倪督军之子侄等，形形色色，无所不备"。中美影片公司"似曾在美政府注册者，因其章程第一条有'依照美国现行法律'一语，有末一条亦有'并得呈示于美国政府'一语，此外又聘有美国律师信孟为法律顾问，观此可信矣。是以开幕之日，陶园大门及摄影场门首，均悬中美两国国旗，惟西国来宾甚少耳。"其摄影棚为玻璃棚，"并不十分宽敞，同时不能容纳两种布景，构造甚草率，芦席式喜棚之类也。当年香港某公司在真光屋顶为梅兰芳摄电影所盖临时玻璃棚，与之略同，宏敞或且过之"。②

中美影片公司经理为广东人黎庶，"本留美习农学，因鉴于美国电影界，辄靡费百万金元，建造中国城市试摄中国式之影片，而剧情则多诡异荒诞，有时且辱及华人，故抱自制影片，行销外洋，发扬中国文化之志。入影剧学

---

① 一三：《〈大皮包〉的舆论》，《大公报》，1927 年 7 月 5 日。
② 本段引文均出自记者：《天津中美影片公司摄影场开幕记》，《北洋画报》第 49 期，1926 年 12 月 25 日。

校,研究一切,深得其中奥妙,复得美国某资本家之助,创设中美公司于天津,其所以在北方经营之理由,系欲利用北方伟大之建筑,以作外景"。黎庶在接受《北洋画报》采访时指出:"所最感困难者,即为演员之缺乏,而尤以男演员之人选为最难;计先后来报名者已有七八百人之多,其稍有希望,堪以教育者,不过百分之一,现在正训练演习中云。""黎君自称确有把握之事有二:一为练出优良之演员;一为影片之销路。中美之影片,将来可望有两三千家美国影戏院租演,且多已定有契约云。"①

中美影片公司创设之初理想宏大,"拟在美国政府注册,为将来影片推销欧美地步。摄制方面拟专摄中国历史剧,以及有益世道之影片。所有导演配景人员,均聘著名技师。招待演员尤为认真"②。许多人也对其报以厚望,招考演员当天,"应考的士女们,全都抱着十二分的希望,去作明星,足有三四百人之多",陶园"门前真实(是)车马踵门,颇极一时之盛"。③何心冷曾在《大公报》发表《我们所希望于中美影片公司者》④一文,提出了中肯的建议。但是限于种种原因,中美影片公司连一部影片也还没有问世,便倒闭关张了。

三、本地女影星

天津的影业公司虽然实力弱小,但是也注意打造自己的电影明星。女性因自身独有魅力更成为各家电影公司绝佳的造星对象。天津几家影业公司所属的演员中称得上"星"的都是女性。

《北洋画报》认为:"天津今之所谓电影女明星者,统计只有六位,即高丽影、何见愁、戴影霞、戴素侠、张梅丽、黄春梅是也。"但是因为天津各影业公司多在拍摄前便意图造星,之后因财力不济,往往偃旗息鼓,所以这些所谓的天津明星"一半儿还没有上过镜头。说她明星,简直是够不上资格。不过尚可说她们一声是可造之材。现在几个明星所以忽暗忽亮,实在是受天津几家

---

① 本段引文均出自记者:《记中美影片公司》,《北洋画报》第 52 期,1927 年 1 月 5 日。
② 《中美影片公司消息》,《大公报》,1926 年 10 月 19 日。
③ 忧庵:《可怜的天津影片公司》,《大公报》,1927 年 3 月 25 日。
④ 心冷:《我们所希望于中美影片公司者》,《大公报》,1926 年 12 月 19 日。

影片公司的资本关系。如果天津的影片像上海那样出品迅速，我可断定天津几位女明星，不难和上海几位明星颉颃一下。天津有了不死不活的几家影片公司。所以天津的女明星一半儿已是星散。戴氏姊妹，因为影霞女士去做太太，素侠女士就此也无形的脱离影界。何见愁、高丽影两女士，鉴于渤海公司没有制片的日子，也就在影界无声无臭了。现在影界仍旧百折不回的做她的'明星'生活的，只有黄春梅和张梅丽了"①。这几位天津明星也就成为中国电影史上的"流星"，悄然划过只留下了些许痕迹。《北洋画报》曾登载几位天津女星的小传，从中可一窥她们的风采：

何见愁

女士名嘉林，又名一为，贵州省产也，毕业于本埠贞淑女师学校。性喜交游，善词令，虽为南人，而语雅隽动听，无格格不入之苦。……且工修饰，好竹战，尤嗜观影剧。今得现身银幕，更见爱艺术之热诚。母早丧，父潦倒宦海，不得志。女士虽怀大愿，未得伸焉。尝有论及终身大事者，则掉首不顾。慨然曰："我将丫角终，以奉老人天年，不欲舍之而他也。"今毅然投身影界，殆抱大志者哉。②

戴影霞

女士皖人，幼时祗居青岛及关外，于去秋随父来津，即入北方公司为演员。在《血手》片中，饰一要角。而《血手》片因有种种之障碍，成绩未见其佳，女士因之谓余曰："《血手》糟到如此，不如不演之为愈。"于此可见女士未能得展所长矣。想该公司二次出品《永不归》出版后，或比较可观，余不禁拭目以俟之。女士善文学、精绘事，现方及笄之年，毫无浮习，影界中罕有之人才也。③

王瘗恨

女士，蜀产。曾卒业于春申江上某女校。民十四(1925年)，女士来

---

① 《天津电影明星之星散》，《北洋画报》第69期，1927年3月12日。
② 艳翁：《何星忆语》，《北洋画报》第31期，1926年10月23日。
③ 伯仁：《记戴影霞》，《北洋画报》第38期，1926年11月17日。

津。适翌年渤海影片公司成立，女士乃投身银幕，为渤海公司处女作《大皮包》中之要角，与何见愁、高丽影两女士同为渤海之演员。女士酷爱艺术，对于电影，悉心研究，将来进境，定不落他星之后也。①

天津报刊媒体对于各家影业公司这种推崇"女明星"的做法不以为然："希望各公司幸勿以高尚之女演员，陶冶至于女伶一步，更不可以女演员为活动广告。"②但正是在这股造星的风潮中，天津电影演员培训机构出现了。1927年华北电影学校成立。"据闻为童汉侠、汤今我、沈肝胆诸君所发起。课程甚为完备，计分编剧、导演、摄影、布景、经理五门。学额一百二十名，筹备处设法界恒和西里三十四号云。"③

随着中美影片公司的倒闭，天津电影制片业陷于沉寂。天津"国产电影运动"的失败，其主要原因有两点：第一，缺乏对于电影艺术的尊重，一些人开设影业公司的目的是投机。"现日吾国电影事业风起云涌，盛极一时。初仅限于沪滨一隅，现乃蔓及广东、天津、北京。影片公司有如春笋怒苗，相继创立。然究其实际，诚不堪闻问。非投机家藉此牟利，即无知流氓引群纠众藉出风头，以故黑幕重重，丑史流传。一片即出，万人指摘。其真能如外国影片公司之以艺术为前提者希。"④因此，遇有挫折公司便偃旗息鼓。第二，缺少资本的有力支持。"京津一带，并不是不宜设立制片公司，又并不是没有电影人才，怎奈有志者大都缺少资财，没有十分的把握，又不敢招集股东，冒昧从事。而且京津的资本家总是守旧的居多。本来电影事业要想发达，实在是大费周折，非有大多数金钱拿去宣传不可。但是结果还是不知道怎样。谁愿意将大好的金钱作无谓的牺牲呢？所以华北电影事业简直可以说是没有，只好让上海影片和舶来品来横冲直撞，如入无人之境了。"⑤

---

① 杏梅室主：《记王瘿恨女士》，《北洋画报》第 57 期，1927 年 1 月 22 日。
② 啸云：《忠告以女演员眩人者》，《大公报》，1926 年 12 月 24 日。
③ 《小消息》，《北洋画报》第 82 期，1927 年 4 月 27 日。
④ 严悦庐：《电影刍言》，《大公报》，1926 年 10 月 9 日。
⑤ 杜鸣喈：《华北电影之不发达》，《大公报》，1928 年 3 月 20 日。

19 世纪 20 年代成立于天津的影业公司实力较弱,命运多舛,旋生旋灭。有些影业公司成立时大张旗鼓,但是直至停业也没有影片问世,而问世的影片亦反响平平。但此时的天津影业公司群体毕竟开北方影业之先河,对北方电影事业的发展起到了积极的推动作用。1930 年初,罗明佑的华北电影公司与上海新民公司合作《故都春梦》和《自杀合同》两片,并最终组建成联华影业公司,其也可以视为 19 世纪 20 年代天津电影制片业的某种延续。

第二节 《北洋画报·电影专刊》研究

谭林北接手《北洋画报》后,对其进行的最大调整就是创设了《电影专刊》,使得电影类文章、报道的刊载系统化。《北洋画报》第 971 期上登载了发刊预告:"本报为供应爱好电影者之需求, 自下周起, 每星期二在本报三版上,增出《电影专刊》,影印精美新颖之影片,选载趣味浓厚之文字。影片批评,约有专家撰稿;银坛消息,尤为翔实迅速。先此预布,敬希读者注意。"①

《电影专刊》于《北洋画报》第 972 期出版首期,至《北洋画报》终刊②,共出版 107 期,由王伯龙任主编,其兄弟王元龙、王玖龙皆为中国早期电影明星兼导演,因此王伯龙在电影圈交际甚广。《电影专刊》主要内容为影坛新闻、影片评论和电影理论,其刊载的文章对了解当时人们的电影观具有较高的参考价值。

一、影坛新闻

(一)关注明星生活,报道中外影坛趣事绯闻

《中外影讯》和《银坛新讯》是《电影专刊》中的固定栏目,用来刊载中外电影界新近消息,包括影片拍摄资讯、新片上映预告、影人近况,乃至于明星"八卦"等,使读者能够及时了解影坛信息。

---

① 《本报增出电影专刊》,《北洋画报》第 971 期,1933 年 8 月 12 日。
② 《北洋画报》终刊于 1937 年 7 月 29 日第 1587 期,最后一期《电影专刊》刊载于 7 月 27 日第 1586 期。

随着电影的日益流行，明星制在中国初步形成，观众的追星之风日盛，电影明星银幕内外的一举一动都是人们热衷的话题。于是《北洋画报·电影专刊》刊登了大量有关明星言行及生活琐事的报道以满足读者。

《电影专刊》中有一些连载栏目，专门用来登载影人轶事。《银灯琐话》由王伯龙撰稿，其为电影明星王次龙之兄，因此该栏目给读者一种影坛内部秘闻的色彩。各篇内容也是发掘影人鲜为人知的一面。如《极能经商的史东山》（《北洋画报》第 972 期，1933 年 8 月 15 日）述史东山开办美美公司，售卖妇女饰品、化妆品之事。《最善御妻张慧冲》（《北洋画报》第 975 期，1933 年 8 月 22 日）讲张慧冲一夫多妻的相处

图 6-1　上海明星公司无声摄影场全景

之道。《以模特著称的但杜宇》（《北洋画报》第 978 期，1933 年 8 月 29 日）谈但杜宇对拍摄女性身体的擅长。《大老板风采之张石川》（《北洋画报》第 981 期，1933 年 9 月 5 日）讲张石川处事的雷厉风行。《代表东方男性美的高占非与呐喊民族主义的王次龙》（《北洋画报》第 993 期，1933 年 10 月 3 日）介绍了王次龙的从影经历。《代表中国青年的四导演》（《北洋画报》第 996 期，1933 年 10 月 10 日）介绍了王次龙、史东山、蔡楚生、孙瑜四人的导演经历和风格。《汉奸大会串》（《北洋画报》第 1005 期，1933 年 10 月 31 日）介绍了在《还我河山》[1]中饰演汉奸的尚冠武和王彩章二人。

《银坛影历》栏目中，王伯龙将其弟王元龙所提供的影星生活照片配以文字说明，"用补国产影史之不足云"[2]。先后配发张织云（《北洋画报》第 1124 期，1934 年 8 月 7 日）、薛觉先（《北洋画报》第 1130 期，1934 年 8 月 18 日）、

---

① 该片由联华公司出品，王元龙主演、王伯龙编剧。

② 伯龙：《银坛影历》（一），《北洋画报》第 1124 期，1934 年 8 月 7 日。

高占非(《北洋画报》第 1142 期,1934 年 9 月 18 日)、徐来(《北洋画报》第
1148 期,1934 年 10 月 2 日)的照片及轶事。

影人的各种介绍、访谈、小传也是《电影专刊》的常见内容。如《徐来幼年
轶事》(《北洋画报》第 1231 期,1935 年 4 月 16
日)、《高占非小史》(《北洋画报》第 1255 期,1935
年 6 月 11 日)、《陈波儿拒婚入影界》(《北洋画
报》第1282 期,1935 年 8 月 13 日)、《薛发黎的小
史》(《北洋画报》第 1306 期,1935 年 10 月 8 日)、
《玛丽壁克福(Mary Pickfrrd)不愧女杰》(《北洋画
报》第 1345 期,1936 年 1 月 7 日)、《童星之母》
(《北洋画报》第 1461 期,1936 年 10 月 6 日)、《金
蕙漱与莎丽邓波 (Shirley Temple)》(《北洋画报》
第 1485 期,1936 年 12 月 1 日)、《影星陈波儿略
史》(《北洋画报》第 1497 期,1936 年 12 月 29
日)、《明星新人谢俊》(《北洋画报》第 1509 期,
1937 年 1 月 26 日)、《茜蒙茜蒙 (Simone Simon)
略史》(《北洋画报》第 1520 期,1937 年 2 月 23
日)、《影星白杨小史》(《北洋画报》第 1538 期,

图 6-2 黄柳霜剧照

1937 年 4 月 6 日)、《影星白杨近况》(《北洋画报》第 1556 期,1937 年 5 月 18
日)、《记陨星珍哈露(Lean Harlow)》(《北洋画报》第 1568 期,1937 年 6 月 15
日)、《谈国际影星罗朋》(《北洋画报》第 1574 期,1937 年 6 月 29 日)。编译的
《梅卫丝的话》(《北洋画报》第 1100 期,1934 年 6 月 12 日)一文,刊载了梅卫
丝(Mac west)与某报读者的访谈,突出了其性感明星的风采。现摘录部分访
谈如下:

问:你以为女人最应具有的是什么东西? 要获得男子的爱,是以何
种元素为最要紧?

答:强烈的性感是女人所最应具有的,记着性感并非一定是美,而

性感却是最能吸引男子的。

    问:我以为你演的戏全是革命性的,你不能演尊贵的妇女么?

    答:你是道学先生么?

    问:为什么你在影片上多多的裸你肉体?

    答:因为我不觉得裸肉体是可羞的事情。

有些报道侧重于介绍影人趣事, 如《影都名人印象记》(《北洋画报》第975 期,1933 年 8 月 22 日)、《影星趣事》(《北洋画报》第 1106 期,1934 年 6 月 26 日)、《明星之玩具嗜好谈》(《北洋画报》第 1112 期,1934 年 7 月 10 日)、《因祸得福的明星》《几个因祸得福的明星》(《北洋画报》第 1276 期,1935 年 7 月 30 日;《北洋画报》第 1449 期,1936 年 9 月 8 日)。连影星严月娴放爆竹《电影专刊》也要评论一番。①而"吻"作为一些观众青睐的话题也成为影人趣事的一部分。《吻的经验谈》(《北洋画报》第 1368 期,1936 年 3 月 3 日)中,尼尔·汉密尔顿(Neil Hamitton)谈论了他在影片拍摄时,与多位女星的接吻经验, 极为吸引读者眼球。《影片中之吻》(《北洋画报》第 1404 期,1936 年 5 月 26 日)为读者解释了影片中亲吻不同部位所表示的含义,读者若能"一一领会其意,则于看影时,见作何种之吻,即知其剧中人物之身份及情感也"。

明星的花边绯闻作为读者极为关心的话题,当然也成为《电影专刊》重点报道的对象。金焰与王人美因合演《野玫瑰》而生情愫,但并未对外界公开。《电影专刊》登载《金焰与王人美订婚之谜》(《北洋画报》第 1014 期,1933 年 11 月 21 日) 披露二人感情进展情况。《谈谈几个电影女星的婚变》(《北洋画报》第 1410 期,1936 年 6 月 9 日)对一些女星甫入影坛不久便同丈夫离婚的原因进行了分析。《洪莺近讯》(《北洋画报》第 1199 期,1935 年 1 月 29 日)对洪莺因情场失意出家为尼,继而"尼姑下山"变身舞女的经过进行了评述。甚至为了吸引读者眼球,《电影专刊》据小道信息胡乱推测,如说 32 岁的胡蝶可

---

① 羊:《替严月娴担心》,《北洋画报》第 1193 期,1935 年 1 月 15 日。

能是梁赛珍、梁赛珠、梁赛珊姊妹的生母。①外国影星的婚姻状况也是《电影专刊》报道的对象。如《飞来伯夫妇决裂》（《北洋画报》第 972 期,1933 年 8 月 15日）、《离婚后的女星》（《北洋画报》第 1300 期,1935 年 9 月 24 日）。

虽然《电影专刊》对影星的报道不遗余力,但是也对观众追星的行为持有保留态度,对影迷过激的追星行为也进行了披露。杭州某女子中学学生数人联名致信影星胡蝶,"要求胡蝶给她们一个回信,不然她们大家将要自杀了"②。而《嘉波的汽车》连载三期（《北洋画报》第 981 期,1933 年 9 月 5 日;第984 期,1933 年 9 月 12 日; 第 987 期,1933 年 9 月 19 日）讲述了嘉波成名后,与幼年关爱她的叔叔的疏远、漠视,透露出明星对亲情的冷漠。文章评论道:"这是件很有趣的小事,这是好莱坞之罪吗? 是好莱坞把男女演员弄得忘掉家人朋友么? 这是个人的行动呢? 还是普遍的现象呢?"③透露出一种希望影迷辩证看待明星的观点。

(二)聚焦中外影坛,介绍电影界发展动态

《电影专刊》留意于为读者提供中外影坛新近发展动态,使读者能较为及时地了解电影界的新发展、新趋势。

《飞行家安纳斯乌德少佐(Maj.Evnst Udet)将摄野兽片》（《北洋画报》第987 期,1933 年 9 月 19 日）介绍了飞行家安纳斯乌德将赴非洲拍摄大象之死的新闻,使读者对航拍技术有所了解。《升楼开末拉④》（《北洋画报》第 990期,1933 年 9 月 26 日）讲解了拍摄演员上楼镜头的方式方法:"一块巨大的金属制版上面放着有声摄影机,收音麦克,技术人员。版系在一铁臂上,那臂能伸缩自如,一共重过二十吨。演员刚要上楼的时候,摄影机也随之而起。有时候间或停顿一下拍摄演员的特写。"这样演员上楼时的一举一动都可收入镜头。"这种升楼开末拉解决了声片摄制中的一个难题。"⑤琳璋翻译的《摄影

① 《梁赛珊的母亲是谁? 》,《北洋画报》第 1207 期,1935 年 2 月 19 日。
② 捕风:《杭女生之胡蝶狂》,《北洋画报》第 1026 期,1933 年 12 月 16 日。
③ 《嘉波的汽车》(续),《北洋画报》第 987 期,1933 年 9 月 19 日。
④ 开末拉即 camera,此处意为镜头。
⑤ 谦:《升楼开末拉》,《北洋画报》第 990 期,1933 年 9 月 26 日。

术之种种》(《北洋画报》第 1157 期,1934 年 10 月 23 日;第 1163 期,1934 年
11 月 6 日;第 1169 期,1934 年 11 月 20 日)介绍了影片中道具的拍摄方法。
《无限电影机告成》(《北洋画报》第 1231 期,1935 年 4 月 16 日)介绍了电影
摄制方法的新进展。《好莱坞之汽车影院》(《北洋画报》第 1562 期,1937 年 6
月 1 日)介绍了"允成世界影院中别开生面者"的美国汽车影院的情况。

　　除了美国以外,《电影专刊》对欧洲电影业也十分关注。《英国电影业的
新发展》(《北洋画报》第 1041 期,1934 年 1 月 23 日)、《小飞来伯的话》(《北
洋画报》第 1118 期,1934 年 7 月 24 日)、《好莱坞影星赴英讯》(《北洋画报》
第 1243 期,1935 年 5 月 14 日)介绍了美国影星飞来伯父子等人赴英国发展
的情况。《法国影片公司近况》(《北洋画报》第 1318 期,1935 年 11 月 5 日)介
绍了法国电影业的发展概况。

　　对当时的苏联电影业,《电影专刊》也有涉及。《苏联电影深入农村》(《北洋
画报》第 1255 期,1935 年 6 月 11 日)介绍了苏联将电影艺术向农村普及所做
的工作。《苏联影界巨头参观好莱坞》(《北洋画报》第 1288 期,1935 年 8 月 27
日)介绍了美苏电影交流的情况。《苏联影事》(《北洋画报》第 1324 期,1935 年
11 月 19 日)介绍了苏联有色影片的研发进展及苏联电影对配乐的重视。

　　在关注国外影界近况的同时,《电影专刊》也没有忽视中国影坛。20 世纪
30 年代国民党中央宣传部领导的国营中央摄影场尤为受到关注。"我国电影

图 6-3　高占非《暴雨梨花》剧照

事业,进步之速,较之前数年,诚
有天壤之隔。即以京、沪、粤各摄
影场而论,大小数十家,其中虽不
无有因陋就简者,但规模较大者,
实占多数。在各大公司中, 能后
来居上,一鸣惊人,颇使社会人士
注意者, 又首推南京之中央摄影
场。"①《中央摄影场工作近况》

―――――――――――

① 浩:《中央摄影场之近况》,《北洋画报》第 1586 期,1937 年 7 月 27 日。

（《北洋画报》第 1330 期,1935 年 12 月 3 日）一文介绍了该场日常工作情形。《参观香港全球影片公司后》（《北洋画报》第 1181 期,1934 年 12 月 18 日）介绍了香港全球影片公司组建情况。第 50 期《电影专刊》为《天一公司出品特载》,着重介绍了天一公司的发展概况,特别报道了近期天一公司委派专员来津,拓展华北业务的情况。①第 66 期《电影专刊》为《电通公司音乐喜剧〈都市风光〉特辑》,除了对该片大加赞赏外,对电通公司各位明星也进行了介绍。

民国时期的中国电影业在亚洲处于领先地位,"国人近对任何事业,都有突飞猛进之势。此实逼于外患频仍,异邦腾笑之故,无形中养成'不畏难'与'拼命干'之精神,然外人'旁观者清',乃有惊讶之批评。如最近之日本杂志《世界知识》曾对中国影业表示欣慰,兹约略译出,以为从事斯业者之鼓励"②。《电影专刊》转载日本杂志《世界知识》对于中国影业的评价,希望能鼓舞中国影人再接再厉,奋勇向前。

二、电影评论

自电影风行以来,评论之风颇盛。"欧西各国之报纸,特辟一栏,作为评影者批评电影之园地。"新片一经问世后,"其取材之优劣,技术之巧拙,表情之灵钝,光线之美恶,下至一言之细,一景之微,评影者秉其大公之精神作严格之批评。其善也,揄扬之,奖励之,使知自奋;其劣也,告诫之,使知改正。而从事影业者,亦奉言惟谨,无敢携贰。如是电影事业,渐趋于光大之途径矣"。《北洋画报》指出电影评论并非人人可为,影评人必须"明了电影技术,熟知美学原则,并能运用科学之方法,以估其有无价值。而对于中外文字,尤须有相当之修养,此外常识亦应丰富。因电影之取材不同,其内容包含政治、历史、宗教、文学等项。故评影人非有与此适应之知识,充分之准备,不可从事于批评。盖评影者为数百万观众之喉舌,其所称许,即观众所欲称许者;其所

---

① 墨光:《天一业务之发展》,《北洋画报》第 1235 期,1935 年 4 月 25 日。
② 《中国影业雄于东亚》,《北洋画报》1532 期,1937 年 3 月 23 日。

指摘,即观众所欲指摘者,评影者不过代表观众言之耳。假使评影者仅略知皮毛,而无深湛之修养,亦无充分之准备。则其所批评,自不能针对事实,切中其弊,徒作纸上之空谈,无补于实际,是岂能称之为影评者哉？"①《电影专刊》以此为宗旨,刊发了大量影片评论。

(一)提升剧本编写水平

《电影专刊》认为,就电影题材来看,从某种程度上说,国外电影处于一种没落之中。"本来,国产片是太幼稚,但是现在外国片究竟给予我们的印象是什么呢？一种是肉麻的歌舞片,拿女人的大腿、靡靡的歌声来诱惑、麻醉我们观众。一种是毫无意识的所谓滑稽片,这种外国味道不三不四的笑料,也不一定合乎我们的口味吧。再有一种便是富于刺激性的战事片了,这种片无论是海战陆战空战,处处全在显示着帝国主义的强大武力。虽然有时含蕴着极重大的非战意味,若从人类应该厌弃战争方面说来,固然比较是有些哲学的意义。然而若为中国现在的情形着想,恐怕未必需要这些吧。那么除此意(以)外,给予我们的究竟是什么呢？总括说来,外国片是已经退化了。原因也就是为了粗制滥造,所以所谓某年某厂大名片等等,还不是些欺人之谈。所谓名片也不过是费去的时间资本和参加表演的名(明)星较多罢了。真正是为'艺术与人生'而制的片子,恐怕还不如一二部苏俄的片子《民生真路》等有相当价值吧。"②

国产片虽然在技术手段上落后于外国,但是如果在剧本方面肯下功夫,一样可以取得成功,因此中国影坛急需的是优秀的剧本。"一部影片,必须集合剧本、导演、表演、摄影、布景、化妆、洗印、剪接、配音各方面的精密工作而构成。尤其是剧本,剧本是戏的灵魂,它有了充实的内容,才能使导演者根据它所启示的途径而运用他自己的智慧去发挥。"导演如果可视为司令,剧本便可称之为作战计划,如果剧本不佳,"兵士们纵如何勇敢,武器纵如何精良,而司令无计划的指挥,结果是免不了要打败仗。所以导演负的责任虽然

---

① 本段引文均出自雨文:《评影人应有之条件》,《北洋画报》1544 期,1937 年 4 月 20 日。
② 均夷:《外国片日趋没落》,《北洋画报》第 1136 期,1934 年 9 月 4 日。

关系整个剧的优劣,然而要成功一部完善的戏,却非先有剧旨正确与内容充实的剧本不可的"。①

随着电影业的日渐发达,从事电影剧本创作的人也日渐增多。1933年,军事委员会政训处征求剧本,投稿者竟达2100多人,但是真正适合搬上银幕的剧本却是凤毛麟角。这些剧本不是"剧作者看过外片后根据琐碎的印象,东凑西合的美利坚式的多角恋爱,或歌颂衰颓伤感片段的故事",就是"非电影剧本的剧本,或者是一个很好的舞台剧,一部动人的小说,一首美丽的诗,而不是能放映于银幕的电影剧本"。剧本荒严重困扰着各电影厂。"为了剧本的不容易获得,于是产品迟缓,而公司也因之多受损失。"《北洋画报》认为,一部合格的电影剧本要有中心意识,并且在意识的演进上有一定的重心,"就是要把握住意识和抓住重心去尽量地描写你所要写的";同时,剧本要注重美的展现,"凡足以引人起恶感的东西,都得避免";剧情绝不能平铺直叙,应当要有高潮。总之"电影是一种高深的艺术,它对于人生具有表现、批评、调和、美化四大功能,剧作者能明了这些,他的写作绝不会不合用的"。②

《北洋画报》对当时电影创作中存在的不良现象进行了批评。

1.编剧、导演协作不佳

有了适合的剧本之后,还要编剧同导演相协同才能拍出好电影。许多影片"有时虽都是些有经验的编剧和导演,但大都编剧忘了导演,导演忘了编剧,只是分工,却不能合作。在编剧拟好了剧情,经过了分幕的手续后,导演会觉得自己思想比编剧的要深刻,依着自己的见解去蛮干,结果会把编剧的原意弄坏了。而编剧的方面,却有时为导演的便利,或摄制上的不可能,把剧情来改变,以致顾此失彼。这样制出的片子,失败当然是意中的事"③。

2.剧本选题较窄

《北洋画报》呼吁制片方不但要慎重选题,而且影片要能展现社会的多个层面。当时国内外许多电影厂均以生产爱情片为主业。

---

① 本段引文均出自方巾:《谈电影剧本》(上),《北洋画报》第1219期,1935年3月19日。
② 本段引文均出自方巾:《谈电影剧本》(下),《北洋画报》第1225期,1935年4月2日。
③ 如愚:《编剧与导演》,《北洋画报》第1368期,1936年3月3日。

"电影院中十分之七是女人的。尤其在日场中,女子更居多数。并且一个家庭的娱乐方法,当是由女子来最后决定。妻子挑选了合意的戏剧,令她们的丈夫带领去看。未婚女子择定了要看的片子,由她们的追逐者去买票。在各种情形下选出的片子,总是反映着女子的嗜好。多数的戏院主人和制片者,从经营上得来,知道迎合女性心理是不能违反的。所以他们的广告,也偏于吸引女性。看一看报纸上的广告,大都是应用爱情与罗曼丝等字样,取悦于女子们,而后她们会把男子们给领进影院来,这是为营业成果不可忽视的原则。女子对电影着迷,较男子更甚。她们崇拜着各人所爱好的影坛人物,并不斤斤于探问片中的情节。好莱坞每年出片六百部上下,有价值的能有几部?若不是这些影迷的女子作为后盾,电影的营业专靠男子,是要亏累到不可想象的。①

3.忽视观众感受

有人认为"去影院的人,并不是真对这部片子怎样的爱看,甚至连广告上作为宣传的文字,也还没有看过,便茫然的闯进影院去的也很不少"。青年男女"为感到没有地方可去低诉衷曲(公园虽然风景好,缺点是没有影院那样黑暗),便选择了电影院这个极妥当的地方。这里既没有钉得怕人的眼睛,又可以把'看电影'这样的话来掩饰了很多自己不愿意说的事"。而"市侩和商人们带了他们的朋友,把影院看成和茶社同样的处所,而旁若无人的谈论着他们的生意经。这你不该怀疑他们为什么不到茶社里去。因为直到现在他们还把看电影目为时髦的事情,他们这样是应酬了他们的朋友或经纪人,当然他们对于电影是根本没有什么认识的"。小姐和太太们来到影院,观影之余"也许是想在影院替她们的儿女弟妹相看一位贤内助或快婿"。于是"有了这样各色的人们,更加上完全无知的孩子们,我们只要到影院的任何一个位子上坐下,便会感到前后左右都被浮浮洋洋的人声包围着。观众是这样的观

---

① 风使:《爱情片多量产出的原因》,《北洋画报》第 1261 期,1935 年 6 月 25 日。

众,把影片并不看得是怎样的重要,好坏都有他去"。①

在《北洋画报》看来这是需要纠正的一种现象。观众"并不真如所说的那样低能。我们看《自由万岁》《人生》《大路》一类不把爱情着重描述的影片的上映,各影院也会满座的情形,我们便可以证明观众并不是单能看恋爱故事的了。所以我们与其说观众的低能,倒不如说从事这种事业的人,近于低能了"。因此"从事电影同从事小说、戏剧的创作一样,应该从多方面发掘人生,发掘这社会、这民众暴露一切。使观众知道他们是被怎样的环境支配着,怎样的被黑暗笼罩着,而他们自己又是这样的不成样子。同时还应该切记:这不是恶意的鄙视,而是善意的把一切的美点予以鼓励,予以指引。这样岂不是道路很多,很容易生长坚实起来?你该相信,使观众在愤怒或流泪之后所留下的印象,要比一笑所留下的多得多。在大时代到来的前夕,只有人感到苦闷,希望得到点刺激;没有人希望在暖玉温香中,把自己的生命消耗下去。这点希望从事影业的人看重些,那就会有新的收获出现"。②

4.辩证看待"教育电影"和"革命电影"

诚然,《北洋画报》认同于 20 世纪 30 年代流行的"教育电影"说法,即希望电影能引人向善,教化社会。电影的使命"非徒供人以娱乐而已",应该"藉其推进之势力,增高其本身之价值,使能符合'电影教育'之原则,并综合政治、文化、历史、科学种种,冶为一炉,以达艺术之最高峰,庶可造福于人类"。③但同时又指出:"本来教育是有反正面的,即以德育而言:一方面是使人从善,一面是使人嫉恶。所以善恶都要具体的表现出来,先让大家认为认清,然后知所适从。但是有时因为表现的手段不合适,会发生流弊的。暴露现实的罪恶,意在使观众对它深恶痛绝。但有时观众却从影片上得到犯罪的知识。"④《电影专刊》指出:"或谓电影可以导善惩恶,其实亦有不尽然者。当社会中各种畸形状态搬演于银幕之上,如贪官污吏用其恶毒手腕,剥

---

① 本段引文均自糊涂:《谈看电影》,《北洋画报》第 1306 期,1935 年 10 月 8 日。
② 本段引文均自少西:《恋爱以外的电影》,《北洋画报》第 1288 期,1935 年 8 月 27 日。
③ 雨文:《论电影之取材》,《北洋画报》1550 期,1937 年 5 月 4 日。
④ 大白:《谈教育电影》,《北洋画报》第 1249 期,1935 年 5 月 28 日。

取民众之脂膏;大盗巨匪用其灵活手腕,避免官警之逻弋。演者现身说法,以警醒世人。然贪官污吏、大盗巨匪却不能因此而减少。甚者即模仿银幕上种种作恶之方法而实行之。是电影不特不能化人为善,反足济人为恶矣。譬如一部果报小说,读者对于其结果如何,多略而不观,而对其作恶经过,则不厌其烦,津津乐道,若有余味。观电影者亦多如是。试翻阅新闻纸读之,则各大都市所捕获之绑匪,察其供状,则其作案之情形,大都与侦探影片中盗匪抢劫时之步骤相似,是不啻此类侦探片即为盗匪之先导也",而一些影片中"表现之骄奢淫逸,皆足以予观者仿效之机会。由是知电影可以'导善惩恶'之语,实不能用于今日之社会也"。①

1931 年九一八事变和 1932 年"一·二八"上海事变后,国内救亡之声日盛,一些中国制片厂也顺势推出了多部"革命电影"。《北洋画报》认为这些"革命电影"多属空泛之谈:"革命、革命,应如何革法,则未能显明道出。描写阶级的冲突,而结果不至于剧烈之斗争;描写手工业之破产,而结果仍空喊努力。尤为可笑者,描写沪战(指"一·二八"上海事变),则必为我国胜利,及士兵奋不顾身,绝对不肯描写我国战斗器械之不良,使观众知仅恃枪刺手榴弹无破敌之力量。幼稚浅薄,殊为可叹。"②

5.剧情设置模式化

对于当时许多影片的剧情、情节设置雷同化的现象,《北洋画报》进行了批评。《北洋画报》指出当时流行的爱情片主要有三种模式:

甲式

一、二男向一女进攻,甲胜,乙愤而之他。

二、休息十分钟。

三、甲弃女,女终属于乙。

乙式

一、二女争恋一男,男左右逢源,甲女胜,与男实行同居。

---

① 本段引文均出自雨文:《谈电影与模仿》,《北洋画报》第 1568 期,1937 年 6 月 15 日。
② 余文:《论革命电影》,《北洋画报》第 1061 期,1934 年 3 月 13 日。

二、休息十分钟。

三、甲女慕虚荣,见异思迁,弃男,乙女与男终成眷属。

丙式

一、两同性恋一异性,纠纷不已。

二、休息十分钟。

三、新人笑,旧人哭,结果旧人杀新人,同归于尽。①

就电影结尾来讲,"在爱情片则以结婚与接吻的为多。在战争片则以死亡与墓前致祭为多。在侦探片则以贼盗被击,或被擒为多"。如果这些类型影片的结局"不蹈上述的那些窠臼,则这些片子必有不平凡的内容"。②

6.编剧取材不易

较之国外, 中国编剧往往受到许多局限。题材选择和人物设计稍有不慎,便会引来各类社会人士的攻击。"拿记者作小丑,当然有犯天威;以医生来穿插,则大逆不道;教员、律师、警界等,对于谁有点不顺眼,谁就开会反对。在国内取材之难,难于上天。"如果取材外国又显得与中国演员格格不入,"以外国事情作题材,就有演员扮西人会不像西人之困难,远不如英美德法俄,他们彼此一扮即像"。况且外国题材稍有不慎可能引来的麻烦比国内题材更大,"即有尝杜重远之铁锁银铛之味的可能"。③

即以所谓"肉感"问题而论,"我们看看每年从中国赚去不少钱的外国影片,戴丽娥、珍哈罗、善歌的麦唐纳,哪一部片子不有半裸的镜头,不拿肉体做诱惑的工具?玛琳戴瑞茜尚有《模特儿》那几个要命的半裸镜头呢",而"标准美人"徐来因为"在片中拍了一个半裸的镜头,遭各方痛骂(徐无表演天才,以及该剧本不佳,又当别论),至今尚无人敢以显示健美体格作尝试"。④《北洋画报》评论道:"回视我国制片商,资本小得可怜,欲摄伟大场面,难如登天;以肉

---

① 均夷:《电影三角式》,《北洋画报》第1130期,1934年8月18日。

② 本段引文均出自大白:《观影散记》,《北洋画报》第1392期,1936年4月28日。

③ 本段引文均出自林北:《可怜之中国影片事业》,《北洋画报》第1455期,1936年9月22日。

④ 林北:《可怜之中国影片事业》,《北洋画报》第1455期,1936年9月22日。

感取巧,则各方面责难。同时外国肉感片源源而来,赚钱而去。"①

(二)提高演员修养

明星制在民国时期的中国影坛初步形成, 于是有人认为:"一部影片如果不是所谓大明星的作品,其成绩一定是不会十分高明的。《北洋画报》指出:"只靠一两个演员的力量是绝对没有操纵整个影片的可能",如果"没有动人的剧本,没有正确精密的思想与富有经验的导演家,则这部影片仍会失败的。"②况且中国的电影演员,包括那些所谓的明星,其演技并不甚高明。

《北洋画报》指出,中国的电影演员在演技上同国外演员相比有一定的差距,"外国影星的表演,常是喜怒真切,而中国许多影星却哭笑没什(么)差别。且中国影星对于技术上的训练不如外国影星般的努力,红星自以为技艺超群,不再求进,未成名的明星虽欲登龙,又未必尽在技术上用功夫"③。女演员"也许因为成名之心过切,想一跃而为红星,因而有意干着荒淫的生活,甚或临时去造一个荒淫的故事去逗人生意。于是演员也不惜牺牲一切,把自己可耻的秘密有意公开,利用银幕上的故事,做号召观众的工具,真是可怜,亦复可叹!"④

图6-4 漫画《明星之媚态》

中国电影演员特别是在表情方面显得幼稚,这是内心表演不足造成的。"外部的表演自然是比较容易,因为外部表演仅仅是一种动作,而内心表演却是关于情绪上的。这两种表演在表面看来是分开的, 其实非常有连索性的。外部表演非有内心表演的帮助,然后才能表情深刻,中国影星在表情方

---

① 四方:《女星之肉感问题》,《北洋画报》第1503期,1937年1月12日。
② 大白:《观影的选择》,《北洋画报》第1410期,1936年6月9日。
③ 珂:《闲话影事》,《北洋画报》第1380期,1936年3月31日。
④ 白:《演员应注意修养》,《北洋画报》第1175期,1934年12月4日。

面往往露出假态来,这就是不知道内心表演的缘故。"①

更深层次的原因在于,许多中国电影演员缺乏修养。"一个缺少修养的明星,那管他的声明(名)高到天上,也不过是一个'庸俗的名演员'而已。如果要在自己的声明(名)上找到纯洁与伟大,那就非得有修养的功夫不可。曾经有人说过,一个写诗的人,须要先把自己造成一个诗人,然后才能产生好诗。意思就是要重视修养,要有诗人的性格。如果把这句话移用在电影明星身上,也还是照样说得过去的。虽则影星的表现是肉体表面的动作,但他们的作品却是同样的不能缺少灵魂。"②基本修养的缺乏使得"许多颇负盛名的明星们,很少说是'为艺术而艺术'。当然其中还有一个吃饭问题。然而中国电影明星们生活以外的奢侈,又似乎问题不专在吃饭,骨子里蕴藏了优美物质的享受和出风头"③。

《电影专刊》希望演员能不断加强自身的修养,从而成为一名健全的演员。演员的成功"决不是什么'天才',也不能靠他或她的美丽。强健的体格诚然是必要的,假如没有学识的修养呢?至于自己骄矜,生活糜烂,这些是更加要不得的了。如果要造成一个健全的演员,那是需要多方面的修养的,智力、体力都非达到相当的程度不可"。为鼓励中国电影演员的上进,《北洋画报》认为"演技奖金的成立是非常需要的事"。④

(三)注重影片的歌曲、配乐

《电影专刊》对于电影中的歌曲十分重视,认为好的电影歌曲能起到增强电影艺术感染力的作用。"歌谣之对于一个民族,有着深切的关系,是为人所供认的事实。所以一出歌谣的流行,即是一个民族的民族性的表现。有时仅以数十字的慷慨激昂的歌词,能激奋了整个民族的热血;同时,数十字的颓废海淫的歌词,也能颓靡了整个民族的锐气,故歌谣之对于社会国家的影响,可谓至深且巨。影片是国家文化推进的利器,故在影片中

---

① 大明:《谈内心表演》,《北洋画报》第 1261 期,1935 年 6 月 25 日。
② 白:《演员应注意修养》,《北洋画报》第 1175 期,1934 年 12 月 4 日。
③ 珂:《闲话影事》,《北洋画报》第 1380 期,1936 年 3 月 31 日。
④ 本段引文均出自大明:《怎样做个健全的电影演员》,《北洋画报》第 1249 期,1935 年 5 月 28 日。

穿插一两阕适合剧情的歌曲,其对影片本身,不仅形成多一层的力量,而且对于全体故事的展开,能有着深的印象划入人们的脑海里。但是此类的片子是不多的。"①

一些影片单纯为了加入歌曲而加入。"在有声影片中插进无聊的歌唱,无论是在国产片或舶来品中,是都可以见到的。"有些导演、编剧认为有声片"不加进一两支歌曲,就似乎对不起'有声'两个字,但事实上是否需要歌唱,那就不去顾虑了"②。

《电影专刊》希望电影工作者注意对影片主题歌的创作。"在有声电影代替了无声电影之后,电影表现技术加上了音响的要素以来,我们观众的确是享受着更完备的艺术了。"好的主题歌有助于电影的票房。影片《渔光曲》问世以来"惊人地以八十多天的续演,打破了国产片的卖座纪录,这当然是因为内容的曲折迎合了小市民的心理,同时王人美的婉转的歌喉,大大的帮助了影片"。一首合格的主题歌"必须与电影内容有些联系,同时把歌曲插进影片中去时,必定要自然的不露牵强痕迹。如果不注意这一点,那么被插进的歌曲,必显着是多余的、不必要的,甚且反而会妨碍电影的情绪的"。③

从某种程度上说,看电影不仅是一种新的休闲娱乐方式,也代表了一种对新的文化类型和新的生活方式的认同与追求。《北洋画报》以大量的文字和图片将影片中反映的现代生活展示在读者面前,拉近了电影与受众的距离。在《北洋画报》中,电影不再是影院里银幕上闪耀的光影,而是一种浓缩在读者手中的切切实实的东西。影片中所透露出的"时尚"和"潮流"被读者所接受,并引领了社会生活。此外,《北洋画报》中的图文信息大大丰富了读者对电影的认识,使许多读者对电影的认知从感性走向理性,从观看电影走向了影片评论。

① 区浦:《〈生之哀歌〉中之歌曲》,《北洋画报》第1193期,1935年1月15日。
② 大白:《谈声片中之歌语》,《北洋画报》第1362期,1936年2月18日。
③ 本段引文均出自梦祥:《谈影片主题歌》,《北洋画报》第1213期,1935年3月5日。

结　语

　　20 世纪 20 年代中期至 30 年代末的天津是一个商业繁荣、商品丰富的城市,以追求自由、西化、奢靡为基本特征的现代消费文化得到快速发展。鳞次栉比的中小商店和劝业场、中原公司等大型商场销售着来自全国各地和世界各国的种种物品;众多的酒楼饭店为顾客提供不同口味的美味佳肴,津菜、京菜、粤菜、江淮菜应有尽有,各式西餐也是品种多样;戏院里演绎着京剧、评戏、昆曲,杂耍场里呈现着大鼓、相声,乃至苏滩、申滩等南方曲种;影院中上映着欧美新近影片和国产佳作,在影音编织的空间中,观众们迷醉于光影之中;大小舞场中充斥着中国、俄国、日本舞女的艳影,中外舞团纷至沓来,为人们带来感官的享受。当时的天津社会存在着一种消费主义的倾向,天津市民的生活意识已然觉醒,消费主义意识形态已经在市民阶层中萌芽,而且这种意识形态逐渐左右了天津城市文化艺术的发展。

　　《北洋画报》正是在这种历史背景下坚持了 11 年之久,引领着北方画报潮流。《北洋画报》在重视自身企业属性、实现盈利的同时,特别强调自己的社会属性,试图对社会的进步和发展起到一定的作用。它以高雅的品位、图文并茂的形式,给读者以美的享受,滋润着读者的精神世界。《北洋画报》作为天津乃至整个华北地区的热销刊物,以生动真实的图片、丰富多彩的题材、简洁精道的文字,描绘了 20 世纪中期至 30 年代末天津城市的日常生活、摩登时尚。《北洋画报》认为自己的“最高使命,乃在救济社会生活之烦闷,畀以滋润之剂,又在矫正社会观点与行为之错误,为作正途指示,故于端庄之中,杂以诙谐,总期谑而不虐、乐而不淫而已。报纸之有报格,亦犹人之有人格,报格一落,信仰消失,补救无从。本报编者虽屡易其人,然始终能维护吾报报格,使其荣誉日臻广大,洵可感也"①。虽然《北洋画报》中存在着一定数量的传统素材,但其根本取向上的现代性是毋庸置疑的。

不可否认,《北洋画报》是一份知识分子在租界创办的刊物,报刊内容也多反映天津租界社会中上层的生活及社会活动情况,但是又不能简单地将其受众对象限于天津租界社会中上层。首先就印刷媒体的性质而言,"印刷媒体的功用是因为它的抽象性和散播性。印刷媒体制造出的空间事实上是可以无限扩大的,不像我们现在这种面对面的空间。一份报纸究竟有多少读者是很难精确计算的"②。其次,现代化的生活方式是世人所向往的。《北洋画报》中图片所传达出的"真实感"给读者以强烈的感官刺激,吸引他们认同其中所反映出的现代城市文化艺术。九一八事变、"天津事变"、热河沦陷,华北地区危机四伏。大量天津老城居民避入租界,他们进入租界后立即被租界的现代化生活方式所吸引。租界中可"行见缠足之女子,将塞棉花以着高跟鞋,蓄发之妇女一变而烫头。甚至昔日大门不出二门不迈的大闺女,亦由看电影、游市场,渐入于恋爱之门矣"③。再者,就社会学的角度来说,城市文化艺术是由高雅与低俗相互融合而成的。在城市空间中产生的文化艺术必然存在着精英与平民交融的特质。《北洋画报》认为艺术本无阶级界限,"因为艺术之为艺术,不外天然和人工,好比一个美人,赤条条一丝不挂就是天然,穿了衣服敷了脂粉就是人工。凡是天然的没有阶级的界限"④,期待给予社会大众以美的熏陶。

在对读者进行美育的同时,《北洋画报》又能及时把握社会新闻动向,主动报道时事政治,将视线投向民族民生,展现了爱国情怀。并试图"永远立在社会改革战线的前面"⑤,以自己的报道,唤起读者改造社会的意愿。在服务读者的同时,又引领着他们随时代一起前进,并推动了天津城市文化的现代

---

① 《五周纪念感言》,《北洋画报》第 647 期,1931 年 7 月 7 日。
② 李欧梵、季进著:《李欧梵季进对话录》,苏州大学出版社,2003 年,第 74 页。
③ 玉雯:《津变识小》,《北洋画报》第 939 期,1933 年 5 月 30 日。
④ 夜心:《祝〈北画〉七周年纪念》,《北洋画报》第 956 期,1933 年 7 月 7 日。
⑤ 《北洋画报》第 198 期,1928 年 6 月 20 日。

化转型和进步。

《北洋画报》由此也成为一个超越报刊行业的文化景观,它通过图像与文字构建现代人的生活形象与生活观念,绘制都市图景,塑造出了一种精致的文化品位。根植于中西文化艺术以及文化艺术繁荣的天津城市社会环境,为民国时期天津城市文化艺术的繁衍、汇聚、弘扬和发展做出了特殊的贡献,为民国天津报业开拓了更为广阔的公共空间。通过阅读《北洋画报》可以看到时代的变迁和天津城市文化艺术轨迹的流变,并能发现《北洋画报》在其中所起到的独特影响,以及它与社会的种种互动。

诚然,"由于偶然的历史原因所造成的环境,西方文明较之迄今所知的任何其他地区群体的文明更为广泛地传播开来。在世界的大部分地区,西方文明已使自己成为楷模了"①。民国时期天津城市文化也显示出种种西化的特征。但是如果细加品味就会发现,此时天津城市文化艺术中西合璧的特点。一方面,现代西方文明包装着城市光鲜的外表,点缀着城市靓丽的声光化电,映射着城市繁华的莺歌燕舞,深刻影响着天津城市文化艺术的表达形式和内涵。另一方面,天津自身长期浸淫的中国传统文化风骨,在西方文明的辐射下依旧保持着自己的风貌。中国传统绘画、曲艺、戏曲都成为天津的城市流行文化。

《北洋画报》传播模式的图文并茂、具体可感,无论是文字报道、摄影照片所传递的文化蕴含,还是所建构出的天津城市现代化生活方式和摩登世界,对于天津市民及外埠读者来说都是耳目一新的阅读体验和视觉冲击。《北洋画报》利用大众媒体的功能,展示了立体、多元的天津城市文化,树立了天津城市文化的独特旗帜,构建出中西合璧、传统与现代交织的城市形象。可以说,《北洋画报》是 20 世纪 20 年代中期至 30 年代末天津城市物质领域、精神领域、社会领域三者相互连接而成的媒体空间。

---

① [美]露丝·本尼迪克特著:《文化模式》,王炜等译,生活·读书·新知三联书店,1988 年,第 7 页。

　　笔者借助《北洋画报》这一载体，对 20 世纪 20 年代中期至 30 年代末天津城市文化艺术做了初步的梳理和探索，以期探寻出天津城市文化艺术的风貌，勾勒此时段天津城市文化艺术的发展轨迹，考究《北洋画报》与民国时期天津城市文化艺术之间的互动。

附录:《北洋画报》专刊篇目

一、《戏剧专刊》篇名目录

《戏剧专刊》期次	《北洋画报》期次（出版时间）	篇名（作者）
第 1 期	第 166 期（1928 年 2 月 29 日）	《开场白》(游天) 《不伦不类之外国人戏评》(斑) 《南台播音记》(笠丝) 《我捧一斗丑》(螺丝) 《督署寿戏记》(笔公) 《双艳新声》(记者) 《剧场消息》(也配)
第 2 期	第 168 期（1928 年 3 月 7 日）	《剧界之新趋势》(游天) 《中原观梅记》(缪公) 《不伦不类之外国人戏评(续上号本刊)》(斑) 《督署堂会之第二日》(思潜) 《雨夕听歌记》(梦天) 《云龢堂十二金钗图》(不详) 《剧场消息》(不详)
第 3 期	第 170 期（1928 年 3 月 14 日）	《十六十七日明星观程记》(思潜) 《无病而呻》(大昭) 《关于十二金钗》(夏山楼主) 《杨云史先生为中原戏台拟联》(杨云史) 《昆曲泰斗恽澜笙逝世》(豪) 《票界名宿又弱一个》(夏) 《像赞》(笠丝) 《裒角条例或许披露》(老霄) 《盛筵清唱记》(斑马) 《剧事琐闻》(不详)
第 4 期	第 172 期（1928 年 3 月 21 日）	《郝寿臣捧了马连良》(螺丝) 《芙蓉草》(游天) 《恽澜苏先生轶事》(思潜) 《关于十二金钗合影又一来函》(秋岳) 《杨云史先生近作诗·为马艳云画梅并题》(杨云史) 《〈青霜剑〉赚泪记》(佩玉) 《〈缀白裘〉中梆子腔〈戏凤〉与现在皮黄戏〈戏凤〉词句比较》(得平) 《剧事琐闻》(不详)

《戏剧专刊》期次	《北洋画报》期次（出版时间）	篇名（作者）
第 5 期	第 174 期（1928 年 3 月 28 日）	《昆曲家题名录》(不详) 《商量商量看》(王小隐) 《哀陈子芳君》(聊止斋主) 《珠联璧合之两出本戏》(思潜) 《〈缀白裘〉中梆子腔〈戏凤〉与现在皮黄戏〈戏凤〉词句比较(续前)》(得平) 《剧场消息》(不详)
第 6 期荀慧生号	第 176 期（1928 年 4 月 4 日）	《荀郎曲》(樊山) 《荀慧生有整理旧剧之功》(游天) 《荀慧生之五出戏》(抱一) 《谭富英》(游天) 《剧界消息》(不详)
第 7 期	第 178 期（1928 年 4 月 11 日）	《明星荀剧记》(游天) 《论装扮》(涤秋) 《秘本〈雷峰塔〉之商榷》(秋白) 《金紫玉》(迷翁) 《玉堂春够不上配王金龙》(卖花金哥) 《剧界消息》(不详)
第 8 期	第 180 期（1928 年 4 月 18 日）	《荀慧生之〈香罗带〉》(游天) 《新艳秋杂语》(斑) 《〈火牛阵〉之两大缺点》(刘少愚) 《杨小楼〈夜奔〉之来历》(游天) 《剧界消息》(不详)
第 9 期	第 182 期（1928 年 4 月 25 日）	《谈〈盘丝洞〉》(抱一) 《王君直口中之新艳秋》(君叔) 《论客串》(涤秋) 《玉华女士极似玉霜为联以赠之》(斗斗山人) 《剧事琐闻》(不详)
第 10 期	第 184 期（1928 年 5 月 2 日）	《梦天谈剧》(一)(梦天) 《新大陆之华剧》(妙观) 《李宅堂会之一瞥》(东海) 《剧事杂记》(不详)
第 11 期	第 186 期（1928 年 5 月 9 日）	《梦天谈剧》(二)(梦天) 《陈默香君新编之〈妒妇诀〉》(乐观) 《〈凤还巢〉问题》(朱弦) 《明星春宴余兴戏评》(养拙斋主) 《南中欢会记》(梦天) 《剧事近闻》(不详)
第 12 期	第 188 期（1928 年 5 月 16 日）	《明星春宴余兴戏评》(续上期)(养拙轩主) 《梦天谈剧》(三)(梦天) 《全本〈花田错〉》(抱一) 《记雪艳琴》(武越) 《中原雨夕记》(梦天)) 《昆曲彩排》(不详) 《剧事琐闻》(不详)

续表

《戏剧专刊》期次	《北洋画报》期次（出版时间）	篇名(作者)
第 13 期	第 190 期（1928 年 5 月 23 日）	《论关于〈红楼梦〉之戏》(十三郎) 《梦天谈剧》(四)(梦天) 《记马连良》(镇盦主人) 《恩维铭》(梦天) 《剧事琐闻》(不详)
第 14 期	第 192 期（1928 年 5 月 30 日）	《戏剧是"平民的"》(游天) 《春和之三出半》(斑马) 《记同咏社昆曲会爨事》(梦天) 《读云史先生赠马伶艳云诗感而作》(慕云女史) 《剧界琐闻》(不详)
第 15 期	第 194 期（1928 年 6 月 6 日）	《再度来津之荀慧生》(抱一) 《秋云室谈戏》(十三郎) 《梦天谈剧》(五)(梦天) 《剧界之国耻》(不平) 《剧界琐闻》(不详)
第 16 期	第 199 期（1928 年 6 月 27 日）	《捧胡振声——女伶中之第一小生》(胡天) 《虹霓之云》(轻罗)
第 17 期	第 202 期（1928 年 7 月 11 日）	《谈杨宝森》(镇斋主人) 《旦毒》(思潜斋主) 《速雪剧界之国耻》(尝胆)
第 18 期	第 206 期（1928 年 7 月 25 日）	《吃看事业总成绩》(王小隐) 《勉胡振声》(胡人)
第 19 期	第 209 期（1928 年 8 月 4 日）	《梦天谈剧》(梦天) 《熊佛西君作剧小史之一页》(梦天) 《纪韩世昌》(王小隐)
第 20 期	第 211 期（1928 年 8 月 11 日）	《梦天谈剧》(梦天) 《打倒无耻的名士及评剧家》(华言) 《画楼云影记》(若) 《章遏云之小声明》(笔公) 《听雪小记》(梦天) 《谈谈谭小培》(黑星)
第 21 期	第 214 期（1928 年 8 月 22 日）	《艳芳与中原》(刘郎) 《戏价》(养拙) 《尚小云只可算半个》(太斗) 《记何佩华》(朱弦) 《〈中国剧之组织〉序》(张镠子)
第 22 期	第 218 期（1928 年 9 月 5 日）	《马连良来沪记》(徐筱汀) 《坤伶程艳芳清歌妙舞名重一时赋此赠之》(惜花盦主) 《梦天谈剧》(梦天) 《时运不佳之阎喜林》(洗心) 《剧界琐闻》(不详)

续表

《戏剧专刊》期次	《北洋画报》期次（出版时间）	篇名（作者）
第 23 期	第 222 期（1928 年 9 月 19 日）	《读〈商报·游艺场孟话〉感赋歪诗一绝(有序)》(斑马) 《小冬新语》(斑马) 《大罗天上事》(梦天) 《谈谈几个小孩子》(白头) 《剧界琐闻》(不详)
第 24 期	第 225 期（1928 年 10 月 2 日）	《记王君直先生语》(王小隐) 《美人与名马》(记者) 《卧床亲炉》(秋叶) 《伶人之出入》(热眼)
第 25 期	第 227 期（1928 年 10 月 6 日）	《旦角之反串小生》(拙) 《韩世昌过津东渡记》(王小隐) 《剧界琐闻》(不详)
第 26 期	第 230 期（1928 年 10 月 13 日）	《重莅津门之新艳秋》(斑马) 《韩世昌与日本之光荣》(梦天) 《谈言》(养拙轩主) 《琐闻》(不详)
第 27 期	第 233 期（1928 年 10 月 20 日）	《天上听曲记》(笔公) 《新艳秋之〈红拂传〉》(倩苏女士) 《梅兰芳赴粤过津记》(记者) 《大连韩信》(韩世昌)
第 28 期	第 236 期（1928 年 10 月 27 日）	《北平名伶络绎来津》(春明旧主) 《梦天谈剧》(梦天) 《韩世昌自日本西京南禅寺寄》(韩世昌)
第 29 期	第 239 期（1928 年 11 月 3 日）	《韩世昌抵东后之舆论》(隐) 《韩声震三岛》(守砚斋) 《闽剧》(颍川) 《赋得戏台上》(云若)
第 30 期	第 242 期（1928 年 11 月 10 日）	《中原妙观记》(梦天) 《岭南梅讯》(箫客) 《荀慧生出演明星》(游天) 《紫金玉近讯》(栖凤楼主) 《梅孟之谜》(诛心)
第 31 期	第 247 期（1928 年 11 月 22 日）	《岭南梅讯》(箫客、戏迷) 《观荀两剧》(春明旧主) 《场面》(颍川) 《观黄玉麟像》(老霄)
第 32 期	第 252 期（1928 年 12 月 4 日）	《哀琴秋芳》(春明旧主) 《天津同咏昆票社第二届霫弄记》(思滔)
第 33 期	第 254 期（1928 年 12 月 8 日）	《杨耐梅的过去与未来》(云若) 《岭南梅讯》(箫客)
第 34 期	第 257 期（1928 年 12 月 15 日）	《岂独伶人也哉》(王小隐) 《岭南梅讯》(箫客) 《记陆、余〈能仁寺〉合影》(白头) 《秦腔男旦之今昔》(春明旧主)

续表

《戏剧专刊》期次	《北洋画报》期次（出版时间）	篇名（作者）
第 35 期	第 259 期 （1928 年 12 月 20 日）	《纪出演春和之票友》(隐) 《牢不可破的错误》(梦天) 《纪妙闻》(云若) 《志爱美剧家孔玉亭》(存翁) 《春和之一夕》(白头)
第 36 期	第 262 期 （1928 年 12 月 27 日）	《新声女士之处女作》(白头) 《春云一展》(若) 《岭南梅讯》(雨人) 《汉皋秋讯》(南萍) 《听兰记》(王小隐)
第 37 期	第 266 期 （1929 年 1 月 8 日）	《歌坛艳闻》(云若) 《谭派中之余派》(白头) 《听曲杂谈》(蕉窗) 《好消息》(聊止)
第 38 期	第 269 期 （1929 年 1 月 15 日）	《戏咏特种捧角家》(云若) 《春和院中之小杨猴》(春明旧主) 《〈歌坛艳闻〉补释》(诛心) 《雪艳琴罢婚索隐》(不详) 《剧界零讯》(不详)
第 39 期	第 272 期 （1929 年 1 月 22 日）	《梦天谈剧》(梦天) 《记黄桂秋》(伯贤) 《汉上秋声》(不详) 《记小兰春、吴继春》(梅生)
第 40 期	第 276 期 （1929 年 1 月 31 日）	《戊辰昆曲界之回顾》(曼秋) 《无题》(云若) 《一出含有宗教革命意味的戏剧》(廷桢) 《听曲杂谈》(蕉窗)
第 41 期	第 279 期 （1929 年 2 月 7 日）	《金碧玉》(寒云) 《章遏云为新戏所累》(仲燕) 《随笔写写》(一)(王小隐) 《记朱琴心》(丽苏) 《剧界琐闻》(不详)
第 42 期	第 283 期 （1929 年 2 月 21 日）	《怀芳记》(王小隐) 《随笔写写》(二)(王小隐) 《谈八本〈雁门关〉》(青溪) 《粤剧》(颖川)
第 43 期	第 288 期 （1929 年 3 月 5 日）	《上海梨园近况谈》(凌云) 《听琴偶记》(隐) 《梦天谈剧》(梦天)
第 44 期	第 292 期 （1929 年 3 月 14 日）	《记碧萝馆主》(隐) 《李艳香将入中原》(三郎) 《梦天谈剧》(梦天) 《芳讯》(不详)

续表

《戏剧专刊》期次	《北洋画报》期次（出版时间）	篇名（作者）
第 45 期	第 296 期（1929 年 3 月 23 日）	《仙缘小集近况》（曼秋） 《脱戒御戒记》（嵯峨） 《对不住》（小生） 《剧界琐闻》（不详）
第 46 期	第 300 期（1929 年 4 月 1 日）	《梅话》（春明） 《随笔写写》（王小隐） 《前后妙对》（斑） 《梦天谈剧》（梦天）
第 47 期 冯素莲专面	第 303 期（1929 年 4 月 9 日）	《志素莲并其姊》（养拙） 《冯素莲专面抓诗一首》（云若） 《诗文两则》（竹村、我非女士）
第 48 期	第 306 期（1929 年 4 月 16 日）	《马戏偶谈》（斑马） 《记女昆曲家康小铃》（鹃痕） 《志谭富英之〈探母〉》（逸云） 《歌场新讯》（不详）
第 49 期 同咏社第三届汇璧专页	第 309 期（1929 年 4 月 23 日）	《爨弄杂言》（寒云） 《同咏社曲友小史》（青木） 《纪在陈女士戏装造像之后》（素荻） 《同咏社第三届汇璧剧目》（不详）
第 50 期 戏剧专刊第五十期纪念号	第 315 期（1929 年 5 月 7 日）	《中国剧之滑稽律》（王小隐） 《〈北画〉剧刊纪念号弁言》（游天） 《爨弄杂言》（寒云） 《反串戏谈》（春明旧主）
第 51 期	第 318 期（1929 年 5 月 14 日）	《捧角家必具有伸缩力》（邵隐） 《女伶天骄之章遏云》（我非女士） 《对于尚荀梅程之我见》（仲燕） 《太平剧社》（不详）
第 52 期	第 321 期（1929 年 5 月 21 日）	《霜鹤遇合记》（袁野鹤） 《雅俗之判》（游天） 《梅兰芳之佳剧难再睹》（老乡） 《移居后之新艳秋》（斑） 《王芸芳得父记》（王小隐） 《题遏云花间小照》（我非女士） 《题遏云化装小照》（梦天） 《雏凤清音》（寒云）
第 53 期	第 324 期（1929 年 5 月 28 日）	《梦天谈剧》（梦天） 《挤挤吧》（杏） 《春和戏院漫谈》（斑马） 《黄花碎语》（一）（友珍） 《剧界琐闻》（不详）
第 54 期	第 327 期（1929 年 6 月 4 日）	《〈凤还巢〉本事》（不详） 《〈凤还巢〉剧目》（不详） 《〈凤还巢〉角色表》（不详） 《曾膺禁纲之〈凤还巢〉》（王小隐） 《叶盛兰》（友珍）

续表

《戏剧专刊》期次	《北洋画报》期次（出版时间）	篇名(作者)
第 55 期	第 330 期（1929 年 6 月 11 日）	《纪开滦国剧社新屋落成典礼》(王小隐) 《春和两夕之客串》(记者) 《中原"多戏"中之章遏云》(百之) 《福芝芳是梅兰芳家的"中堂"》(不详)
第 56 期	第 332 期（1929 年 6 月 15 日）	《清华中之新艳秋》(斑) 《春光云影录》(春明) 《程艳秋与太平社》(乐天)
第 57 期	第 335 期（1929 年 6 月 22 日）	《黄花碎语》(二)(友珍) 《嘉惠之夜》(筠生) 《剧事琐闻》(周郎)
第 58 期	第 338 期（1929 年 6 月 29 日）	《纪同咏曲集合影》(质) 《记紫鹃登场》(寒云) 《胡碧兰举办之慈仁义务戏》(梦天) 《荀慧生出演中原》(抱一) 《志赴津献艺之二坤伶》(聆琴楼主) 《程艳秋与太平社》(野鹤)
第 59 期	第 342 期（1929 年 7 月 9 日）	《同咏社第四届矗集》(乐天) 《寒云主人之汤老爷》(周郎) 《莲声》(珠) 《中原戏谈》(超超)
第 60 期	第 344 期（1929 年 7 月 13 日）	《黄花碎语》(三)(友珍) 《同咏四届雅集剧目说明》(不详) 《坤伶杂讯》(不详) 《李盛藻》(友珍)
第 61 期	第 347 期（1929 年 7 月 20 日）	《同咏社雅集记》(乐天) 《同咏社矗集琐记》(周郎) 《歌唱听雨记》(白丁)
第 62 期	第 350 期（1929 年 7 月 27 日）	《雪艳琴北平办报》(百之) 《遏云曲》(林屋山人) 《记名旦王盛意》(艮) 《剧讯一束》(周郎) 《李艳香》(王庚生)
第 63 期	第 353 期（1929 年 8 月 3 日）	《王又宸的三个手指头》(春明) 《程艳秋之回戏问题》(周郎) 《特种剧讯》(修士) 《〈在阵绝粮〉戏词》(斗山山人) 《北平剧讯》(周郎)
第 64 期	第 356 期（1929 年 8 月 10 日）	《谈莲》(春明) 《记杨菊芬》(春明) 《从孔至孟》(凉风) 《中原下野后之冯即行出洋》(乐天) 《天升将演京剧》(乐天) 《题遏云饰织女出浴照影》(寒云) 《吕蕙君》(不详) 《老乡亲题字附说》(寒云) 《来函照登》(李克昌、陈寄豪)

《戏剧专刊》期次	《北洋画报》期次（出版时间）	篇名（作者）
第 65 期	第 361 期（1929 年 8 月 22 日）	《论王少楼》（小雪） 《章遏云嫁谁？》（不详） 《纪孙菊老谈话》（王小隐） 《天福舞台改唱大戏》（乐天） 《剧界杂讯》（不详）
第 66 期	第 365 期（1929 年 8 月 31 日）	《谈王少楼》（春明） 《慰庐谈戏》（小雪） 《王庚生唐山演剧记》（镛生） 《云讯》（不详） 《剧界琐闻》（不详）
第 67 期 章遏云专面	第 367 期（1929 年 9 月 5 日）	《捧章遏云》（王小隐） 《天升院中之云讯》（春明） 《恭谈章遏云》（云若） 《沁园春》（我非女士）
第 68 期	第 371 期（1929 年 9 月 14 日）	《记程继仙来津》（云若） 《天升京戏第四夜记》（乐天） 《孙菊仙之逸兴》（记者） 《新论语》（木石） 《论郝寿臣》（小雪） 《该董茂卿》（不详）
第 69 期	第 374 期（1929 年 9 月 21 日）	《记庆生社昆戏》（白头） 《元元红复见于舞台》（春明） 《〈昭君出塞〉中之穿花舞》（怀古） 《怀旧小言》（王小隐）
第 70 期	第 377 期（1929 年 9 月 28 日）	《寒云参加义务戏之经过》（虎） 《中原苟讯》（沙大风） 《章遏云终于嫁人》（乐天） 《记庆生社昆剧》（隽） 《剧界琐闻》（不详）
第 71 期	第 380 期（1929 年 10 月 5 日）	《勉哉庞世奇》（胡亥） 《十八枚代价之朝歌斋主》（曲） 《记庞世奇》（茗白） 《慰庐谈伶》（小雪） 《苟剧续演上座欠佳之原因》（乐天） 《名票刘叔度将赴济南演剧》（不详） 《郝寿臣》（见）
第 72 期	第 386 期（1929 年 10 月 19 日）	《谭姜妙香》（夏山） 《谈姜妙香》（春明） 《梅兰芳从善如流》（乐天） 《章遏云》（阿费） 《剧事琐闻》（不详）
第 73 期	第 390 期（1929 年 10 月 29 日）	《琴王记》（夏梅） 《粤剧余话》（乐天） 《裴叔小传》（晴山） 《剧界琐闻》（不详）

《戏剧专刊》 期次	《北洋画报》期次 （出版时间）	篇名（作者）
第 74 期	第 392 期 （1929 年 11 月 2 日）	《观瑶卿、蕙芳、仲仁合影所感》（春明） 《慰庐谈伶》（小雪） 《艳云词史清玩》（杨云史） 《诗赠庞世奇》（锡山翔青）
第 75 期 新艳秋专刊	第 393 期 （1929 年 11 月 5 日）	《新艳秋小史》（髯翁） 《玉华女士来津奏艺喜赋一诗以彰盛嫩》（王小隐） 《貂蝉》（君稼） 《新艳秋坤伶中之大王？》（耕莘野人） 《程派传人》（春明） 《后先辉映之〈红拂传〉》（怡怡山人） 《斗百花·赠新艳秋》（樊山老人）
第 76 期	第 397 期 （1929 年 11 月 14 日）	《巾帼为须眉吐气》（阿费） 《配角》（梦天） 《记新乐府名旦姚传芗》（曼秋） 《观昆曲有感》（白门远明老人） 《剧票杂讯》（不详）
第 77 期	第 400 期 （1929 年 11 月 21 日）	《容丽娟》（陈蝶衣） 《记李梦白》（拙生） 《唐山妇女协会义务戏志盛》（铺生） 《慰庐谈伶》（小雪） 《剧界琐闻》（不详）
第 78 期	第 401 期 （1929 年 11 月 23 日）	《写实派之尚小云》（妙观） 《关于杨宝忠》（乐天） 《记外交后援会义务戏之始末》（知止） 《莲讯》（不详）
第 79 期 双菊特刊	第 403 期 （1929 年 11 月 28 日）	《双菊赘语》（大风） 《杨氏双菊小传》（逸凡女士） 《赠杨菊秋、芬》（康楹女士） 《姊妹花中之双菊》（春明） 《赠杨菊秋、芬四律》（思过轩主人） 《再赠秋、芬四截句》（思过轩老人）
第 80 期	第 407 期 （1929 年 12 月 7 日）	《大连修养中之马艳云》（遥遥） 《天津国剧社》（记者） 《新艳秋》（寒云） 《秋艳先声》（瘦鹤） 《天升》（不详）
第 81 期	第 410 期 （1929 年 12 月 14 日）	《梅兰芳将参加西湖别墅之盛会》（养拙） 《观新伶演〈朱痕记〉所感》（斑马） 《戏剧琐闻》（不详）
第 82 期 新声特刊	第 413 期 （1929 年 12 月 21 日）	《新声社小启》（缬霞馆主） 《新声访问记》（梦天） 《新声女士登场集句赠之》（无角） 《新声女士上一笑》（大方） 《神妙的新声》（阿懋） 《出演日期》（不详）

续表

《戏剧专刊》 期次	《北洋画报》期次 （出版时间）	篇名（作者）
第 83 期	第 414 期 （1929 年 12 月 24 日）	《皮黄文艺论发端》（隃糜） 《杨小楼闹家务》（仲燕） 《辛爱真女士》（不详） 《北平剧讯》（杰客、叙玶、仲燕）
第 84 期 欢迎名伶梅兰芳赴美 专页	第 420 期 （1930 年 1 月 7 日）	《谈梅兰芳出洋事》（聊止） 《西湖待梅记》（曲）
第 85 期	第 421 期 （1930 年 1 月 9 日）	《新岁观云记》（梦天） 《谈马艳芬》（颜胤真） 《章遏云贺年片中之调笑令》（三足） 《记北平河南中学义务戏两配角》（杰客）
第 86 期	第 424 期 （1930 年 1 月 16 日）	《科班戏之精神》（梦天） 《关于富连成消息》（明明） 《票界大王之红豆馆主》（拙公） 《梅与兰》（不详） 《梅妻安葬中之趣闻》（不详） 《遏云消息》（不详）
第 87 期	第 427 期 （1930 年 1 月 23 日）	《观〈雁门关〉后》（杰客） 《〈十三妹〉问题》（厥得） 《倡不是优，优不是伶》（梦天） 《悼仲盛珍》（朱静春）
第 88 期	第 431 期 （1930 年 2 月 8 日）	《梅兰芳渡美过东三日记》（上）（清湖山人） 《〈骊珠梦〉之妇女观》（梦天） 《记梅石》（越） 《题遏云挟书造像》（大方） 《剧界琐闻》（不详）
第 89 期	第 432 期 （1930 年 2 月 11 日）	《梅兰芳渡美过东三日记》（下）（清湖山人） 《门》（梦天） 《名女伶之多病》（乐天）
第 90 期	第 436 期 （1930 年 2 月 20 日）	《梅兰芳与“樱国淑媛”》（云若） 《记冯氏姊妹花》（拙拙） 《华慧麟谈》（斑马） 《记票友颜贤哲》（示古） 《何桂山〈钟馗嫁妹〉像赞》（拙公） 《剧界琐闻》（不详）
第 91 期	第 439 期 （1930 年 2 月 27 日）	《谈胡碧兰之唱工》（明明） 《谈青衣名票李君香匀》（凫） 《谈麟说马》（雾豹） 《李直绳先生六十整寿演戏预志》（梼公） 《曲线新闻》（不详）
第 92 期	第 443 期 （1930 年 3 月 8 日）	《记适斋雅集视听之盛》（王小隐） 《多才多艺之华慧麟》（神驹）

《戏剧专刊》 期次	《北洋画报》期次 （出版时间）	篇名（作者）
第 93 期	第 446 期 （1930 年 3 月 15 日）	《华慧麟来去匆匆》（神驹） 《光的要求》（王小隐） 《赠珠尘馆主》（滦源钓叟） 《剧界琐闻》（不详）
第 94 期	第 449 期 （1930 年 3 月 22 日）	《芳草斜阳》（梦天） 《皮黄声调之立脚点》（墨星） 《上海之戏报》（百） 《星象家之女伶谈》（释了然） 《梅兰芳喝汤之电报更正》（香玉） 《牡丹消息》（羽）
第 95 期	第 452 期 （1930 年 3 月 29 日）	《海外梅讯拾零》（鸥） 《谈昆剧〈长生殿〉》（曼秋） 《记德国总会之德语〈琵琶记〉》（黑丁） 《剧界琐闻》（不详）
第 96 期	第 455 期 （1930 年 4 月 5 日）	《秦声的回想》（阿费） 《可怜一夜长生殿》（王小隐） 《为北平奎德社来津致语》（梦天）
第 97 期	第 458 期 （1930 年 4 月 12 日）	《奎德社之今昔》（罗罗） 《秦声的回想》（二）（王小隐） 《姜慧波之小生》（春明） 《容丽娟北来》（不详） 《剧界琐闻》（不详）
第 98 期	第 461 期 （1930 年 4 月 19 日）	《记鲜灵芝讼事》（罗罗） 《梅兰芳抵达纽约之盛况》（不详） 《鳖猴骂人》（之百） 《章遏云反串鲁肃》（不详）
第 99 期	第 464 期 （1930 年 4 月 26 日）	《口传梅讯》（亦强） 《不老不小》（梦天） 《昆曲与庞世奇》（滑苕白） 《〈秋色满园〉之更正》（不详）
第 100 期 戏剧专刊第一百期纪念号	第 467 期 （1930 年 5 月 3 日）	《戏剧专刊百期纪念致语》（梦天） 《戏刊百号题词》（山羊） 《海外梅花消息》（宪子） 《题旗亭画壁图》（王小隐） 《云讯》（记者） 《梅兰芳在美之成功》（白云） 《懂戏》（啸云） 《未看梅兰芳者扣一分》（乐天） 《四大"女伶皇后"选举》（不详） 《剧界琐闻》（不详）
第 101 期	第 473 期 （1930 年 5 月 17 日）	《粤剧与秦腔》（梦天） 《梅兰芳赴美成败论》（乐天） 《曲线新闻》（不详）

《戏剧专刊》期次	《北洋画报》期次（出版时间）	篇名（作者）
第 102 期	第 479 期（1930 年 5 月 31 日）	《名坤伶玉屑馆主身世别纪》（乐天）《梅兰芳誉满法兰西》（昭贤）《两台赈灾戏》（白藕）《记〈商报〉主办之陕灾义剧》（斑马）《沈阳菊讯》（妙观）
第 103 期	第 485 期（1930 年 6 月 14 日）	《章遏云负誉归来》（白头）《曲线新闻》（周郎）《采桑子》（阿费）《梅兰芳消息》（不详）
第 104 期	第 488 期（1930 年 6 月 21 日）	《女伶皇后大选之后》（记者）《选后志盛》（饭桶）《梅兰芳之梦》（离离）
第 105 期	第 491 期（1930 年 6 月 28 日）	《菊国兰宫胡皇后贺表》（莆田花隐等）《两女伶近讯》（乐、梦）《中国剧之艺术的地位已确定乎》（王小隐）《培才义戏》（高）《关于四后选举之一封信》（不详）《两巨头近讯》（不详）《生旦之误》（不详）
第 106 期	第 494 期（1930 年 7 月 5 日）	《陈文娣女士大捧马艳云》（涂）《国剧的动作象征与锣鼓》（冰）《梅兰芳之演说为演说之模范》（斑马）《戏剧消息》（多人）
第 107 期	第 497 期（1930 年 7 月 12 日）	《章后贺表》（非我女士等）《上胡皇后贺表》（不详）《中原楼头之新改革》（飒飒）《梅兰芳东归》（蜀云）
第 108 期	第 500 期（1930 年 7 月 19 日）	《在檀香山之梅畹华》（不详）《戏剧杂谈》（松声）《谈程君谋之戏》（飒飒）
第 109 期	第 503 期（1930 年 7 月 26 日）	《朱素云之死》（亦丁）《滩簧中之翘楚》（白萍）《话剧要职业化》（蜀云）《疏盦属为碧兰致语》（大方）《戏剧消息》（不详）
第 110 期	第 506 期（1930 年 8 月 2 日）	《诨的问题》（梦天）《百元公案》（纬君）《读〈梨园外史〉》（秋尘）《梅兰芳北上之所闻》（白头）《琴心装》（耳）《悼陈德霖》（秋尘）
第 111 期	第 509 期（1930 年 8 月 9 日）	《河畔望梅记》（飒飒）《天津的京戏》（白藕）《记郭少臣君》（阿费）《剧讯》（本）

续表

《戏剧专刊》期次	《北洋画报》期次（出版时间）	篇名(作者)
第112期	第512期（1930年8月16日）	《朱陈凋谢后之生旦》(上)(梦天) 《明星大戏院之大戏复兴》(白火) 《毅力可钦之老夫子》(阿秋) 《书雪艳琴》(睇嚮斋主)
第113期	第515期（1930年8月23日）	《朱陈凋谢后之生旦》(下)(梦天) 《读〈今后之昆曲〉后》(曼秋) 《是图？是杯》(阿秋) 《戏剧消息》(不详)
第114期	第518期（1930年8月30日）	《中国剧之艺术地位已确定乎》(王小隐) 《可为系念之老伶工》(熨) 《入昆曲之故乡》(苕白) 《评“良”、“心”》(哈七) 《挽陈德霖供奉》(寒云、大方)
第115期	第524期（1930年9月13日）	《记沈阳三小友》(王小隐) 《容丽娟誉满中原》(景铭) 《同咏社七次会爨》(萍) 《志北平名票奚啸伯》(绍) 《剧讯》(不详)
第116期	第527期（1930年9月20日）	《关于王瑶卿演戏祝寿》(阿费) 《华慧麟又有出演消息》(斑) 《北平哈尔飞戏院开幕记》(无聊)
第117期	第530期（1930年9月27日）	《从梅兰芳唱片说起》(冰翁) 《“废伶”近讯》(妙) 《庞世奇出演哈尔飞》(斑) 《戏曲随笔》(一)(外行) 《关于三珠》(梦天) 《剧讯》(白) 《林宅堂会》(不详) 《贾朴质》(华胥)
第118期	第533期（1930年10月4日）	《写在〈国剧唯一研究者〉的后边》(信凌君) 《春和之一夕》(白) 《伶公个性与剧情角色》(竹心) 《剧讯》(多人)
第119期	第536期（1930年10月11日）	《丑皇帝坠台记》(哈哈) 《歌唱之今昔》(竹心) 《赵晓镜停歌罢舞》(蜀云) 《曦社的女王李丽莲女士》(一木)
第120期	第539期（1930年10月18日）	《“阳化”之王蕙芳》(篩筐) 《记某君谈梅事一则》(游丝) 《永兴国剧社会串一瞥》(白头) 《戏剧消息》(不详)
第121期	第542期（1930年10月25日）	《南开三剧》(蜀云) 《谈南开新剧》(秋尘) 《贞节可风之尚小云》(不详) 《戏剧消息》(不详)

续表

《戏剧专刊》 期次	《北洋画报》期次 （出版时间）	篇名（作者）
第 122 期	第 548 期 （1930 年 11 月 8 日）	《〈诗人的悲剧〉公演记》（缺） 《赏菊记》（老哈） 《钟宅堂会杂志》（笔公） 《剧界消息》（不详）
第 123 期	第 551 期 （1930 年 11 月 15 日）	《冬赈暨辽灾义务戏两夜纪》（笔公） 《梅氏游美结果之我见》（游丝） 《三件小报告》（不详）
第 124 期	第 554 期 （1930 年 11 月 22 日）	《初登舞台之晶晶剧团》（羽公） 《戏曲随笔》（二）（外行） 《打屁股杀人与法权》（诛心） 《谈钱金福》（筛） 《〈她是谁呀？〉之解释》（不详）
第 125 期	第 556 期 （1930 年 11 月 27 日）	《纪李香匀被殴事》（华胥） 《纪孙钧卿与杨俊卿》（曲楼主人） 《注意》（不详） 《戏剧消息》（不详）
第 126 期	第 560 期 （1930 年 12 月 6 日）	《奎德社与杨韵谱》（红） 《程艳秋返平后第一声》（无） 《奎德社的两位老角色》（蜀云） 《叫好与鼓掌》（乐天） 《津埠最近之剧界》（玉文）
第 127 期 香匀特刊	《北洋画报》第 563 期 （1930 年 12 月 13 日）	《香匀传》（不详） 《香屑》（乐天） 《后审音篇》（樊山老人） 《踏莎行》（仲坚） 《赠李香匀》（寒云）
第 128 期	《北洋画报》第 566 期 （1930 年 12 月 20 日）	《春和之京、昆、秦大会》（花羊） 《从此名伶不值钱》（乐天） 《赠李香匀》（龙山三人）
第 129 期	第 571、572 期合刊 （1931 年 1 月 1 日）	《题〈老谭乘轿车图〉》（拙） 《记名票怀兰室主》（某） 《岁朝谈梨》（冰翁）
第 130 期	第 574 期 （1931 年 1 月 10 日）	《泛海而来之邹剑佩》（风） 《赠荀郎五言排律三十二韵》（许以栗） 《剧讯》（不详）
第 131 期	第 577 期 （1931 年 1 月 17 日）	《京白与满装》（平旗） 《记华慧麟之〈御碑亭〉》（冰翁） 《说〈御碑亭〉》（某） 《记李荣奎》（蜀云） 《谈〈少奶奶的扇子〉》（白藕）
第 132 期	第 580 期 （1931 年 1 月 24 日）	《谈〈温少奶奶的扇子〉》（不温） 《记李宅堂会》（不详） 《王君直票友地位之盖棺论定》（冰翁） 《谈"冷板凳"》（若白） 《猫叫辨》（似虎） 《今晚吴宅堂会》（不详）

《戏剧专刊》 期次	《北洋画报》期次 (出版时间)	篇名(作者)
第 133 期	第 583 期 (1931 年 1 月 31 日)	《论皮黄剧不失为写实的》(某) 《张爱琳又有出台消息》(津津) 《武丑之绝技》(云心) 《题李释堪无边华盦诗卷》(杨昀谷) 《挽王君直先生》(王小隐)
第 134 期 北平晦明社第一次公演特刊	第 586 期 (1931 年 2 月 7 日)	《记吴瑞燕》(义) 《介绍王君泊生》(一心) 《李云鹤女士》(不详) 《父归》(不详) 《蠢货》(不详) 《闹酒》(不详)
第 135 期	第 592 期 (1931 年 2 月 28 日)	《燕居雅集开排记》(偶公) 《"新""春"两台戏》(白藕)
第 136 期	第 595 期 (1931 年 3 月 7 日)	《尚小云名剧〈花蕊夫人〉》(云) 《记北洋〈梅玉配〉》(某) 《戏剧消息》(多人)
第 137 期	第 598 期 (1931 年 3 月 14 日)	《旧剧的字幕》(华胥) 《杨菊秋之机警》(明星) 《春和一夕》(顾影) 《李君兴辅》(静斋)
第 138 期	第 601 期 (1931 年 3 月 21 日)	《郝寿臣之〈荆轲传〉》(某) 《写于观三本〈高廷赞〉后》(冰) 《戏剧消息》(不详)
第 139 期	第 604 期 (1931 年 3 月 28 日)	《紫罗兰访问记》(秋尘) 《戏剧消息》(多人)
第 140 期	第 610 期 (1931 年 4 月 11 日)	《万国文化先进之梅兰芳》(白藕) 《紫罗兰消息》(丁成) 《偶公剧谈》(偶公) 《中原剧场中的四个响头》(大畏)
第 141 期	第 616 期 (1931 年 4 月 25 日)	《论四大名旦》(偶公) 《说本戏》(偶公) 《其然岂其然?》(某)
第 142 期	第 619 期 (1931 年 5 月 2 日)	《整理旧剧之刍议》(冰翁) 《又一台文明戏》(寿) 《戏剧消息》(多人)
第 143 期	第 622 期 (1931 年 5 月 9 日)	《海上之曲会》(聊止) 《说富连成》(蜀云) 《溥浩然先生学戏》(白藕)
第 144 期	第 625 期 (1931 年 5 月 16 日)	《万母寿剧志》(厂名) 《华乐票戏记》(偶公) 《马连良之不甩发之商榷》(阿秋)
第 145 期	第 628 期 (1931 年 5 月 23 日)	《关于甩发》(冰翁) 《妙峰山》(蜀云) 《题晶晶小友剧照》(华胥) 《戏剧消息》(不详)

《戏剧专刊》期次	《北洋画报》期次（出版时间）	篇名（作者）
第 146 期	第 631 期（1931 年 5 月 30 日）	《上海式之机关戏》(青青) 《梅兰芳南行杂记》(佛生)
第 147 期	第 637 期（1931 年 6 月 13 日）	《背律与革新》(阿秋) 《啸宇外史》(铁) 《杜宅大堂会》(老) 《记戏剧家苏少卿》(斑) 《戏剧消息》(不详)
第 148 期	第 640 期（1931 年 6 月 20 日）	《陶情小集》(桐) 《关于〈白蛇传〉》(某) 《梅兰芳日内回平》(仁) 《海上梅讯》(忱)
第 149 期	第 643 期（1931 年 6 月 27 日）	《记施家班之申曲》(南人) 《记铁社之剧中剧》(缺) 《记金小芬》(大) 《电报局剧社二周纪念》(不详)
第 150 期	第 646 期（1931 年 7 月 4 日）	《声的表现》(筛) 《旅津广东音乐会来唐演唱记》(文修) 《记电报局国剧社二周年纪念》(青原) 《戏剧消息》(多人)
第 151 期	第 649 期（1931 年 7 月 11 日）	《必须歼灭之剧场上的便衣队》(阿秋) 《谱霓社彩排记》(玉心) 《奎德社将北归》(不详)
第 152 期	第 652 期（1931 年 7 月 18 日）	《戏曲音乐学院之院长人选》(非非) 《戏剧与照相》(秋) 《北平记者协会义务戏》(了) 《旧剧与低级社会》(云)
第 153 期	第 655 期（1931 年 7 月 25 日）	《重振旗鼓之昆弋社》(小生) 《北平记者公会演剧筹款之秘闻》(缺) 《戏剧消息》(多人)
第 154 期	第 658 期（1931 年 8 月 1 日）	《永兴之纪念册与纪念剧》(白公) 《华乐义务戏》(芯雪) 《记"艺术家"》(秋尘) 《辛未仲夏少忱出示奚啸伯山水拜佩无已因题句示意》(云湄山人)
第 155 期	第 661 期（1931 年 8 月 8 日）	《永兴国剧社公演小记》(黑) 《出塞舞》(过云)
第 156 期	第 664 期（1931 年 8 月 15 日）	《记〈名优之死〉》(秋尘) 《纪菊仙、寒云遗照》(笔公) 《多才多艺之贾氏兄妹》(来)
第 157 期	第 667 期（1931 年 8 月 22 日）	《老乡亲小传》(远明老人) 《听花"仓皇"谢世》(聊)
第 158 期	第 670 期（1931 年 8 月 29 日）	《说打诨》(阿秋) 《义剧赈灾》(秋尘) 《方地山巧撰贺"春"联》(妙)

《戏剧专刊》期次	《北洋画报》期次（出版时间）	篇名（作者）
第 159 期	第 674 期（1931 年 9 月 8 日）	《云影小识》(蜀云) 《电报局义剧》(至) 《谈明晚永兴赈灾会之周瑜——张镠公》(秋尘) 《剧讯》(不详) 《昨聆庞世奇霓裳一曲古调独弹无不击节因赋此志之刊示世奇一粲》(远明老人)
第 160 期	第 676 期（1931 年 9 月 12 日）	《孟小冬唱义务戏》(乐天) 《张聊公之珠喉玉貌》(华胥) 《谈李香匀与时慧宝》(北人) 《永兴义剧杂记》(萍)
第 161 期	第 679 期（1931 年 9 月 19 日）	《谈孟小冬》(春生) 《说言菊朋》(少忧) 《勗李香匀》(武野)
第 162 期	第 682 期（1931 年 9 月 26 日）	《记陈彦衡之〈探母〉工尺》(戏迷) 《谈孟小冬与李香匀》(东野)
第 163 期	第 685 期（1931 年 10 月 3 日）	《花蕊夫人》(云心) 《志臧岚光》(阿秋) 《畅音阁听戏》(阿秋)
第 164 期	第 689 期（1931 年 10 月 13 日）	《血泊中之歌舞》(王小隐) 《芍药及其他》(筛) 《陈仁先君作出塞图,为庞郎世奇写照,题者如林,勉赋两章以当貂续》(远明老人)
第 165 期	第 693 期（1931 年 10 月 22 日）	《孟小冬拜师》(春风) 《亡国之音》(王小隐) 《马前》(阿秋) 《青绒与剧装》(老熨)
第 166 期	第 697 期（1931 年 10 月 31 日）	《昆剧之场面》(云心) 《赖鲁亚与梅兰芳》(朱弦) 《伶人与书画》(白藕) 《两种脸谱》(蜀云) 《时代的戏剧》(秋尘)
第 167 期	第 700 期（1931 年 11 月 7 日）	《民族革命与戏剧及戏剧与民族革命》(冰) 《〈探亲家〉与〈探亲相骂〉》(云心) 《关于尚小云此来之种种》(一公)
第 168 期	第 706 期（1931 年 11 月 21 日）	《女票习曲之宜慎选》(乐天) 《女子爱国之戏剧》(更斑) 《剧界消息》(不详)
第 169 期	第 709 期（1931 年 11 月 28 日）	《诸葛亮与岳武穆》(蜀云) 《国难声中之戏剧》(乐天) 《记珠尘馆度曲图》(白藕) 《复仇主义之戏曲》(飞将)
第 170 期	第 716 期（1931 年 12 月 15 日）	《记侯俊山》(秋尘) 《津埠剧事近讯》(冷生) 《旧剧中之穿插》(索隐)

续表

《戏剧专刊》期次	《北洋画报》期次（出版时间）	篇名（作者）
第 171 期	第 718 期 （1931 年 12 月 19 日）	《戏剧上冷的描写》（华胥） 《参观长城收音装置记》（妙观） 《戏剧消息》（多人）
第 172 期	第 729 期 （1932 年 1 月 16 日）	《记沽上饯程之宴》（蜀云） 《记北平饯程之宴》（缺） 《北平平大之五出戏》（秋尘）
第 173 期	第 739 期 （1932 年 2 月 13 日）	《师生门法话梅程》（无天） 《学谭第一人为言菊朋》（梅） 《"金井锁梧桐"解》（韵） 《剧讯》（多人）
第 174 期	第 747 期 （1932 年 3 月 3 日）	《介绍一幅喜神》（越） 《徐凌霄先生来函一件》（徐凌霄）
第 175 期	第 820 期 （1932 年 8 月 20 日）	《复刊开场白》（记者） 《戏剧中说书之残迹》（王小隐） 《旧都剧话》（斑斑） 《剧艺琐闻》（不详）
第 176 期	第 823 期 （1932 年 8 月 27 日）	《〈八郎哭城〉上演之前》（上）（泊生） 《"芍药开牡丹放花红一片"与"金井锁梧桐长叹空随一阵风"》（吴瑞燕） 《程艳秋出洋费用考》（乐天）
第 177 期	第 826 期 （1932 年 9 月 3 日）	《戏剧的大乘与小乘》（吴瑞燕） 《〈八郎哭城〉上演之前》（下）（泊生）
第 178 期	第 829 期 （1932 年 9 月 10 日）	《旧剧中的新剧本与旧剧本》（熊佛西） 《唐明皇哭妃哭月》（泊生） 《字的商榷》（友秋） 《王门立厢》（杀黄）
第 179 期	第 833 期 （1932 年 9 月 20 日）	《姑妄言之》（海棠旧主） 《"泊"声》（杀黄） 《字的商榷》（续）（友秋） 《戏专公演记》（无）
第 180 期	第 835 期 （1932 年 9 月 24 日）	《反四平调》（泊生） 《戏词中之"严重性"》（杀黄） 《平伶访问一瞥》（乐天） 《剧界琐闻》（不详）
第 181 期	第 838 期 （1932 年 10 月 1 日）	《审乐知改》（海棠旧主） 《北平戏专参观记》（秋尘） 《青冢——戏曲史上的名地》（编者）
第 182 期	第 841 期 （1932 年 10 月 8 日）	《赓韶社公演昆剧记》（木寿） 《平伶访问一瞥》（二）（乐天） 《戏剧痴谈》（友秋） 《三个梅兰芳》（不详）
第 183 期	第 844 期 （1932 年 10 月 15 日）	《平伶访问一瞥》（三）（乐天） 《戏曲之情理谈》（醉翁） 《章遏云受虚惊》（无） 《戏剧中的对称性》（小蓬） 《剧讯》（不详）

续表

《戏剧专刊》期次	《北洋画报》期次（出版时间）	篇名（作者）
第 184 期	第 847 期（1932 年 10 月 22 日）	《梅剧偶谈》（冰弦） 《张"赵云"》（百藕） 《记汪伶隐》（蜀云） 《兵"将"》（五） 《剧界琐闻》（不详）
第 185 期	第 850 期（1932 年 10 月 29 日）	《美的〈廉锦枫〉》（望云） 《焦老板的"新科班"与富连成》（秋尘）
第 186 期	第 853 期（1932 年 11 月 5 日）	《旧日庙会戏之鄙俚》（小蓬） 《名震全球》（白藕） 《唐明皇杨贵妃之梦会》（丝弦） 《谈到戏剧》（大旱） 《邮工国剧》（不详）
第 187 期	第 856 期（1932 年 11 月 12 日）	《破除迷信的基础》（蜀云） 《河南新禁之戏曲》（丝弦） 《观蓼子演〈三国志〉》（大方）
第 188 期 北平小剧院公演《茶花女》专页	第 858 期（1932 年 11 月 17 日）	《〈茶花女〉的演员》（林雪江） 《为什么公演〈茶花女〉》（镭辛茹） 《介绍小剧院》（编者） 《献给〈茶花女〉》（林含英） 《〈茶花女〉零讯》（不详）
第 189 期 北平小剧院公演《茶花女》专页二	第 864 期（1932 年 12 月 1 日）	《导演者的愉快》（上沅） 《再写几句》（刘复） 《茶花片片》（江莉玲）
第 190 期	第 868 期（1932 年 12 月 10 日）	《古本的〈取洛阳〉》（友秋） 《旧剧中的小动作》（左右） 《汝》（信凌君） 《岳大夫谈柳子调和秋胡戏》（黄） 《游龙戏凤》（不详）
第 191 期 北平中华戏曲学校来津公演专页	第 870 期（1932 年 12 月 15 日）	《戏曲学校的几位名教授》（内行） 《教育化的戏》（秋尘） 《戏曲学校学生之生活》（淡人）
第 192 期 王泊生来津公演专页	第 873 期（1932 年 12 月 22 日）	《谈伍员伐楚》（王泊生） 《一对好夫妻》（秋尘） 《王泊生在戏曲上之风格》（琼） 《小消息》（不详）
第 193 期	第 876 期（1932 年 12 月 29 日）	《送戏曲学校回平》（蜀云） 《王泊生志在新歌剧》（秋尘） 《坤伶王福宝》（不详） 《剧讯》（不详）
第 194 期	第 880 期（1933 年 1 月 7 日）	《戏词中的诗词性》（左右） 《〈南归〉及其他》（秋尘） 《记黄含春》（曼）
第 195 期	第 883 期（1933 年 1 月 14 日）	《戏台上的番兵》（白藕） 《马家小妹妹》（冬姑） 《谈〈桑园寄子〉》（蜀云） 《丁云兰点腊记》（旁观）

《戏剧专刊》 期次	《北洋画报》期次 （出版时间）	篇名（作者）
第 196 期	第 886 期 （1933 年 1 月 21 日）	《戏词中之三种诗》（左右） 《今日舞台上的一种需要》（蜀云） 《剧讯》（不详）
第 197 期	第 890 期 （1933 年 2 月 4 日）	《想诸葛亮》（蜀云） 《梅博士避难与章遏云南行》（乐） 《谈田野剧》（白藕）
第 198 期	第 893 期 （1933 年 2 月 11 日）	《一片爱国心》（白藕） 《明灯哑剧》（秋尘）
第 199 期	第 898 期 （1933 年 2 月 23 日）	《迎萧伯纳》（伯龙） 《本刊二百号纪念》（编者） 《过芥园》（秋尘）
第 200 期 戏剧专刊二百期纪念专号	第 901 期 （1933 年 3 月 2 日）	《封面大脸谱解》（左次修） 《加官》（秋尘） 《一百二十板》（海棠） 《对于〈北画〉剧刊的印象》（杀黄） 《释内外江》（泊生） 《本刊纪念竞赛》（不详） 《四大名旦之色与艺》（一非） 《〈北画〉剧刊二百号纪念赋贺》（伯龙） 《闻老箫评脸谱语有感》（斑马） 《画楼聆曲记》（笔公）
第 201 期	第 905 期 （1933 年 3 月 11 日）	《关于"某派正宗"之拉杂感》（曼优） 《负担国剧迈进之铁肩》（伯龙）
第 202 期	第 908 期 （1933 年 3 月 18 日）	《负担国剧迈进之铁肩》（续上期剧刊）（伯龙） 《元曲与京戏之比较》（弗东）
第 203 期	第 911 期 （1933 年 3 月 25 日）	《〈一捧雪〉随笔》（受生） 《马最良出演春和》（杀黄） 《元曲与京戏之比较》（续上期剧刊）（弗东） 《剧讯一束》（不详） 《剧刊竞赛部启事》
第 204 期	第 914 期 （1933 年 4 月 1 日）	《〈一捧雪〉随笔》（续上期剧刊）（受生） 《焰火的艺术》（寄萍） 《元曲与京戏之比较》（续前）（弗东）
第 205 期	第 917 期 （1933 年 4 月 8 日）	《元曲与京戏之比较》（续上期剧刊）（弗东） 《保守与改革》（伯龙） 《马连良灌音社停办》（秋） 《〈名伶的认识〉揭晓》
第 206 期	第 920 期 （1933 年 4 月 15 日）	《元曲与京戏之比较》（续上期剧刊）（弗东） 《宜于国难期间演唱的〈挑滑车〉》（铸） 《北平剧场渐复旧观》（伯龙）
第 207 期	第 923 期 （1933 年 4 月 22 日）	《西皮二黄的戏剧运动》（守鹤） 《元曲与京戏之比较》（续上期剧刊）（弗东） 《〈嘉兴府〉之一幕》（杀黄） 《梨园消息》（秋）

续表

《戏剧专刊》期次	《北洋画报》期次（出版时间）	篇名（作者）
第208期	第926期 （1933年4月29日）	《从王羲之说到四大名旦》（慈） 《西皮二黄的戏剧运动》（续上期剧刊）（守鹤） 《梨园消息》（不详）
第209期	第929期 （1933年5月6日）	《元曲与京戏之比较》（续前）（弗东） 《近代的脸谱》（伯龙） 《梨园琐闻》（不详）
第210期	第932期 （1933年5月13日）	《旧剧演员的现实生活》（一）（慧深） 《寺宦的脸谱》（伯龙） 《票友登记》（不详）
第211期	第935期 （1933年5月20日）	《戏专新生记》（夜心） 《旧剧演员的现实生活》（二）（慧深） 《弦外》（左右） 《剧讯》（不详）
第212期	第941期 （1933年6月3日）	《白眉之褒贬》（伯龙） 《音乐漫谈》（钤） 《记阎岚秋》（梦薇）
第213期	第944期 （1933年6月10日）	《谈〈打渔杀家〉》（梦薇） 《音乐漫谈》（续上期剧刊）（钤） 《广陵嗣响之昆弋剧》（伯龙） 《戏剧竞赛部启事》（不详）
第214期	第947期 （1933年6月17日）	《关于〈一捧雪〉之杯与图》（伯龙） 《赶门在外》（姑掰） 《梨园琐闻》（二）（不详）
第215期	第950期 （1933年6月24日）	《夕阳没落之前》（上）（马彦祥） 《绝调将绝欤》（若） 《记中大国剧社》（翁亦青） 《梨园琐闻》（不详）
第216期	第953期 （1933年7月1日）	《夕阳没落之前》（下）（马彦祥） 《曙后孤星之庆生社》（伯龙） 《剧讯》（不详）
第217期	第959期 （1933年7月15日）	《戏剧卮谈》（一）（副末） 《书范钧宏》（杰） 《存亡绝绪之〈法曲献仙音〉》（伯龙）
第218期	第962期 （1933年7月22日）	《唯美》（钤） 《戏剧卮谈》（二）（副末） 《咏赵美英演戏》（大白）
第219期 中华戏曲学校二次来津公演专页	第965期 （1933年7月29日）	《焦菊隐之三愿》（小蘧） 《戏曲学校学生之生活》（不详） 《戏曲学校琐闻》（不详）
第220期	第968期 （1933年8月5日）	《戏剧卮谈》（三）（副末） 《国剧革新派之周信芳》（伯龙） 《陆德忠之妙语》（天听） 《谈梆子腔》（寄萍）

续表

《戏剧专刊》期次	《北洋画报》期次（出版时间）	篇名（作者）
第 221 期	第 971 期（1933 年 8 月 12 日）	《词之于辙》(蚯) 《戏剧卮谈》(四)(副末) 《名伶之书画热》(尺园旧主) 《梨园琐闻》(多人)
第 222 期	第 974 期（1933 年 8 月 19 日）	《梨园轶闻》(自新斋主) 《〈小放牛〉与洋诗》(铃) 《戏专剧本与砌末》(伯龙)
第 223 期	第 977 期（1933 年 8 月 26 日）	《奚啸伯受聘济南大观园》(百吟) 《形头研究》(一)(王受生) 《得展骥足之马最良》(杀) 《梨园琐闻》(多人)
第 224 期	第 980 期（1933 年 9 月 2 日）	《欢迎王泊生来津》(祥) 《梨园轶闻》(自新斋主) 《形头研究》(二)(王受生)
第 225 期	第 983 期（1933 年 9 月 9 日）	《琴师有材难之叹》(羊毛) 《谭照小记》(杀黄) 《形头研究》(三)(王受生) 《剧讯》(多人)
第 226 期	第 986 期（1933 年 9 月 16 日）	《由印度戏剧说到玉堂春》(副末) 《梨园轶闻》(自新斋主) 《形头研究》(三)(续)(王受生) 《剧讯》(多人)
第 227 期	第 989 期（1933 年 9 月 23 日）	《皮黄源流考》(寄萍) 《洋旦》(羊毛) 《形头研究》(四)(王受生) 《剧讯》(多人)
第 228 期蕴馨特刊	第 992 期（1933 年 9 月 30 日）	《张蕴馨小传》(介白居士) 《评兰漫画》(王伯龙) 《善状剧离别之张蕴馨》(伯龙) 《张蕴馨赞》(兰雪居士)
第 229 期	第 995 期（1933 年 10 月 7 日）	《梨园轶闻》(四)(百吟) 《梅兰芳与臧岚光》(伯龙) 《剧讯》(二)(不详)
第 230 期	第 998 期（1933 年 10 月 14 日）	《形头研究》(五)(王受生) 《志哈尔飞一幕趣武剧》(杰) 《谭何容易》(杰) 《剧讯》(多人)
第 231 期	第 1001 期（1933 年 10 月 21 日）	《梨园轶闻》(五)(自新斋主) 《形头研究》(六)(王受生) 《剧讯》(多人)
第 232 期	第 1004 期（1933 年 10 月 28 日）	《怒吼吧，中国！》(祖徽) 《同义昆弋社再度莅津》(伯龙) 《剧讯》(不详)

《戏剧专刊》期次	《北洋画报》期次（出版时间）	篇名（作者）
第 233 期	第 1007 期（1933 年 11 月 4 日）	《章小山在汉口》(莎) 《梨园习俗之九皇会》(百吟) 《情绪的表现》(御) 《剧讯》(二)(多人)
第 234 期	第 1010 期（1933 年 11 月 11 日）	《乐剧中非战的意识》(上)(莎), 《旧剧风气丕变》(受生) 《戏词警句》(铃) 《剧讯》(不详)
第 235 期	第 1013 期（1933 年 11 月 18 日）	《乐剧中非战的意识》(中)(莎) 《南铁生演戏展期至原因》(杰) 《富连成琐事》(杀黄) 《癸酉九月十七日为马郎祥麟廿一岁初度觞之酒家赋此致祝》(吴子通)
第 236 期	第 1016 期（1933 年 11 月 25 日）	《乐剧中非战的意识》(下)(莎) 《整理国剧之入手》(伯龙) 《黄桂秋之盛誉》(珮芝) 《剧讯》(多人)
第 237 期	第 1019 期（1933 年 12 月 2 日）	《整理国剧之入手》(二)(伯龙) 《戏专学校之硕划》(涛声) 《剧讯》(多人)
第 238 期	第 1022 期（1933 年 12 月 9 日）	《整理国剧之入手》(三)(伯龙) 《评戏"枪毙"何多》(百吟) 《形头小识》(杰)
第 239 期	第 1025 期（1933 年 12 月 16 日）	《整理国剧之入手》(四)(伯龙) 《关于盔头》(王受生) 《剧讯》(多人)
第 240 期	第 1028 期（1933 年 12 月 23 日）	《整理国剧之入手》(伯龙) 《谈四大名旦》(寄萍) 《梨园轶闻》(六)(百吟) 《余叔岩挽妻联》(不详)
第 241 期	第 1031 期（1933 年 12 月 30 日）	《整理国剧之入手》(五)(伯龙) 《唯美的条件》(莎) 《北平成立昆弋维持会》(尧) 《故都剧讯》(多人)
第 242 期	第 1034 期（1934 年 1 月 6 日）	《整理国剧之入手》(六)(伯龙) 《二黄戏中之蓝采和》(寄萍) 《有含义之戏本刊行》(杀黄) 《梨园轶闻》(七)(自新斋主)
第 243 期	第 1037 期（1934 年 1 月 13 日）	《不抵抗将军刘璋的下落》(竹心) 《关于傀儡戏》(江寄萍) 《严分宜误受宫刑》(伯龙)
第 244 期	第 1040 期（1934 年 1 月 20 日）	《整理国剧之入手》(七)(伯龙) 《论〈打渔杀家〉戏辞之矛盾》(寄萍) 《剧讯一束》(多人)

《戏剧专刊》 期次	《北洋画报》期次 （出版时间）	篇名（作者）
第 245 期	第 1043 期 （1934 年 1 月 27 日）	《凉水蒜瓣斋剧话》（一）（菊君） 《桃园结义》（竹心） 《尚小云即将北返》（羊毛） 《〈御碑亭〉之改本》（寄萍）
第 246 期	第 1046 期 （1934 年 2 月 3 日）	《追记来伴琴与裘桂仙》（杀黄） 《旧剧中之新发明》（梅） 《剧讯一束》（多人）
第 247 期	第 1049 期 （1934 年 2 月 10 日）	《凉水蒜瓣斋剧话》（二）（菊君） 《戏词的修正》（杀黄） 《镇壇州》（上）（雍吾）《记黄桂秋》（局吟）》
第 248 期	第 1054 期 （1934 年 2 月 24 日）	《镇壇州》（下）（雍吾） 《凉水蒜瓣斋剧话》（三）（菊君） 《马连良失一臂助》（杀） 《整理国剧之入手》（八）（伯龙）
第 249 期	第 1057 期 （1934 年 3 月 3 日）	《元刊本〈三国志平话〉》（杏呆） 《论〈断密涧〉》（王受生） 《梨园轶闻》（八）（自新斋主） 《剧讯》（不详）
第 250 期	第 1060 期 （1934 年 3 月 10 日）	《〈黄鹤楼〉的出处》（竹心） 《论〈断密涧〉》（续上期剧刊）（王受生） 《剧讯》（多人）
第 251 期	第 1063 期 （1934 年 3 月 17 日）	《戏价之今昔》（寄萍） 《国剧陈列馆一瞥》（杀黄） 《剧讯》（百吟）
第 252 期	第 1066 期 （1934 年 3 月 24 日）	《关王何时耍大刀》（竹心） 《论布景》（曼云） 《剧讯一束》（多人）
第 253 期	第 1069 期 （1934 年 3 月 31 日）	《〈空城计〉戏词不通》（刘曼云） 《书吴霜厓〈采桑子〉词后》（伯龙） 《剧讯》（二）（不详）
第 254 期	第 1072 期 （1934 年 4 月 7 日）	《释乱弹》（曼云） 《凉水蒜瓣斋剧话》（四）（菊君） 《故都剧讯》（吟）
第 255 期	第 1075 期 （1934 年 4 月 14 日）	《论坤伶》（曼云） 《关于旧剧改革的前途一问题》（上）（续上期剧刊）（诛心） 《剧讯》（不详）
第 256 期	第 1078 期 （1934 年 4 月 21 日）	《小"乔"的疑问》（曼云） 《关于旧剧改革的前途一问题》（续上期剧刊）（诛心） 《剧讯》（吟）
第 257 期	第 1081 期 （1934 年 4 月 28 日）	《关于大衣箱》（上）（王受生） 《论赤壁鏖兵》（曼） 《剧讯一束》（不详）
第 258 期	第 1084 期 （1934 年 5 月 5 日）	《谭家父子会群英》（红蛾） 《关于大衣箱》（中）（王受生） 《剧讯一束》（不详）

续表

《戏剧专刊》期次	《北洋画报》期次（出版时间）	篇名（作者）
第 259 期	第 1087 期（1934 年 5 月 12 日）	《小翠花之〈双钉记〉》（红蛾）《戏剧在乡间》（云）《关于大衣箱》（下）（王受生）《剧讯一束》（多人）
第 260 期	第 1090 期（1934 年 5 月 19 日）	《山西梆子》（上）（华士）《旧剧漫谈》（红蛾）《剧讯一束》（多人）
第 261 期	第 1093 期（1934 年 5 月 26 日）	《山西梆子》（下）（华士）《旦角独裁之剧坛》（杏呆）《剧讯》（不详）
第 262 期	第 1096 期（1934 年 6 月 2 日）	《粤剧公演记》（记者）《评剧与捧角》（红蛾）《伶人所祀之神》（曼云）
第 263 期	第 1099 期（1934 年 6 月 9 日）	《登瀛琐记》（海棠旧主）《论〈宝莲灯〉》（草平）《谭鑫培轻视刘鸿声》（百吟）《剧讯》（多人）
第 264 期	第 1102 期（1934 年 6 月 16 日）	《最近聆剧有感》（杀黄）《端节应景戏》（红蛾）《剧讯》（多人）
第 265 期	第 1105 期（1934 年 6 月 23 日）	《二黄剧中之幽默戏》（曼云）《祀神的问题》（杀黄）《剧讯一束》（多人）
第 266 期	第 1108 期（1934 年 6 月 30 日）	《晟戏专学校高材生》（墨农）《行头之种类》（上）（刘曼云）《剧讯》（不详）
第 267 期	第 1114 期（1934 年 7 月 14 日）	《戏剧杂谈》（鸣）《谈傀儡戏》（上）（左右）《行头之种类》（下）（刘曼云）《剧讯》（多人）
第 268 期	第 1117 期（1934 年 7 月 21 日）	《戏剧杂谈》（续）（鸣）《谈傀儡戏》（下）（左右）《剧讯一束》（不详）
第 269 期	第 1120 期（1934 年 7 月 28 日）	《由热说起》（杀黄）《戏剧杂谈》（续）（鸣）《剧讯》（多人）
第 270 期	第 1126 期（1934 年 8 月 11 日）	《剧情与做戏》（红蛾）《汪剑农露演北洋》（孟飞）《梨园轶闻》（九）（自新斋主）《剧讯》（不详）
第 271 期	第 1129 期（1934 年 8 月 18 日）	《戏剧杂谈》（续）（鸣）《梨园轶闻》（十）（自新斋主）《剧讯》（不详）
第 272 期	第 1132 期（1934 年 8 月 25 日）	《谈尚小云之名剧》（非之）《戏剧杂谈》（续）（鸣）《剧讯》（多人）

续表

《戏剧专刊》期次	《北洋画报》期次（出版时间）	篇名（作者）
第 273 期	第 1135 期（1934 年 9 月 1 日）	《梨园话旧录》（一）（均夷）《戏剧杂谈》（续）（鸣）《剧讯一束》（多人）
第 274 期	第 1138 期（1934 年 9 月 8 日）	《梨园话旧录》（二）（均夷）《戏剧杂谈》（续）（鸣）《〈打渔杀家〉考》（庾止）《剧讯一束》（不详）
第 275 期	第 1141 期（1934 年 9 月 15 日）	《〈打渔杀家〉》（续）（庾止）《春和票友大会串》（百吟）《剧讯》（不详）
第 276 期	第 1144 期（1934 年 9 月 22 日）	《戏剧杂谈》（续）（鸣）《梨园轶闻》（十一）（自新斋主）《剧讯一束》（不详）
第 277 期	第 1147 期（1934 年 9 月 29 日）	《戏剧杂谈》（续）（鸣）《今日之红生人才谈》（红蛾）《剧讯》（不详）
第 278 期	第 1150 期（1934 年 10 月 6 日）	《歌场趣话》（红蛾）《戏剧杂谈》（续）（鸣）《马祥麟将来津》（不详）《剧讯》（不详）
第 279 期	第 1153 期（1934 年 10 月 13 日）	《〈红鸾禧〉考》（君宜）《沈曼华与筱兰芬之联姻》（钟）《剧讯》（新）《伶人出家》（不详）
第 280 期	第 1156 期（1934 年 10 月 20 日）	《梨园话旧录》（三）（均夷）《舞台上之特别技能谈》（红蛾）《梨园轶闻》（十二）（自新斋主）《剧讯》（不详）
第 281 期	第 1159 期（1934 年 10 月 27 日）	《戏剧杂谈》（续）（鸣）《名红生赵子英之近况》（冷雪）《剧讯一束》（白）
第 282 期	第 1162 期（1934 年 11 月 3 日）	《关戏年》（杀黄）《富连成盛况》（零厂）《梨园话旧录》（四）（均夷）《剧讯》（多人）
第 283 期	第 1165 期（1934 年 11 月 10 日）	《梨园话旧录》（五）（均夷）《今日之须生人才谈》（上）（红蛾）《剧讯》（多人）
第 284 期	第 1168 期（1934 年 11 月 17 日）	《戏剧杂谈》（续）（鸣）《今日之须生人才谈》（下）（红蛾）《〈玉堂春〉的卷宗》（君宜）《剧讯》（多人）
第 285 期	第 1171 期（1934 年 11 月 24 日）	《燕大国剧首次公演》（干）《剧情与月》（杀黄）《剧讯》（多人）

续表

《戏剧专刊》期次	《北洋画报》期次（出版时间）	篇名(作者)
第 286 期	第 1174 期（1934 年 12 月 1 日）	《判官戏》(云) 《梨园轶闻》(十三)(自新斋主) 《六月雪》(壮哉) 《剧讯》(多人)
第 287 期	第 1177 期（1934 年 12 月 8 日）	《梨园话旧录》(六)(均夷) 《戏专新〈汾河湾〉之演出》(杨语村) 《戏剧之幸运》(非羽) 《剧讯》(不详)
第 288 期	第 1180 期（1934 年 12 月 15 日）	《焦菊隐口中之改良旧剧》(杨语村) 《坤伶老生谈》(红蛾) 《〈法场换子〉的诗》(扶绿)
第 289 期	第 1183 期（1934 年 12 月 22 日）	《记叶盛兰几名剧》(红蛾) 《谈柳翠剧》(曼云) 《梨园话旧录》(七)(均夷) 《剧讯》(多人)
第 290 期	第 1186 期（1934 年 12 月 29 日）	《志富连成之后起生旦》(墨农) 《年中戏话》(红蛾) 《梨园话旧录》(八)(均夷) 《剧讯》(不详)
第 291 期	第 1189 期（1935 年 1 月 5 日）	《谈叶盛章》(红蛾) 《清风亭》(上)(杀黄) 《名伶演赖婚》(习苦斋主) 《剧讯》(不详)
第 292 期	第 1192 期（1935 年 1 月 12 日）	《酝酿中之义务戏》(非羽) 《谈马连良》(红蛾) 《姜妙香道义可风》(汝) 《清风亭》(下)(杀黄) 《剧讯》(不详)
第 293 期	第 1195 期（1935 年 1 月 19 日）	《谈清代的傀儡戏》(曼云) 《慈联会义务戏角色谈》(非羽) 《兰芳热》(零) 《剧讯》(不详)
第 294 期	第 1198 期（1935 年 1 月 26 日）	《打灶王与祭灶》(红蛾) 《慈联会冬赈义剧记》(墨农) 《梨园话旧录》(九)(均夷) 《剧讯》(不详)
第 295 期	第 1201 期（1935 年 2 月 2 日）	《平窝头会之盛况》(不详) 《吉祥新戏》(非羽) 《剧场剩话》(曼云) 《杂谈旦角》(红蛾)
第 296 期	第 1203 期（1935 年 2 月 9 日）	《谈神怪剧》(非羽) 《千斤话白四两唱》(红蛾) 《赠评剧坤伶花云霞诗》(大方、子通、癯翁)
第 297 期	第 1206 期（1935 年 2 月 16 日）	《志小翠花两佳剧》(非羽) 《梨园话旧录》(十)(均夷) 《上元节之应景戏》(红蛾) 《剧讯》(百)

续表

《戏剧专刊》期次	《北洋画报》期次（出版时间）	篇名（作者）
第 298 期	第 1209 期（1935 年 2 月 23 日）	《富连成出科两名丑》（红蛾） 《小生人才谈》（非羽） 《明代的傀儡戏》（曼）
第 299 期	第 1212 期（1935 年 3 月 2 日）	《杂谈戏理与戏情》（红蛾） 《梅影小记》（杀黄） 《记韩世昌与白云生之〈长生殿〉》（徐凌）
第 300 期	第 1215 期（1935 年 3 月 9 日）	《聆剧所见》（杀黄） 《谈侯永奎》（希如） 《谭富英艺事谈》（红蛾）
第 301 期	第 1218 期（1935 年 3 月 16 日）	《记赵松声宴昆曲名伶》（庞宝锦） 《流水与摇板》（大水） 《杨小楼三次收徒》（语村） 《戏曲学校人才观》（红蛾）
第 302 期	第 1221 期（1935 年 3 月 23 日）	《〈战太平〉剧话》（暮云） 《谈〈霸王别姬〉》（曼云） 《梨园轶闻》（十四）（自新斋主） 《剧讯一束》（志斋）
第 303 期	第 1224 期（1935 年 3 月 30 日）	《谈〈八大锤〉》（梦薇） 《题俞振飞〈琴挑〉戏像集句》（曼秋） 《小生与贵族之关系》（荸笙） 《伶人消息》（不详）
第 304 期	第 1227 期（1935 年 4 月 6 日）	《论唱戏之派别》（墨农） 《郑孟霞出演北洋戏院》（大白） 《谈南开〈五奎桥〉》（秋尘）
第 305 期	第 1230 期（1935 年 4 月 13 日）	《记多才多艺之郑孟霞女士》（四方） 《嫁矣张蕴馨》（壮哉） 《禁戏之不划一》（杀黄） 《剧讯》（不详）
第 306 期	第 1233 期（1935 年 4 月 20 日）	《新旧剧论战之我见》（墨农） 《奎德社今昔人才》（红蛾） 《谈〈一捧雪〉》（梦薇）
第 307 期	第 1236 期（1935 年 4 月 27 日）	《谈〈打渔杀家〉》（墨农） 《黄色新戏之广告》（沙） 《剧讯》（百）
第 308 期	第 1239 期（1935 年 5 月 4 日）	《谈〈贺后骂殿〉》（士均） 《志老伶工李吉瑞》（墨农） 《剧讯一束》（不详）
第 309 期	第 1242 期（1935 年 5 月 11 日）	《看了明日剧团归来》（均夷） 《跑龙套与打下手》（红蛾） 《戏台上的阮玲玉遗物》（秀水）
第 310 期	第 1245 期（1935 年 5 月 18 日）	《杂谈〈汾河湾〉》（大白） 《谈霸王剧》（曼云）
第 311 期	第 1248 期（1935 年 5 月 25 日）	《谈本戏攒锅之匪易》（墨农） 《志老伶工尚和玉》（红蛾） 《戏剧杂谈》（曼云） 《剧讯一束》（不详）

续表

《戏剧专刊》期次	《北洋画报》期次（出版时间）	篇名(作者)
第 312 期	第 1251 期 (1935 年 6 月 1 日)	《在乡村中看野台戏》(大白) 《戏剧杂谈》(曼云) 《郑孟霞再度出演北洋》(不详)
第 313 期	第 1254 期 (1935 年 6 月 8 日)	《介绍新艺人王玉蓉》(语村) 《梨园轶闻》(十五)(自新斋主)
第 314 期	第 1257 期 (1935 年 6 月 15 日)	《戏里的曹操》(均夷) 《花面人才谈》(红蛾) 《记富竹友》(一丁) 《剧讯一束》(不详)
第 315 期	第 1260 期 (1935 年 6 月 22 日)	《略谈〈别姬〉》(大弓) 《梨园轶闻》(十六)(自新斋主) 《梨园祖师》(曲癖) 《剧讯》(不详)
第 316 期	第 1263 期 (1935 年 6 月 29 日)	《评〈南天门〉》(大白) 《戏剧杂谈》(曼云) 《小放牛》(不详)
第 317 期	第 1269 期 (1935 年 7 月 13 日)	《津市游艺之现状》(红蛾) 《谈〈四郎探母〉》(墨农) 《贺余喜联》(语村) 《剧讯》(不详)
第 318 期	第 1272 期 (1935 年 7 月 20 日)	《今日武生人才观》(红蛾) 《谈〈一捧雪〉》(墨农) 《剧讯》(多人)
第 319 期	第 1275 期 (1935 年 7 月 27 日)	《谈〈胭脂褶〉》(墨农) 《徽班的沿革》(不鸣) 《剧讯》(不详)
第 320 期	第 1278 期 (1935 年 8 月 3 日)	《七夕应景戏之〈天河配〉》(红蛾) 《谈〈胭脂虎〉》(王珊) 《市声入剧》(不鸣) 《剧场旧话》(大白)
第 321 期	第 1281 期 (1935 年 8 月 10 日)	《小翠花与刘盛莲》(红蛾) 《〈洪鸾禧〉与〈鸳鸯棒〉》(峨) 《剧谈录》(不鸣)
第 322 期	第 1284 期 (1935 年 8 月 17 日)	《关于联合公演》(殷勤) 《〈雷雨〉的介绍》(石灵)
第 323 期	第 1287 期 (1935 年 8 月 24 日)	《梅兰芳改革国剧中音乐问题》(零厂) 《谈〈奇冤报〉》(墨农) 《杀黄剧话》(哈杀芝)
第 324 期	第 1290 期 (1935 年 8 月 31 日)	《记"小梅兰芳"李世芳》(大白) 《谈黄梅腔》(雨文)
第 325 期	第 1293 期 (1935 年 9 月 7 日)	《旧剧里的中途遇雨》(戾止) 《杀黄剧话》(二)(杀黄) 《剧讯一束》(不详)
第 326 期	第 1296 期 (1935 年 9 月 14 日)	《中秋节之应景戏》(红蛾) 《论改良国剧》(墨农) 《赈灾的戏》(落因)

《戏剧专刊》期次	《北洋画报》期次（出版时间）	篇名（作者）
第 327 期	第 1299 期（1935 年 9 月 21 日）	《尚小云东坡海外之谣》（墨农） 《对垒中之王又辰与谭富英》（红蛾）
第 328 期	第 1302 期（1935 年 9 月 28 日）	《戏场脚色变迁考》（不鸣） 《"北国"剧讯》（芸） 《北洋马戏实力观》（墨农）
第 329 期	第 1305 期（1935 年 10 月 5 日）	《杀黄剧话》（三）（零厂） 《记紫灵芝》（自新斋主）
第 330 期	第 1308 期（1935 年 10 月 12 日）	《脸谱的来源》（梦薇） 《评戏吃饭与吃饭评戏》（红蛾）
第 331 期	第 1311 期（1935 年 10 月 19 日）	《杨郝来津观后感》（墨农） 《中旅的〈雷雨〉》（伊凡）
第 332 期	第 1314 期（1935 年 10 月 26 日）	《志郝寿臣来津出演之〈红逼宫〉》（墨农） 《武戏的来源》（梦薇） 《目下评价家之分野——质红蛾君》（杀黄）
第 333 期	第 1317 期（1935 年 11 月 2 日）	《徐碧云与其出演之剧》（大白） 《内廷七种》（薇） 《论评戏与伶人之毛病——敬答杀黄先生》（红蛾）
第 334 期	第 1320 期（1935 年 11 月 9 日）	《杀黄剧话》（四）（杀黄） 《记幻影主人》（雅） 《戏专来津》（墨农）
第 335 期	第 1323 期（1935 年 11 月 16 日）	《写于戏专返平后》（墨农） 《敬答红蛾先生》（杀黄）
第 336 期	第 1326 期（1935 年 11 月 23 日）	《喜神的传说》（鸿） 《谈跟斗》（野雁） 《二黄戏字音之一得》（红蛾） 《戏词的抄袭》（大白）
第 337 期	第 1329 期（1935 年 11 月 30 日）	《记高庆奎》（杀黄） 《杂谈旧剧中的谬点》（水龙）
第 338 期	第 1332 期（1935 年 12 月 7 日）	《论做工兼谈雷喜福》（红蛾） 《谈古代戏剧》（上）（未名） 《剧讯一束》（不详）
第 339 期	第 1335 期（1935 年 12 月 14 日）	《谈古代戏剧》（下）（未名） 《记言菊朋》（自新斋主） 《也算杂记》（路介）
第 340 期	第 1338 期（1935 年 12 月 21 日）	《谈高腔》（不鸣） 《饰关公不开脸之于四胜》（自新斋主）
第 341 期	第 1341 期（1935 年 12 月 28 日）	《王瑶卿家之一夕话》（介白） 《慈联冬赈义剧记》（墨农） 《新年中之国泰戏院》（红蛾）
第 342 期	第 1344 期（1936 年 1 月 4 日）	《荀慧生来津出演前之访问记》（智） 《〈钗头凤〉本事》（大白） 《梨园轶话》（自新斋主）

《戏剧专刊》 期次	《北洋画报》期次 （出版时间）	篇名（作者）
第 343 期	第 1347 期 （1936 年 1 月 11 日）	《名角与票价》（红蛾） 《旧剧与历史》（不鸣）
第 344 期	第 1350 期 （1936 年 1 月 18 日）	《三不主义之孙菊仙》（自新） 《戴纱帽之扎靠戏》（百吟） 《谈〈御碑亭〉》（大弓） 《剧讯一束》（不详）
第 345 期	第 1355 期 （1936 年 2 月 1 日）	《尚小云新排〈元夜观灯〉》（吟） 《〈三国志〉剧目》（名） 《梨园轶闻》（十七）（自新斋主）
第 346 期	第 1358 期 （1936 年 2 月 8 日）	《梨园轶闻》（十八）（自新斋主） 《谈〈黄鹤楼〉》（百吟） 《春明剧讯》（吴兰雪）
第 347 期	第 1361 期 （1936 年 2 月 15 日）	《梨园轶闻》（十九）（自新斋主） 《杀黄剧话》（杀） 《谈悲剧兼及〈桑园寄子〉》（大白）
第 348 期	第 1364 期 （1936 年 2 月 22 日）	《谈〈回荆州〉》（萍） 《〈宝莲灯〉剧本之研讨》（大白） 《剧讯一束》（多人）
第 349 期	第 1367 期 （1936 年 2 月 29 日）	《梨园轶闻》（二十）（自新斋主） 《杀黄剧话》（杀黄） 《剧讯》（不详）
第 350 期	第 1370 期 （1936 年 3 月 7 日）	《杀黄剧话》（续前）（杀黄） 《谈打花鼓》（不鸣） 《剧讯》（不详）
第 351 期	第 1373 期 （1936 年 3 月 14 日）	《谈〈桑园会〉》（寄萍） 《皮黄剧中之画蛇添足》（耸天）
第 352 期	第 1376 期 （1936 年 3 月 21 日）	《谭剧两日记》（大中） 《由贾波林对国剧的印象说起》（杀黄） 《剧讯》（不详）
第 353 期	第 1379 期 （1936 年 3 月 28 日）	《杀黄剧话》（哈） 《故都剧事》（炎臣）
第 354 期	第 1382 期 （1936 年 4 月 4 日）	《谈戏曲学校之〈四进士〉》（大中） 《杀黄剧话》（哈）
第 355 期	第 1385 期 （1936 年 4 月 11 日）	《尚和玉解甲归田》（炎臣） 《国剧之特点》（玉华）
第 356 期	第 1388 期 （1936 年 4 月 18 日）	《谈山西梆子》（玉华） 《喜连成小掌故》（炎臣） 《论关戏与岳戏》（上）（大中）
第 357 期	第 1391 期 （1936 年 4 月 25 日）	《论关戏与岳戏》（下）（大中） 《津沽剧讯》（炎臣） 《戏词之矛盾》（华） 《金息侯题章遏云小影》（金息侯）

续表

《戏剧专刊》 期次	《北洋画报》期次 （出版时间）	篇名（作者）
第 358 期 陆素娟来津公演专号	第 1394 期 （1936 年 5 月 2 日）	《陆素娟之〈凤还巢〉》（不详） 《色艺双全之陆素娟》（老僧） 《梅兰芳与陆素娟》（阳）
第 359 期	第 1397 期 （1936 年 5 月 9 日）	《戏剧闲话》（大白） 《取法乎上》（红蛾） 《荀慧生之〈刺汤〉》（华） 《野戏台之楹联》（雨文）
第 360 期	第 1400 期 （1936 年 5 月 16 日）	《新艳秋出演首都》（百吟） 《韩世昌初演〈风筝误〉》（韩十七） 《勘白云生》（世琦） 《金少梅在湘行乞》（自新斋主）
第 361 期	第 1403 期 （1936 年 5 月 23 日）	《谈白云生》（上旭） 《梨园摭谈》（猷） 《〈赠剑联姻〉之服装》（韩世琦） 《戏剧丛谈》（华）
第 362 期	第 1406 期 （1936 年 5 月 30 日）	《祥庆昆弋社之三杰》（伯寅） 《出演中原大剧场之杨博生》（励清） 《对于皮黄戏改良之我见》（章） 《更正》（不详）
第 363 期	第 1409 期 （1936 年 6 月 6 日）	《〈西门投巫〉之优点及其本时》（猷） 《梨园话旧录》（大弓） 《名伶轶事》（百吟）
第 364 期	第 1412 期 （1936 年 6 月 13 日）	《流行各省戏剧之比较》（猷） 《〈白蛇传〉之本事考》（华） 《剧讯一束》（不详）
第 365 期	第 1415 期 （1936 年 6 月 20 日）	《评中原剧场编演〈佛祖出世〉故事》（子通） 《广和楼之新设施》（杀黄） 《看中原剧场浴佛剧》（张芍晖）
第 366 期	第 1418 期 （1936 年 6 月 27 日）	《姚芒父论脸谱》（乙威） 《梅兰芳答访问者谈话之商榷》（杀黄）
第 367 期 富连成来津公演专页	第 1421 期 （1936 年 7 月 4 日）	《漫谈〈安天会〉》（老僧） 《富连成之〈昆仑奇侠〉》（石） 《富连成的今昔观》（阳） 《观富连成班演剧》（雨文） 《谈李世芳与叶世长》（千里）
第 368 期	第 1424 期 （1936 年 7 月 11 日）	《津市梨园今昔观》（百吟） 《谈小翠花》（大弓） 《〈黄鹤楼〉本事考》（华）
第 369 期	第 1427 期 （1936 年 7 月 18 日）	《怎么养成捧角风气》（外） 《漫谈〈八大锤〉》（颠） 《皖北之目连戏》（雨文）

续表

《戏剧专刊》 期次	《北洋画报》期次 （出版时间）	篇名（作者）
第 370 期	第 1430 期 （1936 年 7 月 25 日）	《世界名人传中之梅兰芳》（罗贤楚） 《记陈少霖》（逸飞） 《陈寿丰与王楞仙剧照小识》（炎） 《剧讯》（不详）
第 371 期	第 1433 期 （1936 年 8 月 1 日）	《顾曲杂缀》（大白） 《谈〈蝴蝶梦〉》（雨文） 《谈艺员之派》（乙威）
第 372 期	第 1436 期 （1936 年 8 月 8 日）	《舞台忆趣》（乙威） 《〈婚姻镜〉新戏观后》（冬生） 《剧讯一束》（不详）
第 373 期	第 1439 期 （1936 年 8 月 15 日）	《赠陈生丽芳并序》（缀莽山人） 《冤狱剧之提议》（逸飞）
第 374 期	第 1442 期 （1936 年 8 月 22 日）	《赠昆曲名伶》（仲莹） 《门外汉谈剧》（大弓） 《富连成设识字班》（乙威）
第 375 期	第 1445 期 （1936 年 8 月 29 日）	《杂谈〈四进士〉》（如愚） 《孟小茹之〈杀惜〉》（大中） 《剧讯》（炎臣）
第 376 期	第 1448 期 （1936 年 9 月 5 日）	《伶人之盛衰亦关时运》（晓岚） 《改良剧本之要图》（馨史） 《尚和玉近况》（炎臣） 《戏剧始于战国》（雨文）
第 377 期	第 1451 期 （1936 年 9 月 12 日）	《如何铲除卖飞票之恶习》（大白） 《杨云史赠梅兰芳诗》（杨云史） 《谈关戏》（晓岚） 《戏剧质疑》（雨文）
第 378 期	第 1454 期 （1936 年 9 月 19 日）	《"票""戏"漫谈》（黄） 《津电国剧社概况》（声） 《津电社员及彩排之戏》（双陆）
第 379 期	第 1457 期 （1936 年 9 月 26 日）	《近代青衣与花衫之沿革》（俞勋） 《〈风波亭〉禁演问题》（乙威）
第 380 期	第 1460 期 （1936 年 10 月 3 日）	《门外汉谈剧》（大弓） 《京剧脸谱谈》（金晓岚） 《赠昆曲名伶》（续前）（仲莹） 《韩世昌近讯》（炎臣）
第 381 期	第 1463 期 （1936 年 10 月 10 日）	《赠昆曲名伶》（续前）（仲莹） 《包拯谱系考》（勋） 《谈剧本兼及戏词》（雨文）
第 382 期	第 1466 期 （1936 年 10 月 17 日）	《门外汉谈剧》（大弓） 《谈唐山落子》（雨） 《〈失街亭〉与〈空城计〉考证》（一）（俞勋）
第 383 期	第 1469 期 （1936 年 10 月 24 日）	《门外汉谈剧》（大弓） 《〈失街亭〉与〈空城计〉考证》（二）（俞勋） 《谈〈宝莲灯〉》（勋）

《戏剧专刊》期次	《北洋画报》期次（出版时间）	篇名（作者）
第 384 期	第 1472 期（1936 年 10 月 31 日）	《〈兴隆会〉之考证及其讹点》（上）（俞勋） 《梅讯朵朵》（吾） 《戏剧服饰谈》（金晓岚）
第 385 期	第 1475 期（1936 年 11 月 7 日）	《论近代老生人才》（金晓岚） 《〈兴隆会〉之考证及其讹点》（下）（俞勋） 《梅兰芳演〈西施〉》（雨文）
第 386 期	第 1478 期（1936 年 11 月 14 日）	《幸与不幸》（俞勋） 《论〈朱仙镇〉》（上）（晓岚）
第 387 期 富连成社来津公演专页	第 1481 期（1936 年 11 月 21 日）	《刘元彤小传》（荼黄） 《李世芳之成名》（吟碧） 《富连成致盛之道》（吴幻苏） 《花花絮絮》（不详）
第 388 期	第 1484 期（1936 年 11 月 28 日）	《旦脚考》（沐女） 《刘赶三死因之我闻》（俞勋） 《论〈朱仙镇〉》（下）（晓岚）
第 389 期	第 1487 期（1936 年 12 月 5 日）	《杀黄剧话》（杀黄） 《梨园话旧录》（壮哉） 《谈南府旧本〈昭代箫韶〉剧》（上）（林炎）
第 390 期	第 1490 期（1936 年 12 月 12 日）	《谈南府旧本〈昭代箫韶〉剧》（下）（林炎） 《论配角》（金晓岚） 《门外汉谈剧》（均夷）
第 391 期	第 1493 期（1936 年 12 月 19 日）	《谈〈御碑亭〉》（俞勋） 《门外汉谈剧》（均夷） 《荀慧生新排〈红娘〉》（吟）
第 392 期	第 1496 期（1936 年 12 月 26 日）	《谈〈御碑亭〉》（续前）（俞勋） 《须生三派之后继伶人》（上）（金晓岚） 《萧长华善于打诨》（弓） 《门外汉谈剧》（均夷）
第 393 期	第 1499 期（1937 年 1 月 2 日）	《戏剧杂论》（俞勋） 《多名伶》（一挥） 《谈"堆鬼"》（金晓岚） 《须生三派之后继伶人》（下）（晓岚）
第 394 期	第 1502 期（1937 年 1 月 9 日）	《戏剧杂论》（勋） 《〈断后龙袍〉之考证》（上）（俞勋） 《门外汉谈剧》（均夷）
第 395 期	第 1505 期（1937 年 1 月 16 日）	《〈断后龙袍〉之考证》（下）（俞勋） 《谈〈昊天塔〉与〈洪洋洞〉》（林炎） 《韩世昌由京赴沪》（炎臣）
第 396 期	第 1508 期（1937 年 1 月 23 日）	《论小生》（金晓岚） 《〈一捧雪〉考证》（上）（雨文） 《门外汉谈剧》（均夷）

续表

《戏剧专刊》 期次	《北洋画报》期次 （出版时间）	篇名（作者）
第 397 期	第 1511 期 （1937 年 1 月 30 日）	《论应节戏》(俞勋) 《程砚秋之〈梅妃〉》(炎臣) 《〈一捧雪〉考证》(下)(雨文)
第 398 期	第 1514 期 （1937 年 2 月 6 日）	《论戏名》(均夷) 《谈摆灯》(晓岚) 《紫金冠考》(瞀史)
第 399 期	1516 期 （1937 年 2 月 13 日）	《杨小楼表演〈挑滑车〉》(自新斋主) 《伶人之派别》(金晓岚) 《谈跷》(雨文)
第 400 期	1519 期 （1937 年 2 月 20 日）	《谈〈贺后骂殿〉》(俞勋) 《名伶的年龄》(上)(贤楚) 《金少山在故都》(炎臣) 《熊式一与田汉、洪深之旨趣不同》(如愚)
第 401 期	1522 期 （1937 年 2 月 27 日）	《谈〈鸿鸾禧〉》(雨文) 《名伶的年龄》(中)(贤楚) 《鞠部丛话》(一)(俞勋)
第 402 期	1525 期 （1937 年 3 月 6 日）	《谈〈捉放曹〉》(纹笙) 《名伶的年龄》(下)(贤楚) 《故都名伶排剧热》(炎臣)
第 403 期	1528 期 （1937 年 3 月 13 日）	《鞠部丛话》(二)(俞勋) 《跷之存废问题》(瞀史)
第 404 期	1531 期 （1937 年 3 月 20 日）	《明净金少山别传》(雨文) 《谈〈骊珠梦〉》(上)(俞勋) 《剧讯一束》(炎臣)
第 405 期	1534 期 （1937 年 3 月 27 日）	《周瑞安作戏过火》(金晓岚) 《志江苏同乡恳亲会盛况》(江苏人) 《鲁省立剧院演〈铁冠图〉》(黄)
第 406 期	1537 期 （1937 年 4 月 3 日）	《伐子都》(金晓岚) 《谈〈骊珠梦〉》(下)(俞勋) 《剧谈》(梦薇)
第 407 期	1540 期 （1937 年 4 月 10 日）	《谈〈楚汉争〉剧中角色》(金晓岚) 《程砚秋之配角》(金晓岚) 《谈〈乌龙院〉》(雨人)
第 408 期	1543 期 （1937 年 4 月 17 日）	《叶盛兰改演旦角之商榷》(红蛾) 《津电〈自由魂〉杂谈》(丁)
第 409 期	1546 期 （1937 年 4 月 24 日）	《"忙子"与"提调"》(逸飞) 《俞振飞小志》(炎臣) 《鞠部丛话》(三)(俞勋)
第 410 期	1549 期 （1937 年 5 月 1 日）	《〈荆轲〉演出之先声》(杀黄) 《王玉蓉突露头角》(厂) 《鞠部丛话》(四)(俞勋)

《戏剧专刊》 期次	《北洋画报》期次 （出版时间）	篇名（作者）
第 411 期	第 1552 期 （1937 年 5 月 8 日）	《赶三之幽默》(乙威) 《旧剧吹毛》(雨) 《鲁省立剧院演剧娱嘉宾》(杀黄)
第 412 期	第 1555 期 （1937 年 5 月 15 日）	《谈〈宁武关〉》(俞勋) 《鞠部丛话》(五)(俞勋) 《剧韵中的舌根鼻音》(至梅斋)
第 413 期	第 1558 期 （1937 年 5 月 22 日）	《记女票友沈友兰》(信) 《梨园四奇》(吟) 《〈五人义〉本事》(俞勋)
第 414 期	第 1561 期 （1937 年 5 月 29 日）	《谈〈孔雀东南飞〉》(俞勋) 《梨园轶事》(吟) 《有赠》(逸云) 《故都剧讯》(不详)
第 415 期	第 1564 期 （1937 年 6 月 5 日）	《学绘脸谱之经过》(平鸣馆主) 《谈〈十三妹〉》(上)(金晓岚) 《记冯振亮》(杀黄)
第 416 期	第 1567 期 （1937 年 6 月 12 日）	《谈〈十三妹〉》(下)(金晓岚) 《马祥麟首演〈赠剑联姻〉》(炎臣) 《观演〈贞娥刺虎〉剧感》(雨文)
第 417 期	第 1570 期 （1937 年 6 月 19 日）	《〈赠剑联姻〉本事》(炎臣) 《〈宁武关〉琐谈》(杀黄) 《梨园中楹联偶话》(岑青)
第 418 期	第 1573 期 （1937 年 6 月 26 日）	《〈斩经堂〉之改编及其本事》(轶庵) 《谈〈庆顶珠〉》(雨文) 《歌台简讯》(百吟)
第 419 期	第 1576 期 （1937 年 7 月 3 日）	《〈上阳宫〉与〈梅妃〉剧》(林炎) 《剧地志疑》(一挥)
第 420 期	1579 期 （1937 年 7 月 10 日）	《戏剧起源》(逸飞) 《门外汉谈剧》(均夷) 《谈〈三娘教子〉》(俞勋)
第 421 期	第 1582 期 （1937 年 7 月 17 日）	《谈〈文章会〉与〈小放牛〉》(林) 《〈开山府〉之谬误及其考证》(勋) 《门外汉谈剧》(均夷) 《剧讯》(百吟)
第 422 期	第 1585 期 （1937 年 7 月 24 日）	《戏中加演杂耍之由来》(自新斋主) 《荀慧生之新剧〈柳如是〉》(炎臣)

二、《电影专刊》篇名目录

《电影专刊》期次	《北洋画报》期次（出版时间）	篇名（作者）
第 1 期	第 972 期（1933 年 8 月 15 日）	《银灯琐话》(伯龙) 《影业界的合作精神》(际麟) 《飞来伯夫妇决裂》(林) 《中外影讯》(不详)
第 2 期	第 975 期（1933 年 8 月 22 日）	《银灯琐话》(二)(伯龙) 《看了〈追求〉以后》(隐秋) 《影都名人印象记》(麟) 《银屑集》(不详)
第 3 期	第 978 期（1933 年 8 月 29 日）	《银灯琐话》(三)(伯龙) 《批评与崇拜偶像》(谦) 《中外影讯》(不详)
第 4 期	第 981 期（1933 年 9 月 5 日）	《银灯琐话》(四)(伯龙) 《嘉波的汽车》(际麟) 《中外影讯》(不详) 《银坛趣闻》(不详)
第 5 期	第 984 期（1933 年 9 月 12 日）	《明星的话》(林) 《明星摄影队返沪》(金石) 《嘉波的汽车》(续)(际麟) 《中外影讯》(不详)
第 6 期	第 987 期（1933 年 9 月 19 日）	《嘉波的汽车》(续)(际麟) 《飞行家安纳斯乌德少佐将摄野兽片》(谦) 《爱信不信》(林) 《中外影讯》(不详)
第 7 期	第 990 期（1933 年 9 月 26 日）	《此日此时》(际麟) 《升楼开末拉》(谦) 《中外影讯》(不详)
第 8 期	第 993 期（1933 年 10 月 3 日）	《海底奇观》(际麟) 《银灯琐话》(五)(伯龙) 《中外影讯》(林)
第 9 期	第 996 期（1933 年 10 月 10 日）	《幸运的狗》(谦苏) 《银灯琐话》(六)(伯龙) 《中外影讯》(不详)
第 10 期	第 999 期（1933 年 10 月 17 日）	《天一招考之形形色色》(汤明) 《吉尔勃对纽约记者之谈话》(林) 《女星理想中的男子》(不详) 《爱信不信》(不详) 《中外影讯》(不详)
第 11 期	第 1002 期（1933 年 10 月 24 日）	《明星怕绑票》(麟) 《艺华公司之进展》(老英) 《影讯》(捕风)
第 12 期	第 1005 期（1933 年 10 月 31 日）	《银灯琐话》(七)(伯龙) 《宝贝莉劳》(麟) 《新片介绍》(不详) 《中外影讯》(不详)

《电影专刊》 期次	《北洋画报》期次 （出版时间）	篇名（作者）
第 13 期	第 1008 期 （1933 年 11 月 7 日）	《舞女之幸运》(林) 《猴王》(际麟) 《影星外号》(谦) 《中外影讯》(不详)
第 14 期	第 1011 期 （1933 年 11 月 14 日）	《介绍乌发的新片》(上)(谦苏) 《佛兰克波色吉将导演〈画舫笙歌〉》(麟) 《中外影讯》(不详)
第 15 期	第 1014 期 （1933 年 11 月 21 日）	《介绍乌发的新片》(下)(谦苏) 《金焰与王人美订婚之谜》(非非) 《歌舞片的归来》(际麟) 《中外影讯》(不详)
第 16 期	第 1017 期 （1933 年 11 月 28 日）	《银幕杂谈》(一)(舞霜) 《在小玩意里》(金龙) 《凯洛夫新片〈火星旅行记〉》(麟) 《中外影讯》(不详)
第 17 期	第 1020 期 （1933 年 12 月 5 日）	《琼岛风云》(水) 《好莱坞成立新影片公司》(麟) 《银幕杂谈》(一)(舞霜) 《中外影讯》(不详)
第 18 期	第 1026 期 （1933 年 12 月 16 日）	《雷电华本年度的作品》(际麟) 《杭女生之胡蝶狂》(捕风) 《中外影讯》(不详)
第 19 期	第 1035 期 （1934 年 1 月 9 日）	《薛发黎恋爱路上之小风波》(霜) 《看〈大饭店〉后记》(嗥) 《新年的决心》(麟)
第 20 期	第 1041 期 （1934 年 1 月 23 日）	《电影里的勋章》(林) 《英国电影业的新发展》(际麟) 《影星的薪金调查》(谦苏)
第 21 期	第 1047 期 （1934 年 2 月 6 日）	《爱斯基摩人在好莱坞》(麟) 《缺陷》(谦苏) 《从〈皆大欢喜〉说到张寿臣》(甲乙木)
第 22 期	第 1055 期 （1934 年 2 月 27 日）	《明星飞行热》(际麟) 《新片一束》(林) 《中外影讯》(不详)
第 23 期	第 1061 期 （1934 年 3 月 13 日）	《海外影讯》(多人) 《论革命电影》(余文) 《黛瑞茜新片〈歌中之歌〉的作者、石像与男主角》(际麟)
第 24 期	第 1070 期 （1934 年 4 月 3 日）	《星话》(谦苏) 《女制片家》(际麟) 《银坛新讯》(不详)
第 25 期	第 1076 期 （1934 年 4 月 17 日）	《艺术家眼中之美》(际麟) 《经济问题》(谦苏) 《影讯》(不详)

续表

《电影专刊》 期次	《北洋画报》期次 （出版时间）	篇名（作者）
第 26 期	第 1082 期 （1934 年 5 月 1 日）	《〈阿丽斯漫游奇境记〉的女主角》（麟） 《现在的王氏四侠》（伯龙） 《银灯谈屑》（一）（舞霜） 《中外影讯》（不详）
第 27 期	第 1088 期 （1934 年 5 月 15 日）	《影院与观众》（一）（四方） 《悼严艾霞》（伯龙） 《银坛新讯》（不详）
第 28 期	第 1094 期 （1934 年 5 月 29 日）	《小事记》（际麟） 《观〈华山艳史〉后》（凌影） 《银坛零讯》（捕风）
第 29 期	第 1100 期 （1934 年 6 月 12 日）	《梅卫丝的话》（际麟） 《影片特写》（大白） 《去岁十大名片》（谦苏） 《沪滨影讯》（不详）
第 30 期	第 1106 期 （1934 年 6 月 26 日）	《影星趣事》（捕风） 《英国评论》（际麟） 《影讯》（不详）
第 31 期	第 1112 期 （1934 年 7 月 10 日）	《电影对于瞽盲之新贡献》（鸣） 《明星之玩具嗜好谈》（曼云） 《国星的特征》（宜） 《银坛新讯》（不详）
第 32 期	第 1118 期 （1934 年 7 月 24 日）	《环球的下年度》（际麟） 《小飞来伯的话》（谦苏）
第 33 期	第 1124 期 （1934 年 8 月 7 日）	《沪滨影讯》（捕风） 《银坛影历》（一）（伯龙） 《小事记》（际麟）
第 34 期	第 1130 期 （1934 年 8 月 18 日）	《银坛影历》（二）（伯龙） 《电影三角式》（均夷） 《影星双文考》（君宜） 《银坛新讯》（不详）
第 35 期	第 1136 期 （1934 年 9 月 4 日）	《外国片日趋没落》（均夷） 《嘉波被人敲诈》（裴因） 《银坛近讯》（不详）
第 36 期	第 1142 期 （1934 年 9 月 18 日）	《开末拉旁之死神》（琳璋） 《银坛影历》（三）（伯龙） 《影讯》（不详）
第 37 期	第 1148 期 （1934 年 10 月 2 日）	《谈肉感影片》（罗儒） 《银坛影历》（四）（伯龙） 《陆克与贾波林》（曼云） 《银坛新讯》（不详）
第 38 期	第 1157 期 （1934 年 10 月 23 日）	《女星的化妆》（曼译） 《摄影术之种种》（一）（琳璋译） 《联华近讯》（不详）

续表

《电影专刊》 期次	《北洋画报》期次 （出版时间）	篇名（作者）
第 39 期	第 1163 期 （1934 年 11 月 6 日）	《看了〈香雪海〉》（宜） 《摄影术之种种》（二）（琳璋 译） 《银坛新讯》（不详）
第 40 期	第 1169 期 （1934 年 11 月 20 日）	《沪滨影事》（捕风） 《中国笑片中之优美者》（印光） 《摄影术之种种》（三）（琳璋 译） 《外国影讯》（不详）
第 41 期	第 1175 期 （1934 年 12 月 4 日）	《夏佩珍重回影坛》（票房） 《演员应注意修养》（白） 《影讯》（不详）
第 42 期	第 1181 期 （1934 年 12 月 18 日）	《神女》（大白） 《参观香港全球影片公司后》（文渊） 《银坛新讯》（不详）
第 43 期	第 1193 期 （1935 年 1 月 15 日）	《〈生之哀歌〉中之歌曲》（区浦） 《谈歌舞影片》（墨婴） 《替严月娴担心》（公羊） 《影讯》（不详）
第 44 期	第 1199 期 （1935 年 1 月 29 日）	《谈袁美云》（凌波） 《洪莺近讯》（新雨） 《嘉波的导演谈嘉波》（金光）
第 45 期	第 1207 期 （1935 年 2 月 19 日）	《梁赛珊的母亲是谁？》（玉雯） 《美国演员之叫座能力》（方景） 《中外影讯》（不详）
第 46 期	第 1213 期 （1935 年 3 月 5 日）	《由电影谈到女人》（公羊矮） 《谈影片主题歌》（梦祥） 《影讯一束》（不详）
第 47 期	第 1219 期 （1935 年 3 月 19 日）	《阮玲玉以身殉讼》（徽） 《谈电影剧本》（上）（方巾） 《M.G.M.》（公羊）
第 48 期	第 1225 期 （1935 年 4 月 2 日）	《孙瑜悼阮玲玉的话》（记者） 《谈电影剧本》（下）（方巾） 《沪滨影事》（不详） 《国外影讯》（不详）
第 49 期	第 1231 期 （1935 年 4 月 16 日）	《徐来幼年轶事》（风使） 《银坛新讯》（梅） 《无限电影机告成》（难人）
第 50 期 天一公司出品特载	第 1235 期 （1935 年 4 月 25 日）	《天一业务之发展》（墨光） 《谈有声片》（歌者） 《新片介绍》（风使）
第 51 期	第 1243 期 （1935 年 5 月 14 日）	《劝严月娴》（云心） 《好莱坞影星赴英讯》（大明）
第 52 期	第 1249 期 （1935 年 5 月 28 日）	《联华港厂与〈昨日之歌〉》（春草） 《怎样做个健全的电影演员》（大明） 《谈教育电谈》（大白）

续表

《电影专刊》期次	《北洋画报》期次（出版时间）	篇名（作者）
第 53 期	第 1255 期（1935 年 6 月 11 日）	《高占非小史》（风使） 《苏联电影深入农村》（大明）
第 54 期	第 1261 期（1935 年 6 月 25 日）	《谈内心表演》（大明） 《爱情片多量产出的原因》（风使） 《天一新讯》（星探）
第 55 期	第 1270 期（1935 年 7 月 16 日）	《〈亡命者〉的观后感》（树吾） 《电影的穷迫》（风使） 《银坛新讯》（不详）
第 56 期	第 1276 期（1935 年 7 月 30 日）	《因祸得福的明星》（大明） 《一九三四英国十大佳片》（红瓣） 《中外影讯》（不详）
第 57 期	第 1282 期（1935 年 8 月 13 日）	《陈波儿拒婚入影界》（大白） 《介绍导演埃德蒙德、古尔丁》（未名） 《中外影讯》（不详）
第 58 期	第 1288 期（1935 年 8 月 27 日）	《恋爱以外的电影》（少西） 《苏联影界巨头参观好莱坞》（大明 译）
第 59 期	第 1294 期（1935 年 9 月 10 日）	《谈琼克罗馥和她的嘴唇》（明 译） 《介绍〈乌鸦劫〉》（白）
第 60 期	第 1300 期（1935 年 9 月 24 日）	《影坛珍闻》（灵） 《从〈大家庭〉说起》（罗什） 《离婚后的女星》（不详）
第 61 期	第 1306 期（1935 年 10 月 8 日）	《薛发黎的小史》（维什） 《谈看电影》（糊涂）
第 62 期	第 1312 期（1935 年 10 月 22 日）	《漫谈〈夜来香〉》（林北） 《联华平厂之在野明星》（四） 《外国影讯》（不详）
第 63 期	第 1318 期（1935 年 11 月 5 日）	《法国影片公司近况》（不鸣） 《银坛珍闻》（卜易）
第 64 期	第 1324 期（1935 年 11 月 19 日）	《中外影讯》（薇易） 《苏联影事》（明） 《珍闻业集》（浣秋） 《胡蝶谈嫁后》（白飞）
第 65 期	第 1330 期（1935 年 12 月 3 日）	《评〈翡翠马〉》（如愚） 《银坛新讯》（薇易） 《中央摄影场工作近况》（白飞）
第 66 期 电通公司音乐喜剧《都市风光》特辑	第 1336 期（1935 年 12 月 17 日）	《国产声片新的迈进》（如愚） 《谈〈都市风光〉》（大白） 《电通人物志》（民）

《电影专刊》 期次	《北洋画报》期次 （出版时间）	篇名(作者)
第 67 期	第 1345 期 （1936 年 1 月 7 日）	《玛丽·壁克福不愧女杰》(金光) 《影坛新讯》(微西) 《杂谈〈船家女〉》(大白)
第 68 期	第 1351 期 （1936 年 1 月 21 日）	《琼克罗馥之〈公子多情〉》(谈天) 《约翰苏论编剧导演与制片家》(大明 译)
第 69 期	第 1356 期 （1936 年 2 月 4 日）	《改任导演之好莱坞四演员》(萧) 《女星的美发》(金光) 《银坛新讯》(不详)
第 70 期	第 1362 期 （1936 年 2 月 18 日）	《谈声片中之歌语》(大白) 《银坛新讯》(薇 译)
第 71 期	第 1368 期 （1936 年 3 月 3 日）	《编剧与导演》(如愚) 《吻的经验谈》(白) 《贾波林与默片》(罗什) 《银坛新讯》(不详)
第 72 期	第 1374 期 （1936 年 3 月 17 日）	《影絮》(耸天) 《玛琳黛瑞茜之新片》(稀树) 《追悼阮玲玉》(金光) 《影讯》(不详)
第 73 期	第 1380 期 （1936 年 3 月 31 日）	《不堪回首之电影业》(欧) 《闲话影事》(珂) 《银坛新讯》(不详)
第 74 期	第 1386 期 （1936 年 4 月 14 日）	《为艺人进一言》(四维) 《米凯鼠非米凯所创造》(飞廉) 《好莱坞明星之薪额》(金光) 《神怪故事之运用》(冬生)
第 75 期	第 1392 期 （1936 年 4 月 28 日）	《摩登时代之技巧》(方) 《观影散记》(大白) 《几个从戎的明星》(华 译)
第 76 期	第 1398 期 （1936 年 5 月 12 日）	《杂谈〈银星幸运〉》(大白) 《王先生在银幕》(四)
第 77 期	第 1404 期 （1936 年 5 月 26 日）	《影片中之吻》(华) 《观影杂写》(白) 《试谈小动作》(冬生)
第 78 期	第 1410 期 （1936 年 6 月 9 日）	《观影的选择》(大白) 《从神怪电影谈起》(如愚) 《谈谈几个电影女星的婚变》(雨)
第 79 期	第 1417 期 （1936 年 6 月 25 日）	《〈化身姑娘〉观后感》(左右) 《谈国产笑片》(大白) 《王先生之消息》(芸)
第 80 期	第 1425 期 （1936 年 7 月 14 日）	《看了〈松岭恩仇记〉以后》(章四) 《影讯一束》(白) 《评明星公司第二部侦探片〈金钢钻〉》(如愚)

续表

《电影专刊》期次	《北洋画报》期次（出版时间）	篇名(作者)
第 81 期	第 1431 期（1936 年 7 月 28 日）	《华纳公司注意行销远东之影片》(如愚 译) 《侮辱中国之影片》(逸飞)
第 82 期	第 1437 期（1936 年 8 月 11 日）	《银典》(罗贤楚) 《任光在〈迷途的羔羊〉中制曲赎罪》(逸飞) 《银幕上两个怪物的趣语》(如愚)
第 83 期	第 1443 期（1936 年 8 月 25 日）	《银坛新讯》(白) 《银典》(贤楚) 《〈绝岛冤痕〉笔记》(圭颖) 《导演之重要》(如愚)
第 84 期	第 1449 期（1936 年 9 月 8 日）	《中外影星的略史》(一)(瞽史) 《〈海棠红〉观后》(大白) 《几个因祸得福的明星》(润)
第 85 期	第 1455 期（1936 年 9 月 22 日）	《可怜之中国影片事业》(林北) 《银坛新讯》(诚) 《谈〈赤胆忠魂〉》(大白)
第 86 期	第 1461 期（1936 年 10 月 6 日）	《影星粉饰的消耗》(白) 《童星之母》(瞽史) 《关于〈母爱〉的零碎》(如愚)
第 87 期	第 1467 期（1936 年 10 月 20 日）	《东西梅蕙丝》(白) 《谈〈未来世界〉》(步光) 《黄浦江边》(愚) 《天一新讯》(不详)
第 88 期	第 1473 期（1936 年 11 月 3 日）	《银坛近事》(如愚) 《谈辱国片》(大白) 《米老鼠的发达史》(贤楚)
第 89 期	第 1479 期（1936 年 11 月 17 日）	《观影零感》(可平) 《幽默大师与辱华电影》(金易) 《中外影讯》(不详)
第 90 期	第 1485 期（1936 年 12 月 1 日）	《〈大地〉原作者赛珍珠》(如愚) 《金蕙漱与莎丽邓波》(瞽史) 《银坛新讯》(不详)
第 91 期	第 1491 期（1936 年 12 月 15 日）	《银坛新讯》(炯) 《粤语片禁摄问题》(大白) 《〈大地〉之男主角保罗穆尼》(木公)
第 92 期	第 1497 期（1936 年 12 月 29 日）	《〈永远的微笑中〉之主题曲》(如愚) 《银坛新讯》(京) 《边塞英雄记》(霜) 《影星陈波儿略史》(雨文)
第 93 期	第 1503 期（1937 年 1 月 12 日）	《〈永远的微笑〉中胡蝶杀人》(不详) 《女星之肉感问题》(四方) 《银坛新讯》(不详)
第 94 期	第 1509 期（1937 年 1 月 26 日）	《明星新人谢俊》(如愚) 《哈代与劳瑞小史》(本公) 《银坛新讯》(不详)

《电影专刊》 期次	《北洋画报》期次 （出版时间）	篇名（作者）
第 95 期	第 1515 期 （1937 年 2 月 9 日）	《〈压岁钱〉中之〈新生命〉歌》（京） 《美国影片在我国的状况》（俞勋） 《银坛新讯》（不详）
第 96 期	第 1520 期 （1937 年 2 月 23 日）	《茜蒙茜蒙略史》（雨文） 《珍妮盖诺与福斯公司之纠纷》（瞽史） 《银坛新讯》（不详）
第 97 期	第 1526 期 （1937 年 3 月 9 日）	《好莱坞影星之成名》（雯笙） 《电影之进展》（雨文） 《银坛新讯》（不详）
第 98 期	第 1532 期 （1937 年 3 月 23 日）	《影讯一束》（落因） 《中国影业雄于东亚》（羣） 《米老鼠创制者之近况》（金光）
第 99 期	第 1538 期 （1937 年 4 月 6 日）	《影星白杨小史》（瞽史） 《〈夜半歌声〉观后》（庵） 《银坛新讯》（京）
第 100 期	第 1544 期 （1937 年 4 月 20 日）	《白杨对"十字街头"的自白》（如愚） 《评影人应有之条件》（雨文）
第 101 期	第 1550 期 （1937 年 5 月 4 日）	《"自由神"走上银幕》（百冷） 《论电影之取材》（雨文） 《银坛新讯》（京）
第 102 期	第 1556 期 （1937 年 5 月 18 日）	《声片与默片优劣问题之检讨》（上）（雨文） 《介绍〈大地〉中之华籍演员》（轶庵） 《影星白杨近况》（翔）
第 103 期	第 1562 期 （1937 年 6 月 1 日）	《影迷趣闻》（瞽史） 《声片与默片优劣问题之检讨》（下）（雨文） 《好莱坞之汽车影院》（捕风）
第 104 期	第 1568 期 （1937 年 6 月 15 日）	《评〈潇湘夜雨〉》（捕风） 《谈电影与模仿》（雨文） 《记陨星珍哈露》（轶庵）
第 105 期	第 1574 期 （1937 年 6 月 29 日）	《谈国际影星罗朋》（轶庵） 《漫谈〈斩经堂〉》（萤飞） 《南国影星胡蝶影将来平》（岑青）
第 106 期	第 1580 期 （1937 年 7 月 13 日）	《银幕上之国剧》（雨文） 《银坛近讯》（京） 《美国公选本年影星姓名表》（岑青）
第 107 期	第 1586 期 （1937 年 7 月 27 日）	《电影独立风格》（乙威） 《中央摄影场之近况》（浩） 《银坛絮语》（岑青）

三、《海滨专刊(页)》篇名目录

《北洋画报》期次 (出版时间)	篇名(作者)
第 351 期 (1929 年 7 月 30 日)	《一剂清凉散》(记者) 《北戴河游览小志》(桂缘) 《偕云芝内子避暑北戴河》(凌启鸿) 《海滨趣语》(不患得失斋主) 《如是我闻的海滨》(未来的爸爸)
第 359 期 (1929 年 8 月 17 日)	《游北戴河海滨的心得》(北) 《戴河琐语》(二郎)
第 364 期 (1929 年 8 月 29 日)	《北戴河佳话》(一)(稻) 《北戴河佳话》(二)(稻) 《北戴河名胜风景片展览会纪事》(龙尾)
第 369 期 (1929 年 9 月 10 日)	《纪念会追记》(龙尾) 《北戴河游览小志》(一)(二)(不详) 《逛火车》(诛心)
第 521 期 (1930 年 9 月 6 日)	《为〈海滨专页写〉》(秋尘) 《今年的北戴河与将来》(陶陶) 《记海滨两痛心事》(北) 《海滨零拾》(不详)
第 523 期 (1930 年 9 月 11 日)	《秋风里想到海滨》(云心) 《海滨午梦录》(北) 《海滨碎末》(继昶)
第 638 期 (1931 年 6 月 16 日)	《海滨通讯》(洛声) 《观音寺》(洛声) 《看松歌》(午始)
第 653 期 (1931 年 7 月 21 日)	《海滨琐片》(道生) 《海滨杂诗》(李择庐)
第 657 期 (1931 年 7 月 30 日)	《海滨杂诗》(二)(李择庐) 《廿年海滨纪事》(北) 《北戴河海滨饭店录》(林北)
第 669 期 (1931 年 8 月 27 日)	《送暑》(秋尘) 《避暑随笔》(曲) 《海滨杂诗》(李择庐)

四、《儿童专刊》目录

刊 名	《北洋画报》期次	出版时间
儿童专刊一	第 573 期	1931 年 1 月 8 日
儿童专刊二	第 578 期	1931 年 1 月 12 日
儿童专刊三	第 589 期	1931 年 2 月 14 日
儿童专刊四	第 595 期	1931 年 3 月 7 日

续表

刊　名	《北洋画报》期次	出版时间
儿童专刊五	第 606 期	1931 年 4 月 2 日
儿童专刊六	第 753 期	1932 年 3 月 17 日
儿童专刊七	第 770 期	1932 年 4 月 26 日
儿童专刊八	第 818 期	1932 年 8 月 16 日
儿童专刊九	第 838 期	1932 年 10 月 1 日
儿童专刊十	第 872 期	1932 年 12 月 20 日
儿童专刊十一	第 894 期	1933 年 2 月 14 日
儿童专刊十二	第 915 期	1933 年 4 月 4 日
儿童专刊十三	第 1226 期	1935 年 4 月 4 日

五、社会新闻、文化艺术专页、专刊目录

刊　名	《北洋画报》期次	出版时间
庆祝法兰西民主国革命成功纪念日特刊	第 3 期	1926 年 7 月 14 日
欧战（一战）停战八周年纪念特刊专面	第 36 期	1926 年 11 月 10 日
程艳秋特刊	第 72 期	1927 年 3 月 23 日
梅兰芳专号	第 81 期	1927 年 4 月 23 日
迷信专刊	第 109 期	1927 年 8 月 3 日
妇女装束号	第 157 期	1928 年 1 月 21 日
北洋摄影会美术摄影专号	第 219 期	1928 年 9 月 8 日
国庆纪念专号	第 228 期	1928 年 10 月 9 日
国府接收东陵专号	第 232 期	1928 年 10 月 18 日
杨耐梅专号	第 246 期	1928 年 11 月 20 日
天津同咏昆票社第二届汇纂专面	第 249 期	1928 年 11 月 27 日
欢迎广州号飞机专页	第 252 期	1928 年 12 月 4 日
天津城西画会作品展览之一斑	第 281 期	1929 年 2 月 16 日
孙中山先生逝世四周年纪念专页	第 291 期	1929 年 3 月 12 日
名画家胡少章先生逝世一周年纪念页	第 314 期	1929 年 5 月 4 日

刊 名	《北洋画报》期次	出版时间
青岛各界联合会庆祝国府成立四周年纪念游艺大会专页	第 346 期	1929 年 7 月 18 日
雪艳琴特刊	第 347 期	1929 年 7 月 20 日
东京中国学生公演《黑夜的伙房》新剧之专页	第 357 期	1929 年 8 月 13 日
石冥画展特刊	第 362 期	1929 年 8 月 24 日
国立北平大学艺术学院戏剧系第一届毕业同学游行公演专刊	第 368 期	1929 年 9 月 7 日
天津妇女救济院专页	第 376 期	1929 年 9 月 26 日
北平燕京大学专面	第 382 期	1929 年 10 月 10 日
旅津广东音乐会十五周年纪念演剧专号	第 383 期	1929 年 10 月 12 日
意国云石雕刻展览大会	第 384 期	1929 年 10 月 15 日
南开学校二十五周年纪念专号	第 389 期	1929 年 10 月 26 日
松人作品专刊	第 395 期	1929 年 11 月 9 日
欧战(一战)停战十一周年纪念专号	第 396 期	1929 年 11 月 12 日
珠宝专栏	第 397 期	1929 年 11 月 14 日
己巳菊影专页(第一次)	第 398 期	1929 年 11 月 16 日
己巳菊影专页(第二次)	第 401 期	1929 年 11 月 23 日
《东方之秘密》专号	第 406 期	1929 年 12 月 5 日
己巳菊影专页(第三次)	第 408 期	1929 年 12 月 10 日
群一社周年纪念	第 416 期	1929 年 12 月 28 日
绿蕖美术会新年同乐专页	第 422 期	1930 年 1 月 11 日
颜伯龙画展特刊	第 426 期	1930 年 1 月 21 日
旅津广东音乐会春季演剧专号	第 470 期	1930 年 5 月 10 日
松声画社展览专页	第 471 期	1930 年 5 月 13 日
唐山交大廿五周年纪念专刊	第 476 期	1930 年 5 月 24 日
培才幼稚园表演游艺会专页	第 482 期	1930 年 6 月 7 日
西湖艺展作品专页	第 504 期	1930 年 7 月 29 日
明月歌剧社来津表演专页	第 520 期	1930 年 9 月 4 日
明月专刊	第 534 期	1930 年 10 月 7 日
明月社第三次公演专页	第 544 期	1930 年 10 月 30 日

刊 名	《北洋画报》期次	出版时间
梅杨合演辽灾义剧特刊	第 545 期	1930 年 11 月 1 日
天津绿葇美术会美展特刊	第 546 期	1930 年 11 月 4 日
松人第六画展专页	第 559 期	1930 年 12 月 4 日
珠宝专页	第 562 期	1930 年 12 月 11 日
北平戏曲专科学校特刊	第 569 期	1930 年 12 月 27 日
南开校友春宴游艺大会专页	第 593 期	1931 年 3 月 3 日
舌画家黄二南专页	第 607 期	1931 年 4 月 4 日
广东音乐会春季演剧专号	第 613 期	1931 年 4 月 18 日
追悼袁寒云先生专页	第 614 期	1931 年 4 月 23 日
第十五届华北运动大会特刊	第 630 期	1931 年 5 月 28 日
群一社同乐大会特刊	第 633 期	1931 年 6 月 4 日
全国第一发声影片 《雨过天青》特刊	第 634 期	1931 年 6 月 6 日
高尔夫球专页	第 648 期	1931 年 7 月 9 日
小高尔夫球专页(二)	第 650 期	1931 年 7 月 14 日
集美歌舞特刊	第 656 期	1931 年 7 月 28 日
绿葇六次画展特刊	第 672 期	1931 年 9 月 3 日
介绍艺术家左次修专页	第 676 期	1931 年 9 月 12 日
中国女子绘画刺绣研究所 成绩展览专页	第 688 期	1931 年 10 月 10 日
战祸专号	第 702 期	1931 年 11 月 12 日
言菊朋专页	第 724 期	1932 年 1 月 5 日
珠尘特刊	第 758 期	1932 年 3 月 29 日
二南舌画专页	第 760 期	1932 年 4 月 2 日
旅津广东音乐会演剧专刊	第 784 期	1932 年 5 月 28 日
岭南名画家奇峰专页	第 796 期	1932 年 6 月 25 日
梅花专页	第 813 期	1932 年 8 月 4 日
岭南画家赵少昂作品专页	第 816 期	1932 年 8 月 11 日
绿葇八届画展	第 831 期	1932 年 9 月 14 日
九一八纪念专刊	第 832 期	1932 年 9 月 18 日
茶叶专页	第 836 期	1932 年 9 月 27 日

续表

刊 名	《北洋画报》期次	出版时间
高剑父西游宣扬文化专页 高剑父作品专页	第 842 期	1932 年 10 月 11 日
永兴国剧社第二周年纪念专页	第 845 期	1932 年 10 月 18 日
赵望云画展专页	第 850 期	1932 年 10 月 29 日
岭南画家黄少强作品专页	第 861 期	1932 年 11 月 24 日
旅津广东音乐会演剧专刊	第 862 期	1932 年 11 月 26 日
雕刻家张志鱼作品专页	第 875 期	1932 年 12 月 27 日
中国画报专页	第 888 期	1933 年 1 月 31 日
岭南女画家张坤仪作品专页	第 891 期	1933 年 2 月 7 日
热河抗日专页	第 912 期	1933 年 3 月 28 日
《还我河山》特刊	第 919 期	1933 年 4 月 13 日
春到人间	第 921 期	1933 年 4 月 18 日
又萱特刊	第 938 期	1933 年 5 月 27 日
岭南名画家黄少强、 赵少昂作品展览会	第 946 期	1933 年 6 月 15 日
绿蕖第九届画展专刊	第 985 期	1933 年 9 月 14 日
昨日黄花	第 1030 期	1933 年 12 月 28 日
天津美术馆第四届 摄影展览会专页	第 1103 期	1934 年 6 月 19 日
河北省救济黄河水灾 书画物品展览会专页	第 1110 期	1934 年 7 月 5 日
介绍张进德君摄影专刊	第 1123 期	1934 年 8 月 4 日
介绍南京理发公司开幕专刊	第 1123 期	1934 年 8 月 4 日
水上生活	第 1125 期	1934 年 8 月 9 日
冷燕社歌舞话剧专号	第 1127 期	1934 年 8 月 14 日
绿蕖画会第十届展览会专页	第 1144 期	1934 年 9 月 22 日
第十八届华北运动会专页	第 1154 期	1934 年 10 月 16 日
秋圃黄花	第 1166 期	1934 年 11 月 13 日
岭南画家黄少强、 赵少昂作品展览会介绍专页	第 1176 期	1934 年 12 月 6 日
大地皆春	第 1229 期	1935 年 4 月 11 日
王母鲍太夫人之哀荣	第 1232 期	1935 年 4 月 18 日
琉璃世界	第 1369 期	1936 年 3 月 5 日
介绍防御毒瓦斯法专页	第 1486 期	1936 年 12 月 3 日
黄二南在察省助赈画展专页	第 1494 期	1936 年 12 月 22 日
南开女中本届毕业班 公演《少奶奶的扇子》专页	第 1545 期	1937 年 4 月 22 日

参考文献

一、史　料

鲍尔.租界生活:一个英国人在天津的童年(1918—1936).刘国强,译.天津:天津人民出版社,2007.

鲍尔.小洋鬼子:一个英国家族在华生活史.谢天海,译.天津:天津人民出版社,2010.

《北洋画报》

《大公报》

古蒋孙.天津指南.天津:新华数据,1922.

来新夏,郭凤岐.天津通志·旧志点校卷.天津:南开大学出版社,1999.

雷梦水,等.中华竹枝词.北京:北京古籍出版社,1996.

刘炎臣.津门杂谈.天津:三友美术出版社,1943.

梅兰芳.舞台生涯四十年——梅兰芳回忆录.许姬传,许源来,整理.北京:团结出版社,2005.

南开大学政治学会.天津租界及特区.上海:商务印书馆,1926.

全国政协文史委.文史资料存稿选编·晚清、北洋(上下册).北京:中国文史出版社,2002.

全国政协文史委.文史资料存稿选编·文化.北京:中国文史出版社,2002.

日本中国驻屯军司令部.二十世纪初的天津概括(原名《天津志》).天津:天津市地方史志编修委员会总编辑室,1986.

孙大干.天津经济史话.天津:天津社会科学院出版社,1989.

天津市档案馆.近代以来天津城市化进程实录.天津:天津人民出版

社,2002.

天津市档案馆,周利成,周雅男.天津老戏院.天津:天津人民出版社,2005.

天津市地方志编修委员会.天津通志:附志·租界.天津:天津社会科学院出版社,1996.

天津市政协文史委.天津文史资料选辑第9、14、16、17、18、22、25、27、32、34、39、58、62、75、76、92、93、99、101辑.天津;天津人民出版社.

天津文史研究馆.津门史缀.北京:中华书局,2005.

天津文史研究馆.沽上艺文.北京:中华书局,2005.

天津文史研究馆.津沽旧事.北京:中华书局,2005.

天津文史研究馆.天津文史资料第3、4、10期.

万鲁建.津沽漫记:日本人笔下的天津.天津:天津古籍出版社,2015.

许姬传.许姬传七十年见闻录.北京:中华书局,1985.

羊城旧客.津门纪略.刻本.1898(清光绪二十四年).

《益世报》

张焘.津门杂记.刻本.1884(清光绪十年).

章用秀.天津绘画三百年.天津:天津人民出版社,2013.

张次溪.天津游览志.北平:中华印书局,1936.

《中国戏曲志》编辑委员会.中国戏曲志·天津卷.北京:文化艺术出版社,1990.

二、专　著

白吉尔.中国资产阶级的黄金时代.张富强,等,译.上海:上海人民出版社,1994.

保罗·福塞尔.格调:社会等级与生活品味.梁丽真,等,译.北京:世界图书出版公司北京公司,2011.

曹洪涛,刘金声.中国近现代城市的发展.北京:中国城市出版社,1998.

陈昌凤.蜂飞蝶舞:旧中国著名报纸副刊.福州:福建人民出版社,1999.

陈昌凤.中国新闻传播史——媒介社会学的视角.北京:北京大学出版

社,2007.

陈惠芬,等.现代性的姿容:性别视角下的上海都市文化.天津:南开大学
出版社,2013.

陈卫民.天津的人口变迁.天津:天津古籍出版社,2004.

陈艳.《北洋画报》研究.天津:百花文艺出版社,2012.

戴安娜·克兰.文化生产:媒体与都市艺术.赵国新,译.南京:译林出版
社,2001.

樊如森.天津与北方经济现代化.上海:东方出版中心,2007.

付燕鸿.窝棚中的生命——近代天津城市贫民阶层研究(1860—1937).
太原:山西人民出版社,2013.

高福进.洋娱乐的流入:近代上海的文化娱乐业.上海:上海人民出版
社,2003.

高艳林.天津人口研究(1404—1949).天津:天津人民出版社,2002.

耿云志.近代中国文化转型研究导论.成都:四川人民出版社,2008.

郭凤岐.天津的城市发展.天津:天津古籍出版社,2004.

韩红星.一报一天堂:《北洋画报》广告研究.厦门:厦门大学出版社,2012.

黄克武.画中有话:近代中国的视觉表述与文化构图.台北:近代史研究
所,2003.

黄玉涛.民国时期商业广告研究.厦门:厦门大学出版社,2009.

蒋建国.消费意象与都市空间:广州报刊广告研究(1827—1929).广州:
暨南大学出版社,2008.

姜进.都市文化中的现代中国.上海:华东师范大学出版社,2007.

菊池敏夫.近代上海的百货公司与都市文化.陈祖恩,译.上海:上海人民
出版社,2012.

来新夏.天津近代史.天津:南开大学出版社,1987.

雷蒙·威廉斯.关键词:文化与社会的词汇.刘建基,译.北京:生活·读书·
新知三联书店,2005.

雷蒙·威廉斯.文化与社会:1780—1950.高晓玲,译.长春:吉林出版集团

有限责任公司,2011.

雷穆森.天津租界史(插图本).许逸凡,赵地,译.天津:天津人民出版社,2008.

李彬.中国新闻社会史.上海:上海交通大学出版社,2007.

李长莉.中国人的生活方式:从传统到现代.成都:四川人民出版社,2008.

李竞能.天津人口史.天津:南开大学出版社,1990.

李欧梵.上海摩登:一种新都市文化在中国1930—1945.北京:北京大学出版社,2001.

李欧梵,季进.李欧梵季进对话录.苏州:苏州大学出版社,2003.

李孝悌.恋恋红尘——中国的城市、欲望和生活.上海:上海人民出版社,2007.

李正中,索玉华.近代天津知名工商业.天津:天津人民出版社,2003.

林语堂.中国新闻舆论史.王海,等,译.北京:中国人民大学出版社,2008.

刘海岩,尚克强.天津租界社会研究.天津:天津人民出版社,1996.

刘海岩.空间与社会:近代天津城市的演变.天津:天津社会科学院出版社,2003.

刘扬体.流变中的流派——"鸳鸯蝴蝶派"新论.北京:中国文联出版公司,1997.

陆扬,王毅.大众文化与传媒.上海:上海三联书店,2000.

陆扬,王毅.文化研究导论.上海:复旦大学出版社,2006.

露丝·本尼迪克特.文化模式.王炜,等,译.北京:生活·读书·新知三联书店,1988.

罗澍伟.近代天津城市史.北京:中国社会科学出版社,1993.

马军.舞厅·市政——上海百年娱乐生活的一页.上海:上海辞书出版社,2010.

庞玉洁.开埠通商与近代天津商人.天津:天津古籍出版社,2004.

乔志强.中国近代社会史.北京:人民出版社,1992.

邱培成.描绘近代上海都市的一种方法:《小说月报》(1910—1920)与清

末民初上海都市文化研究.南京:凤凰出版社,2011.

尚克强.九国租界与近代天津.天津:天津教育出版社,2008.

孙德常,周祖常.天津近代经济史.天津:天津社会科学院出版社,1990.

孙逊,陈恒.文学艺术之城(都市文化研究第9辑).上海:上海三联书店,2013.

汤普森.意识形态与现代文化.高铦,等,译.南京:译林出版社,2005.

天津市和平区南市街道党工委办事处,天津市档案馆,等.天津老南市.天津:天津人民出版社,2013.

王儒年.欲望的想象:1920—1930年代《申报》广告的文化史研究.上海:上海人民出版社,2007.

吴果中.《良友》画报与上海都市文化.长沙:湖南师范大学出版社,2007.

吴建雍,等.北京城市生活史.北京:开明出版社,1997.

忻平. 从上海发现历史:现代化进程中的上海人及其社会生活1927—1937(修订版).上海:上海大学出版社,2009.

熊月之.异质文化交织下的上海都市生活.上海:上海辞书出版社,2008.

许慧琦.故都新貌:迁都后到抗战前的北平城市消费(1928—1937).台北:学生书局,2008.

薛君度,刘志琴.近代中国社会生活与观念变迁.北京:中国社会科学出版社,2001.

杨大辛.天津的九国租界.天津:天津古籍出版社,2004.

杨升祥.天津文化史.天津:天津社会科学院出版社,2003.

杨朕宇.《新闻报》广告与近代上海休闲生活(1927—1937).上海:复旦大学出版社,2011.

姚洪卓,天津市国际贸易学会.近代天津对外贸易研究.天津:天津古籍出版社,2011.

叶晓青.西学输入与近代城市.北京:北京大学出版社,2012.

英格利斯.文化与日常生活.周书亚,译.北京:中央编译出版社,2009.

赵琛.中国近代广告文化.长春:吉林科技出版社,2000.

赵文.《生活》周刊(1925—1933)与城市平民文化.上海:上海三联书店,2010.

周利成.天津老画报.天津:天津古籍出版社,2011.

周俊旗.民国天津社会生活史.天津:天津社会科学院出版社,2002.

祖光.五大道.天津:天津教育出版社,2015.

三、论 文

艾姝.民国初期天津市美术馆的美术影展与美术摄影文化的早期建构.四川大学学报(哲学社会科学版),2014(2).

陈冠兰.近代中国的租界与新闻传播.新闻与传播研究,2008(1).

陈惠芬."环球百货""摩登女郎"与上海外观现代性的生成.学术月刊,2009(12).

陈艳."新女性"的代表:从爱国女学生到女运动员——20世纪30年代《北洋画报》封面研究.广西社会科学,2009(12).

陈艳.《北洋画报》时期的刘云若研究.中国现代文学研究丛刊,2011(4).

陈艳.《北洋画报》与现代通俗小说的产生.现代中文学刊,2012(1).

陈艳.《北洋画报》与"津派"通俗小说新类型.中国现代文学研究丛刊,2012(2).

陈艳.《北洋画报》北伐后的"天津"想象.东岳论丛,2012(10).

陈艳.普通女性的公众化——1930年代《北洋画报》封面女郎研究.徐州师范大学学报(哲学社会科学版),2012(4).

陈雍.天津文化与天津城市论纲//天津社会科学院历史研究所,天津市城市科学研究会.城市史研究(第13—14辑).天津:天津古籍出版社,1997.

陈泽漪.《北洋画报》之日本形象研究.浙江大学硕士学位论文,2013.

陈振江.通商口岸与近代文明的传播.近代史研究,1991(1).

董智勇.经济发展与人口迁移的互动:以天津近代工业化为例.社会科学论坛,2010(7).

高福美.租界与天津城市现代化进程关系探析.城市,2008(12).

高红超,韩峰.《良友》画报的经营管理战略初探.新闻世界,2012(5).

高展.试论开埠后天津工商业的近代化演进.历史教学,2010(8).

郭常英.慈善文化与社会文明——20世纪20年代《北洋画报》的慈善音乐艺术传播.音乐传播,2013(4).

郭立珍.20世纪初期中美消费文化对比研究.思想战线,2010(4).

郭立珍.近代天津娱乐消费模式变动及影响探究——基于英敛之日记考察.历史教学(下半月刊),2012(8).

郭盈伶.视觉时代的"红毯文化".文艺研究,2012(12).

韩红星.看民国时期的报业"选秀"活动——以《北洋画报》的"四大女伶皇后"选秀为例.兰台世界,2010(1).

韩红星.看《北洋画报》读天津历史.兰台世界,2010(9).

韩红星.近代报业的"选秀"策划与启示——以《北洋画报》的"四大坤旦皇后"选举为例.当代传播,2010(6)。

韩红星.近代城市化进程中的报业生存——以民国《北洋画报》为研究对象.当代传播,2011(3).

韩红星.中国近代女性角色的重塑——来自《北洋画报》的记录.妇女研究论丛,2011(4).

韩红星.民国天津市民消费文化空间的建构——基于《北洋画报》的研究.历史教学,2011(7).

韩红星.民国时期画报的广告经营——基于天津《北洋画报》史料.中国出版,2012(9).

侯凯.天津南市地区市井空间及市井文化研究.天津大学硕士学位论文,2010.

胡光明.被迫开放与天津城市近代化.天津社会科学,1989(5).

黄育聪.《北洋画报》与京剧女演员形象的传播.新闻界,2013(15).

黄珍.论天津"文化区域"的形成及其对天津曲艺繁荣的影响.天津音乐学院学报(天籁),2011(2).

李从娜.从《北洋画报》看民国都市交际舞业.中州学刊,2010(1).

李从娜.媒体·消费·性别:民国时期都市女性身体研究——天津《北洋画报》为中心,南开大学博士学位论文,2010.

李从娜.《北洋画报》的身体史意蕴及解读.兰台世界,2011(16).

李从娜.《北洋画报》中民国女性身体美的绽放——一个女性身体史研究的媒体视角.中华女子学院学报,2013(1).

李丹.从《申报》《北洋画报》管窥黎锦晖的歌舞演艺活动.湖南师范大学硕士学位论文,2012.

李良玉.报刊史研究与报刊资料的史学利用.江苏大学学报(社会科学版),2008(3).

李文健.略论近代天津报纸副刊的发展轨迹和编辑特色(1895—1937).东南传播,2015(3).

李永生.记录时代的侧影——《北洋画报》研究.暨南大学硕士学位论文,2011.

林小玲.西洋化生活与近代天津社会变迁——基于《北洋画报》广告的研究.暨南大学硕士学位论文,2014.

刘斌.天津绿蕖美术会钩沉.天津美术学院学报,2010(4).

刘斌.民国时期天津地方绘画社团钩沉之女子绘画团体.国画家,2011(3).

刘海岩.天津租界和老城区:近代化进程中的文化互动//天津社会科学院历史研究所,天津市城市科学研究会.城市史研究(第15—16辑).天津:天津古籍出版社,1998.

刘海岩.租界、社会变革与近代天津城市空间的演变.天津师范大学学报(社会科学版),2006(3).

刘曙刚.交际舞始于何时?.文化译丛,1986(6).

刘志琴.中国人生活意识的觉醒.河北学刊,2012(3).

吕超."天国咽喉"——论近代天津文化中的外来因素.甘肃社会科学,2008(1).

吕晓玲.近代中国避暑度假研究(1895—1937 年).苏州大学博士学文论文,2011.

罗澍伟.中国城市的历史发展与天津在中国城市史上的地位.天津社会科学,1989(6).

罗澍伟.近代天津城市史散论.近代史研究,1991(4).

孟兆臣.中国近现代消费娱乐业的文化意义.长白学刊,2005(3).

齐珏.天津油画百年历程(一).天津美术学院学报,2006(1).

钱丽娜.上海都市文化的图像叙述:解读《良友》画报(1926—1945).苏州大学硕士学位论文,2007.

秦丙南.媒体语境下中国早期电影明星研究(1926—1937)——以《北洋画报》为例.河北大学硕士学位论文,2014.

任吉东.近代天津城市文化中的租界元素研究.南京社会科学,2013(6).

尚克强.论近代天津市民文化的兴盛//天津社会科学院历史研究所,天津市城市科学研究会.城市史研究(第11—12辑).天津:天津古籍出版社,1996.

孙爱霞.民国时期《北洋画报》中知识分子的国家想象.理论与现代化,2014(3).

王光荣.近代天津的双中心生态模式及其形成机制.社会工作下半月(理论),2008(8).

王润泽.民国前期中国现代报纸的发行途径及其潜规则.国际新闻界,2007(7).

王薇.近代天津租界报刊的产生及影响.新闻知识,2006(4).

王薇.天津法租界报刊的特点及其影响.新闻知识,2011(8).

王晏殊.民国时期天津《北洋画报》研究.南开大学博士学位论文,2013.

解丹儒.《北洋画报》女性身体审美研究.暨南大学硕士学位论文,2013.

行龙.图像历史:以《晋察冀画报》为中心的视觉解读//杨念群.新史学:第1卷.北京:中华书局,2007.

徐沛.近代画报研究的文化转向及其价值.国际新闻界,2013(3).

徐希景.现代都市文化与中国早期人体摄影.福建师范大学学报(哲学社会科学版),2009(2).

姚霏,苏智良,卢荣艳.大光明电影院与近代上海社会文化.历史研究,

2013(1).

姚文放.中国语境与汉语系统中的"文化"概念分析.社会科学战线,2008(8).

阴艳,王楠.城市现代画报的生存语境——以《北洋画报》为例.东北师大学报(哲学社会科学版),2013(6).

俞志厚.一九二七年至抗战前天津新闻界概况.新闻史料,1982(4).

曾宪明.旧中国民营报人同途殊归现象分析.新闻与传播研究,2003(2).

曾越.近代中国女性人体艺术的解放与沦陷——再论民国"人体模特儿"事件.妇女研究论丛,2013(11).

张显惠.《北洋画报》建构的明星形象研究.黑龙江大学硕士学位论文,2012.

张宜雷.天津近代文化的双重性与西方文化的影响.天津大学学报(社会科学版),2008(6).

张一玮.作为文本的女影星:《北洋画报》和《大公报》中的黄柳霜.当代电影,2010(6).

张元卿.读图时代的绅商、大众读物与文学——解读《北洋画报》.天津社会科学,2002(7).

赵津.租界与天津城市近代化.天津社会科学,1987(5).

周俊旗.论近代环渤海地区社会生活的嬗变.历史档案,2000(3).

周雨婷.摩登·多元·自由:《北洋画报》女性研究,苏州教育学院学报,2014(2).

朱灿飞.《北洋画报》的新闻传播学解读.青年记者,2008(15).

朱灿飞.《北洋画报》的新闻传播研究.湖南师范大学硕士学位论文,2009.

左玉河.跳舞与礼教:1927年天津禁舞风波.河北学刊,2005(5).

左玉河.跳舞与礼教:1927年天津禁舞风波评析//李长莉,左玉河.中国近代社会史研究集刊:第一辑近代中国的城市与乡村.北京:社会科学文献出版社,2006.

后　记

　　本书是在 2012 年度天津市艺术科学规划项目《〈北洋画报〉与民国天津城市文化(1926—1937)》的基础上修订完成的。

　　2002 年,我进入天津师范大学历史文化学院历史教育专业学习,当时并没有想到日后会以学术研究为业。直到撰写学年论文时,得到现在中山大学任职的龙秀清老师指点,才得以初窥学术研究门径。在龙老师的鼓励下,我报考了研究生。2007 年,我进入天津师范大学历史文化学院中国近现代史专业学习,师从李学智教师。在学期间,更是得到本校尚克强老师和南开大学侯杰老师的指教。

　　2010 年,我从天津师范大学历史文化学院毕业后,进入天津市艺术研究所工作。在浏览单位藏书的时候,偶然发现了所藏的《北洋画报》影印本及本部原版报纸。在阅读之后,我被报中所展现出的五光十色的天津城市文化所吸引。于是我以《〈北洋画报〉与民国天津城市文化(1926—1937)》申请了2012 年度天津市艺术科学规划项目,并获得立项。该项目于 2016 年 5 月顺利结项,本书是在该项目的基础上修订而成的。

　　在本书即将出版之际,我要感谢天津市艺术研究所的现任和历任领导,我所取得的点滴进步都是与他们的指导和帮助分不开的;感谢单位的各位同事给予我的各种帮助;感谢天津图书馆近代文献暨地方文献阅览室刘老师和张老师的热诚帮助。在这里,我要再次感谢龙秀清老师、李学智老师、尚克强老师、侯杰老师在我学术研究的不同阶段所给予的鼓励和教诲。

　　我还要感谢我的妻子杨春扬女士,她在工作、生活中给予我的理解和帮助,使得我能够有时间专注于学术研究和论文撰写。更要感谢我的父亲、母亲、岳父、岳母给予我的无私的爱和支持,使我能够选择自己要走的路。

　　由于写作时间仓促，更因为本人学术研究水平有限，未能对诸多问题进行更为深入的研究和探讨。自己也深感在理论水平和研究方法上的不足，敬请各位老师和专家学者批评指正。